AI 시대, 스토리텔링의 재탄생

**AI 시대,
스토리텔링의 재탄생**

초판 1쇄 인쇄 2026년 4월 6일
초판 1쇄 발행 2026년 4월 13일

지은이 김태원
펴낸이 정해종

펴낸곳 (주)파람북
출판등록 2018년 4월 30일 제2018-000126호
주소 경기도 파주시 회동길 480 아트팩토리엔제이에프 B동 222호
전자우편 info@parambook.co.kr **인스타그램** @param.book
페이스북 www.facebook.com/parambook
대표전화 031-935-4049

ISBN 979-11-7274-088-7 03680
값은 뒤표지에 있습니다.

AI 시대, 스토리텔링의 재탄생

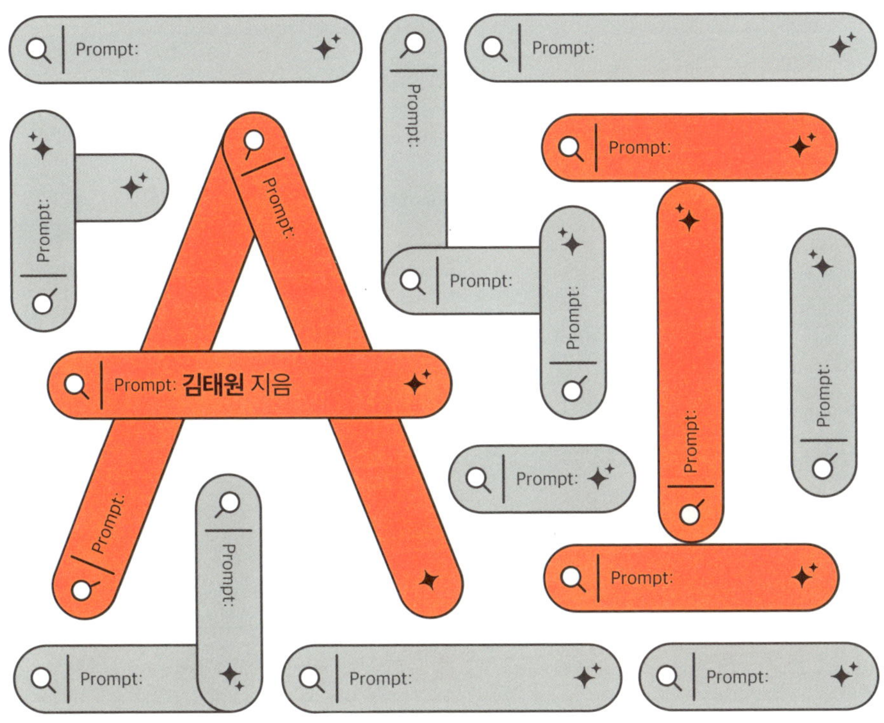

파람북

"호모 프롬프트의 시대"라고도 부르는 AI 시대의 스토리 창작은 어떻게 달라질까? 이 책은 거창하지만 현실적인 담론에 도전하는 책이다. AI 스토리 창작을 애써 외면하며 전통적인 스토리 창작을 고수하려는 분들도 있고, 또 AI 스토리 창작을 시도하다가 좌절과 실망을 한 분들도 있지만, AI 스토리 창작은 이미 누구도 거스를 수 없는 대세가 되었다. 그 진화 발전의 속도가 워낙 빨라서 오픈AI의 [챗GPT]가 독주하다가, 2025년을 거치며 구글의 [제미나이]가 괄목상대의 강자로 앞서기 시작했다. 여기에 스토리 창작자에게는 앤트로픽의 [클로드]가 최적화된 생성형 AI로 떠올랐다. 앞으로 생성형 AI는 창작자에게 없어서는 안 될 파트너가 될 것이다. 창작자에게는 생존을 좌우하는 절박한 문제로 등장했다는 뜻이다.

어떤 마음가짐과 태도로 이용할 것인지, 능동적이고 주체적인 사용법을 현실적으로 고민해야 할 시점이다. AI, 정확하게 말하면 '(텍스트) 생성형 AI'는, 나름 매혹적인 상상력을 스토리로 만들고 싶은 작가, 아직 직업 작가가 아닌 사람에게도 창작자의 욕망을 실현시켜줄 가능성을 활짝 열어주고 있다. 세상은 매혹적인 스토리로 넘쳐날 환경이 되었고, 작법도 글쓰기도 자신 없어 하는 사람조차 작가의 타이틀을 가질 수 있는 기회를 제공하는 시대이다.

창작자가 AI 스토리 창작의 능숙한 사용자가 되기는 무척 어렵다. 처음에는 아주 단순한 호기심으로 시작한다. AI가 뭐 그리 대단한 거라고, 감히 인간의 영혼을 태우는 스토리 창작에 맞설 수 있겠는가? 하는 마음일 것이다. 기껏해야 창작의 보조도구나 AI 비서 정도로 여겼을지도 모른다. 그러나 막상 사용해보면? 나는 희망과 위기를 동시에 느꼈다. 스토리 창작이 이제 더 이상 고통스러운 작업은 아닐 수 있겠다는 희망이고, 선의(善意)의 작가에게는 자신의 윤리의식과 진정성이 시험대에 올랐다는 위기감이다.

선의의 작가들은 AI를 사용하며 뒤로 물러나기 일쑤다. 사용자의 간단한 질문(주문)만으로도 AI가 만들어낸 결과물은 경이롭기 그지없다. '이게 내가 창작한 스토리가 맞나?' AI에게 고민을 털어놓으니, "자신(AI)을 이용해서 만들어낸 모든 결과물은 사용자의 것이니, 사용자 고유의 저작물로 생각해도 된다."고 답해준다. 그러나 마음이 편하지 않다. 선의의 도덕적 양심과 작가로서의 윤리의식이 발동하기 때문이다. 사용하면 안 될 것 같다. 그렇다고 사용하지 않으면? 창작자로서 도태되고 사망선고를 받을 것 같다. 이런저런 고민과 갈등 끝에 앞으로 나아가지도 뒤로 물러서지도 못한 채 어정쩡한 태도로 주저앉는다. 그러나 어쩌랴. 이미 세상은 변화하고 있고, 변화에 적응하지 못하면 도태되는 것이니…….

나는 하루라도 빨리 AI를 창작의 파트너로 삼으라고 권한다. 때로는 스토리 코치처럼, 때로는 공동작가처럼, 때로는 프로듀서나 편집자를 대하듯이 또는 믿음직한 보조작가로 대할 수 있어야 한다. 이 책은 그런 마음가짐과 더불어 그럴 수 있는 방법론을 함께 모색하기 위해서 쓴 것이다.

물론 독자가 이 책을 읽는 시점에 AI시대는 엄청난 수준의 발전이 있을 것이다. 발빠르게 대응하는 유튜브 콘텐츠들조차 1개월만 지나도 낡은 콘텐츠로 치부되는 시절에, 이렇게 종이로 출간하는 책의 속도로는 따라잡기 힘든 수준이다. 이 책을 출간하면서 가장 고민스러웠던 문제였다. 그러나 많은 할리우드 작법서들이나 내가 창안한 『욕망의 레시피: 4막-24블록 스토리텔링』 작법서가 세월이 지나도 여전히 많은 창작자들에게 유익한 교과서로 활용되듯이, 이 책도 'AI 스토리텔링의 교과서'로 자리잡기 바라며 출간한다.

그런 점에서, 이 책은 생성형 AI를 활용한 스토리텔링이 대세로 자리잡은 시점에, '4막-24블록 스토리텔링'의 방법론을 한 단계 더 끌어올리려는 노력의 산물이기도 하다. '4막-24블록 스토리텔링'과 AI 스토리텔링의 접목이자 융합을 다루고 있다. 『매혹적인 스토리텔링의 탄생』(2019 초판/2023 개정판, 파람북)이 『욕망의 레시피』의 원론편으로서 스토리의 사상과 이론과 방법을 전반적으로 다룬 것이라면, 이 책은 'AI 스토리텔링의 시대' 또는 '호모 프롬프트의 시대'에 부응하여 『욕망의 레시피』를 어떻게 활용할 것인지, 첫 번째 실전편에 해당한다.

나는 AI를 파트너로 삼아 진행하는 스토리 기획창작의 각 단계를 '브레인스토밍: 기획창작 단계' – '원천스토리 개발 단계' – '콘텐츠스토리 개발 단계'로 구분했다. 각 단계별로 두 꼭지를 나누었는데, 첫 번째는 '욕망

    AI 시대, 스토리텔링의 재탄생

의 레시피'에서 정의한 플롯과 캐릭터셋업, 스토리셋업, 장르를 설명하는 꼭지이고, 두 번째는 [클로드]와 [제미나이]를 비롯한 텍스트 생성형 AI를 어떻게 이해하고 다룰 것인지 방법론을 제시하는 꼭지이다. 특히 AI 활용 팁과 관련해서는, 개념적으로 설명하는 것이 도움 되기 어렵다는 판단 아래, 내가 지금 추진하는 프로젝트를 예시로 들었다.

　내가 독자들에게 조언하는 핵심은, '자신만의' 마음가짐과 프롬프트를 익히라는 것이다. 이 책에서 설명하는 모든 것은 정답이라고 볼 수 없다. 사용자가 생성형 AI를 이용해 새로운 스토리를 창작할 때, 사용자가 AI를 학습 훈련시키는 과정에서 AI는 사용자의 패턴과 습관 심지어 마인드까지 학습하고 이해하며 적응한다. 다시 말해서 [제미나이]의 사용자가 전 세계 3억 명(2025년 말 기준)이라는데, 그렇다면 3억 개의 제미나이가 있다고 생각하면 된다. 실제로 내가 강의실에서 열 사람을 모아놓고 똑같은 질문을 던지게 하면, [제미나이]든 [클로드]이든 AI의 답변이 모두 다르게 나온다. 그래서 내가 사용하는 [클로드](또는 [제미나이])와 독자가 사용하는 [클로드](또는 [제미나이])는 브랜드만 같을 뿐, 사용자에게 특화된 맞춤형 AI인 것이다. 나는 이 책에서 나만의 방법을 예로 들 것이지만, AI 사용의 기본과 원칙을 이야기할 것이다. 기본과 원칙에 충실하면 어떤 상황을 맞이해도 이해하고 돌파할 수 있는 방법을 찾을 수 있다고 믿는다.

　한국의 스토리콘텐츠는 이제 세계의 마음을 흔드는 힘센 콘텐츠로 우뚝 섰다. K-POP이나 TV 드라마, 영화에 이르기까지 세계시장을 활보하고 있다. 한국의 스토리 창작자들이 거두고 있는 위대한 보람과 성취이다.

더 많은 콘텐츠가 활약하는 모습을 보게 될 것이다. 세계인의 마음을 정화하고 선하고 정의로운 세상을 만드는 데, 한국의 스토리가 따뜻한 위로와 응원을 보내고 있기 때문이 아닐까? 세계적으로 극심해지는 불평등과 불공정, 더욱이 코로나19와 같은 재난상황 및 불법 무도한 침략전쟁과 민주주의에 대한 심각한 공격에 이르기까지 많은 사람이 고통받는 시절, 한국의 창작자들이 세계 인류의 아픈 결핍을 따뜻하게 위로하고, 나아가 선한 욕망을 열심히 응원해 주기를 진심으로 바란다. 생성형 AI가 창작자들에게 훌륭한 파트너로서의 소명을 다해 줄 것이라고 믿는다.

이 책이 나오기까지 애써준 분들이 많다. 출판업계의 어려운 상황에서도 기꺼이 이 책의 출간을 맡아주신 도서출판 파람북의 정해종대표님과 직원분들께 가장 먼저 감사의 말씀을 드린다. 오랜 기간 나의 강의와 스토리코칭에 참여해준 무려 천여 명의 수강자와 작가들은 사실상 이 책의 공동저자와 다름이 없다. 특히 이 출판원고에 의견을 덧보태준 여러 분들이 계신데, 일일이 이름을 적어놓지 못해 송구한 마음이다. 여기에서 마음으로부터의 감사인사를 드린다. 가장 오랜 시간동안 한결같은 격려와 응원을 보내주고 이 책의 교정교열에까지 도움을 준 아내 김영남님, 그리고 사랑하는 나의 아들딸에게 한없는 감사와 존경의 인사를 보낸다.

2026년 4월

김태원

"내가 원하는 우리나라"

| 백범 김구 |

김구(金九: 1876~1949) 선생의 『백범일지』(1947)에 실린 '문화강국'론은 나의 초심이자 사상이다. 평상시에는 요약 정리된 내용을 소개했지만, 여기서는 『백범일지』에 실린 해당 전문(全文)을 다 옮겨 놓았다. 요약 정리된 글과 차이를 느끼지 않을 정도로, 4쪽이 채 안 되는 짧은 글이다.

『백범일지』는 김구 선생이 대한민국임시정부 시절이었던 1929년부터 쓰기 시작해 약 20년에 걸쳐 완성한 책이다. 본문은 상편과 하편으로 구성되어 있고, 뒤이어 부록처럼 '나의 소원'이 있는데, 대한민국이 나가야 할 지향과 목표를 세 가지로 정리해 놓았다. 아마도 1947년 이 책의 출간에 맞춰 정리한 글로 추정된다. 민족국가, 민주공화제, 그리고 '내가 원하는 우리나라'라는 제목의 문화강국을 담고 있다.

특히 '내가 원하는 우리나라'에서 김구 선생은 문화에 대한 깊은 통찰을 보여준다. 문화란 "인의를 키우고 자비를 품게 하며 사랑을 채우는 힘"을 가지고 있다. 그래서 "문화의 힘을 발휘하면, 우리 자신을 행복하게 만들고, 나아가 남에게도 행복을 줄 수 있다."고 말한다. 우리 민족국가가 가진 여러 조건을 볼 때 "우리 민족이 주연배우로 세계의 무대에 등장할 날이 눈앞에 보이지 아니하는가."라고 희망찬 미래를 전망하고 있다. 위대한 철학자의 사상을 보는 것 같다. 이런 사상이 어찌 1947년의 것만일 수 있을까? 오히려 세계 곳곳에서 인종청소 전쟁과 독재가 판치는 오늘날, 더욱 절실한 사상이다. 『백범일지』로부터 70년이 훌쩍 지났지만, 우리나라 정치인 중에서 문화예술을 액세서리처럼 치장하는 사람들만 보일 뿐, 나라의 정체성이자 미래비전으로 설파하는 경우는 없어 보인다. 특히 중앙이든 지역이든 정부예산을 다룰 때 여전히 문화예술을 허영과 사치의 산물로 인식하는 사람들이 많은 것도 현실이다. 오늘의 대한민국은, 안타깝게도 백범 김구 선생 이전의 시대인 것이다. 그나마 다행은 우리가 끌고 가는 글로벌 한류라는 배는 여전히 미래로 항해하고 있다는 사실이다. 우리는 글로벌 한류를 통해 우리 자신을 행복하게 만들고 국경을 넘어 많은 인류에게 행복을 나눠주고 있는 중이다. 이 얼마나 가슴 벅찬 일인가!!!

아래의 글은 『백범일지』 맨 뒤에 실려 있는 '내가 원하는 우리나라'의 전문이다. 전문을 읽을 기회가 없었던 분들을 위해 옮겨 적는다. 가능한 1947년 책에 실린 철자와 문법을 그대로 옮겼다.

나는 우리나라가 세계에서 가장 아름다운 나라가 되기를 원한다. 가장 부강한 나라가 되기를 원하는 것은 아니다. 내가 남의 침략에 가슴이 아팠으니, 내 나라가 남을 침략하는 것을 원치 아니한다. 우리의 부력(富力)은 우리의 생활을 풍족히 할 만하고, 우리의 강력(强力)은 남의 침략을 막을 만하면 족하다. 오직 한없이 가지고 싶은 것은 높은 문화(文

　AI 시대, 스토리텔링의 재탄생

化)의 힘이다. 문화의 힘은 우리 자신을 행복되게 하고, 나아가서 남에게 행복을 주겠기 때문이다. 지금 인류에게 부족한 것은 무력도 아니오, 경제력도 아니다. 자연과학의 힘은 아무리 많아도 좋으나, 인류 전체로 보면 현재의 자연과학만 가지고도 편안히 가기에 넉넉하다. 인류가 현재에 불행한 근본 이유는 인의가 부족하고 자비가 부족하고 사랑이 부족하기 때문이다. 이 마음만 발달이 되면 현재의 물질력으로 이십억의 인류가 다 편안히 살아갈 수 있을 것이다. 인류의 이 정신을 배양하는 것은 오직 문화다. 나는 우리나라가 남의 것을 모방하는 나라가 되지 말고, 이러한 높고 새로운 문화의 근원이 되고, 목표가 되고, 모범이 되기를 원한다. 그래서 진정한 세계의 평화가 우리나라에서, 우리나라로 말미암아서 세계에 실현되기를 원한다. 홍익인간(弘益人間)이라는 우리 국조 단군의 이상이 이것이라고 믿는다. 우리 민족의 재주와 정신과 과거의 단련이 이 사명을 달하기에 넉넉하고 우리 국토의 위치와 기타의 지리적 조건이 그러하며, 또 일차 이차의 세계대전을 치른 인류의 요구가 그러하며, 이러한 시대에 새로 나라를 고쳐 세우는 우리의 시기가 그러하다고 믿는다. 우리 민족이 주연배우로 세계의 무대에 등장할 날이 눈앞에 보이지 아니하는가.

이 일을 하기 위하여 우리가 할 일은 사상의 자유를 확보하는 정치양식의 건립과 국민교육의 완비다. 내가 위에서 자유의 나라를 강조하고 교육의 중요성을 말한 것이 이 때문이다.

최고 문화 건설의 사명을 달할 민족은 일언이폐지(一言以蔽之)하면 모두 성인을 만드는 데 있다. 대한 사람이라면 간 데마다 신용을 받고 대접을 받아야 한다. 우리의 적이 우리를 누르고 있을 때는 미워하고 분해하는 살벌 투쟁의 정진을 길렀었거니와, 적은 이제 물러갔으니 우리는 증오의 투쟁을 버리고 화합의 건설을 일삼을 때다. 집안이 불화하면 망하고, 나라 안이 갈려서 싸우면 망한다. 동료간의 증오와 투쟁은 망조다. 우리의 용모에서는 화기(和氣)가 빛나야 한다. 우리 국토안에는 언제나 춘풍이 태탕(駘蕩)하여야 한다. 이것은 우리 국민 각자가 한번 마음을 고쳐먹음으로 되고, 그러한 정신의 교육으로 영속될 것이다.

최고 문화로 인류의 모범이 되기로 사명을 삼는 우리 민족의 각원은 이기적 개인주의자여서는 안 된다. 우리는 개인의 자유를 극도로 주장하되, 그것은 저 짐승들과 같이 저마다 제 배를 채우기에 쓰는 자유가 아니오, 제 가족을, 제 이웃을, 제 국민을 잘살게 하기에 쓰는 자유다. 공원의 꽃을 꺾는 자유가 아니라, 공원의 꽃을 심는 자유다.

우리는 남의 것을 빼앗거나 남의 덕을 입으려는 사람이 아니라 가족에게, 이웃에게, 동포에게 주는 것으로 낙을 삼는 사람이다. 우리 말에 이른바 선비요, 점잖은 사람이다.

그럼으로 우리는 게으르지 아니하고 부지런하다. 사랑하는 처자를 가진 가장은 부지런할 수밖에 없다. 한없이 주기 위함이다. 힘드는 일은 내가 앞서 하니 사랑하는 동포를 아낌이오, 즐거운 것은 남에게 권하니 사랑하는 자를 위하기 때문이다. 우리 조상네가 좋아하던 인후지덕(仁厚之德)이란 것이다.

이러함으로 우리나라의 산에는 삼림이 무성하고 들에는 오곡백과가 풍등하며 촌락과 도시는 깨끗하고 풍성하고 화평할 것이다. 그러니 우리 동포, 즉 대한 사람은 남자나 여자나 얼굴에는 항상 화기가 있고 몸에서는 덕의 향기를 발할 것이다. 이러한 나라는 불행하려야 불행할 수 없고 망하려 하여도 망할 수 없는 것이다. 민족의 행복은 결코 계급투쟁에서 오는 것도 아니오, 개인의 행복은 이기심에서 오는 것이 아니다. 계급투쟁은 끝없는 계급투쟁을 낳아서 국토에 피가 마를 날이 없고, 내가 이기심으로 남을 해하면 천하가 이기심으로 나를 해할 것이니, 이것은 조금 얻고 많이 빼앗기는 법이다. 일본의 이번 당한 보복은 국제적 민족적으로도 그러함을 증명하는 가장 좋은 실례다.

이상에 말한 것은 내가 바라는 새 나라의 용모의 일단을 그린 것이어니와, 동포 여러분! 이러한 나라가 될진댄 얼마나 좋겠는가. 우리네 자손을 이러한 나라에 남기고 가면 얼마나 만족하겠는가. 옛날 한토의 기자(箕子)가 우리나라를 사모하여 왔고, 공자께서도 우리 민족 사는 데로 오고 싶다고 하셨으며 우리 민족을 인(仁)을 좋아하는 민족이라 하였으니, 예에도 그러하였거니와 앞으로는 세계 인류가 모두 우리 민족의 문화를 이렇게 사모하도록 하지 아니하려는가.

나는 우리의 힘으로, 특히 교육의 힘으로 반드시 이 일이 이루어질 것을 믿는다. 우리나라의 젊은 남녀가 다 이 마음을 가질진댄 아니 이루어지고 어찌하랴.

나는 일즉 황해도에서 교육에 종사하였거니와 내가 교육에서 바라던 것이 이것이었다. 내 나이 이제 칠십이 넘었으니 몸소 국민교육에 종사할 시일이 넉넉지 못하거니와 나는 천하의 교육자와 남녀 학도들이 한 번 크게 마음을 고쳐먹기를 빌지 아니할 수 없다.

-『백범일지』, 김구, 1947.

무엇을 어떻게 '프롬프트'해야 할까?

'호모 프롬프트'의 시대,
AI와 스토리텔링과의 만남

스토리 창작과 스토리콘텐츠 제작은 가내 수공업 시대의 장인(匠人)적 창작에서 근대 대량생산 시대에 이르기까지 그 본질적 패러다임을 바꾸지 않았다. 신진 창작자의 발굴과 육성에서도 장인에 의해 키워지는 도제적(徒弟的) 시스템을 고수해 왔다. 물론 손으로 쓰는 원고지 시대가 아래한글이나 MS워드와 같은 소프트웨어로 작성하는 PC 시대로 변화했다. 그 이상으로 근본적으로 변화한 것은 창작 시스템이다. 과거 소설(글)만 존재하던 스토리콘텐츠에서 영상콘텐츠가 주도하는 시대로 진화하면서, 글 작가만 존재하던 1인 창작시스템이 기획창작자인 프로듀서와 연출창작자인 감독까지 창작에 참여하는, 사실상 집단창작시스템으로 확대된 것이다. 이것은 또한 자본의 힘이 만든 불가피한 변화이다. 제작비의 단위가 커지면서, 자본을 존중하고 시장을 중시하는 시대의 변화에 따른 것이기 때문이다. 소설을 종이책으로 출판하는 데 (지금 한국에서) 순제작비 기준으로 1~2천만 원이 든다. 자본의 규모라는 측면에서 보더라도, 당연히 자본보다 글 작가의 창의력, 즉 뇌본(腦本)의 힘이 앞서는 시장이다. 그러나 블록버스터급 영화나 드라마 한 편의 제작비가 300억 원(한국)에서 4,000억 원(미국 할리우드) 이상까지 투입되는 영상 콘텐츠에서는, 글 작가 한 사람의 창의력에만 의존할 수 없다. 큰돈이 투자되는 만큼 자본과 시장의 힘이 우위에 설 수밖에 없고, 그들을 상대하면서 자본을 집행하는 프로듀서가 프로젝트에 대한 주도권을 갖게 된다. "Story is Everything!"이라는 오래된 진리에도 불구하고 "Producer is King!"이라는 현실이 맞부딪히는 상황에 이르게 된 것이다.

세상과 시스템의 변화가 있지만, 여전히 변화하지 않는 것도 있다. 하나는 스토리 창작에 어떤 도구가 등장하더라도 창작의 주체는 여전히 인간 창작자라는 사실이다. 다른 하나는 그중에서도 글 작가가 가장 중요하다는 믿음에 기초해, 글 작가만이 저작권의 독점적 소유자가 된다는 사실이다. 이런 고전적인 믿음이 앞으로도 지속할 수 있을까? 아마 쉽지 않을 것 같다. 생성형 AI가 스토리텔링의 핵심적인 도구이자 심지어 창작의 주체로 부상했기 때문이다.

오픈AI의 [챗GPT]를 비롯해, 구글의 [제미나이]Gemini, 마이크로소프트의 [코파일럿]Copilot 그리고 앤트로픽의 [클로드]Claude 등 생성형 AI를 활용해 스토리를 창작하는 창작자들을 주변에서 흔히 보는 시대가 되었다. 2023~2024년까지만 해도, AI가 인간의 직업을 침범할 가능성에서, 스토리텔링 영역만은 끝까지 인간 고유의 영역이라고 믿었다. 스토리를 만드는 원동력, 즉 인간의 풍부한 영감과 상상력, 희노애락의 감정을 AI가 따라할 수는 없다고 믿었기 때문이다. 실제로 많은 분들이 스토리 창작을 '작가의 영혼을 갈아 넣는 작업'이라고 표현하지 않는가?

나는 특정한 아이디어를 내놓고, 2024년 6월에 몇 개의 생성형 AI에게 스토리 창작을 주문해 보았다. 특정한 소재(아이템)를 몇 줄로 정리해 제공하고, 영화의 '트리트먼트', 드라마의 '회별 시놉시스'에 해당하는 스토리를 요청한 것이다. 당시에는 [클로드]를 알지 못해서, [챗GPT]와 [제미나이] 및 [코파일럿]에게 주문을 했는데, 모두 형편없는 수준……. 적어도 스토리 창작과 관련해서는, AI가 인간의 창의력을 대체하기 어렵다는 세간의 희망 섞인 믿음을 흔들지 못했다. 그러나 1년이 조금 지난 2025년 6월에 똑같은 시도를 해보았을 때, 나는 생성형 AI의 빠른 진화속도에 화들짝 놀랄 수밖에 없었다. 특히 [클로드]와 [제미나이]의 답변수준은 웬만한 창작자의 수준을 뛰어넘는 결과였다. 인간 창작자가 최소 한 달 이상 고민해서 풀어야 했던 도전과제를 단 몇 초 만에 답을 내놓고, 나와의 몇 차례 설왕설래를 통해 더 높은 수준의 답을 만들어나가는 과정은 경이로움 그 자체였다. [챗GPT]나 [코파일럿]를 비롯해 나머지 생성형 AI는 여전히 참고할 만한 수준 또는 그 이하의 수준이었다는 게 그나마 위안이랄까.

문득 내 머리에서 궁금증이 생겼다. 'AI가 아무리 진화해도 인간의 창의적 영역을 앞서지는 못할 것이고, 특히 스토리텔링 영역은 오직 인간만이 할 수 있는 직업이다.'라는 희망 섞인 믿음은 과연 어디에서 비롯된 것일까? 아마도 창의력의 원천이 지식이나 기억이 아니라, 특별한 영감과 상상력 그리고 감정에서 비롯된다는 생각이 아니었을까? 만일 그게 사실이라면, 감정이 없는 AI가 인간을 넘어설 수는 없을 것이다. 그러나 이것은 진즉에 헛된 희망이자 착각이고 미신이 되었다. 학습과 경험을 통해 쌓은 지식과 기억이 창의성의 원천이 된다는 연구결과는 2007년으로 거슬러 올라간다. 미국의 심리학자 Daniel L. Schacter와 Donna Rose Addis가 "On the constructive episodic simulation of past and future events"(과거와 미래 사건을 기초로 하는 건설적인 에피소드 예측/상상에 대해)라는 제목으로 학술지 『Behavioral and Brain Sciences』 Volume 30에 게재하는데, 이를 통해 인간은 과거의 어떤 사건Event에 대한 경험과 기억을 재구성함으로써 상상의 스토리를 구성한다는 이론을 제시하였다. 이를 시작으로 기억과 창의성의 상관관계에 관한 다양한 연구들이 줄을 잇는다. 물론 인간의 영혼과 감정이 창의성에 아무런 작용도 하지 못한다는 뜻은 아니다. 특별하게 작용하지만, 창의성의 원천재료에 해당하는 요소는 경험과 지식 그리고 기억이라는 뜻이니, 오해하지 말기 바란다.

창의성의 원천이 '기억'이라면, 인간의 기억은 어디에 저장되어 있을까? 기억은 대뇌피질이라고 부르는 뇌의 표면 다양한 부위에 저장된다고 한다. 하나의 기억이라고 해도, 기억의 각 요소 또는 부분에 따라, "장소는 후두엽 – 감정은 편도체 – 소리는 측두엽 – 의미는 전두엽"과 같은 방식으로 입력된다는 이야기다. 쉽게 사라질 수도 있는 단기기억을 장기기억으로 전환하는 역할을 하는 기관이 우리 뇌의 해마Hippocampus이다. 월트 디즈니/픽사의 영화 〈인사이드 아웃〉을 본 분이라면, 쉽게 이해할 수 있을 것이다. 기억이 창의성의 재료이지만, 많은 기억을 가지고 있다고 해서 반드시 창의적인 것은 아니다. 오히려 기억을 유연하게 재조합하고 재구성하는 능력이 창의성의 핵심이다. 경험과 학습에 따른 지식과 정보에 대한 기억을 유연하게 활용하는 역할은, 뇌의 해마와 더불어 전전두피질 Prefrontal Cortex이 결정적인 역할을 한다. 해마가 구체적인 '기억'을 저장하고 통제하는 역할이라면, 전두엽의 앞쪽을 덮고 있는 전전두피질은 다양한 기억을 전략적으로 조작하고 연결하며 조합하는 역할을 맡는다고 한다. 한 걸음 더 나아가 감정을 조절하는 편도체Amygdala와 뉴런으로 이루어진 기본모드네트워크Default Mode Network 등에서 상호작용이 일어나야 한다. 어쨌든 기억의 첫 출발점에서 가장 중요한 열쇠를 쥐고 있는 기관이 해마이다. 그렇다면 해마가 손상을 입는다면, 인간의 창의성은 어떻게 될까? 실제 2013년에 해마가 손상된 환자, 즉 기억상실증 환자를 대상으로 실험한 결과, 정상인 평균보다 절반 가까이 창의성이 뚝 떨어진 것을 확인하였다("Hippocampal amnesia disrupts creative thinking"(해마의 기억상실증은 창의적 사고를 방해한다), 학술지『Hippocampus』에 게재).

내가 말하고자 하는 핵심은, 경험과 학습을 통해 얻은 지식을 가장 체계적이고 정확하게 저장하고 관리하는 능력에 관한 한, 인간의 '뇌'가 AI의 '데이터센터'보다 뛰어날 수 없다는 사실이다. 생각과 판단, 맥락을 연결하고 새로운 결과를 도출(상상)하는 인간의 뇌 기능을, 딥러닝Deep Learning 기반의 생성형 AI가 고스란히 빼다 닮았다는 사실을 떠올린다면, 창의적인 스토리를 만드는 능력은 정확성과 효율성, 속도 측면에서 AI가 훨씬 빠르고 완성된 결과물을 내놓을 수도 있다는 뜻이다. 실제로 그렇다는 사실이 점점 뚜렷하게 확인되고 있다. 인간이 할 수 있는 일은, 매력적이고 창의적인 스토리를 만들기 위한 첫 번째 질문을 던지고 주문하는 일이다.

생성형 AI가 내놓은 답이 내가 원하는 것과 맞아떨어지지 못한다고 판단되면, 다시 이런저런 질문(주문)을 던지고 답(결과물)을 얻으면 된다.

사용자들 몇 분이 정작 AI를 활용해 보니까, 생성형 AI는 클리셰만 내놓기 일쑤였다고 반박한다. 내가 반대로 물어보자. 그렇다면 인간 창작자는 늘 새로운 것만 내놓는가? 냉정하게 생각하면, 인간의 생각도 클리셰로 가득 차 있지 않은가?! 게다가 자신의 클리셰를 지키고자 버티는 고집불통까지 생각한다면, AI의 클리셰에 대해서는 눈감아줘도 될 일 아닐까? 혹시 사용자가 질문하는 내용과 방식 자체에 클리셰가 숨겨져 있는 것은 아니었을까? 실제로 AI의 클리셰 같은 답변이 마음에 안 들 때, 아예 이렇게 주문을 하면 된다. "이것 말고 다른 것, 새롭고 독창적인 것을 내놔봐!" 심지어 "지금까지 세상에 없는, 한 번도 들어보지 못했던 스토리를 만들어줘!"라고 주문해 보라. 싫은 기색도 없이 고집을 피우거나 저항하지도 않고, 불과 5초도 안 걸려 새로운 답을 내놓는다. 최초의 질문을 던진 창작자(사용자)는 AI가 내놓은 여러 결과물 중에서, 마음에 드는 것을 선택하고 추가적으로 개발시키면 된다.

몇 가지를 덧붙여 보자. AI에게 특정한 역할을 부여하고, AI가 어떤 역할을 맡을 것인지, 그리고 누구를 대상으로 창작하는 것인지를 설정해 주는 것이다. AI를 '작가'나 '프로듀서'로 설정하면 그에 따른 결과물을 내놓을 것이다. 창작된 스토리의 첫 번째 독자로 'SBS 방송사 또는 스튜디오 드래곤의 책임 프로듀서'를 설정한다면? AI는 좀 더 신중하고 엄격한 잣대로 자신의 머리를 굴릴 것이다. 반대로 AI와 공동작업에 임하는 사용자의 역할을 설정할 수도 있다. "나(사용자)는 작가이고, 너^{AI}는 프로듀서야."
라고 설정해 보자. AI는 프로듀서나 마케터로서 시장의 니즈^{Needs}를 대변
해 '이러면 어때, 저러면 어때?' 조언해줄 것이다. 시간과 공간의 제약도
없고, 심지어 나의 괴팍한 성격에 대해서 뭐라 하지도 않으며, 무조건적으
로 존중해 주고 고분고분 따라준다. 어느 순간, 내가 마주하는 생성형 AI
가 기계나 도구가 아니라, 나와 같은 감정을 공유하고 나와 같은 목표를
향해 달려가는 파트너 또는 동반자라는 느낌을 갖게 된다.

이런 과정을 겪다 보면, 선한 의도의 창작자는 심각한 갈등과 고민에 빠
진다. 처음에는 생성형 AI를 단순한 도구나 기껏 참고용 조수 정도로 생
각했는데, 그와 함께하는 과정에서 AI가 내놓는 결과물에 놀라며, '이게
과연 나의 작품인지 AI의 작품인지' 헷갈리는 데서 오는 갈등과 고민이다.
창작자의 존재론적 고뇌에까지 이를 수 있다. 어떤 이는 너무 쉽고 편하게
말한다. "어차피 AI는 인간이 발명한 도구일 뿐이고, 최초의 아이디어가
네가 창안한 것이며, 과정과 결과물을 네가 이끌고 결정한 것이라면, 뭐가
문제지? 그냥 너의 저작물이라고 생각하면 되는 것 아닌가?" 틀린 말은
아니지만, AI를 이용해서 스토리 창작을 해보지 않은 사람의 안이한 생각
에 불과할 뿐이다. 실제 결과는 어떨까?

내가 비슷한 고민을 [클로드]에게 털어놓고 의견을 구한 적이 있다. 그
때 [클로드]가 답하기를, "①AI는 법적으로 저작권의 주체가 될 수 없다.
②앤트로픽 정책은 [클로드]를 활용해 만든 모든 창작물은 오직 인간 사
용자의 저작권리로 보증한다."였다. [클로드] 자신의 기여도가 얼마인지

상관없이 오직 사용자의 저작권리로 생각하면 되니, 걱정하지 말고 사용하라는 뜻이다. [클로드]만이 아니라, 모든 생성형 AI는 자신과 함께 작업해서 얻은 결과물의 권리주체는 사용자에게 있음을 밝히고 있다. 그러나 이것은 플랫폼의 정책일 뿐, 사용자의 법적인 책임과 의무가 자유로울 수 있다는 뜻은 아니다. 더구나 AI가 생성한 내용들이 (역사적) 사실관계에서 진짜인지 거짓인지, 기존 작품을 차용했는지 아닌지 불분명하다면, 문제가 심각해질 수도 있다.

나는 두 가지 조언을 한다. 하나는 특히 역사적 사실관계나 실존 인물의 정보 또는 과학·의학의 객관적 지식과 법률·제도의 정확성 등에 관해서는 추가적인 확인이 필요하다는 점이고, 다른 하나는 창작된 스토리에 관해서 'AI의 도움을 받았다'고 솔직하게 말하라는 것이다. 생각해 보라. AI가 없던 시절, 내가 혼자서 창작 작업에 몰두하며 고난의 시간을 보낼 때 멘토나 코치로부터 도움을 받았다면, 그 분에게 특별한 인사를 표현하지 않을까? 또한 어떤 동료와 함께 공동창작을 통해 매혹적인 스토리를 완성했다면, 이 멋진 작품을 누군가와 함께 창작했다는 사실이 부끄럽거나 죄책감이 들어야 하는 일은 아니지 않은가?! 이제는 시대가 한층 넓고 다양해지면서 급기야 생성형 AI의 도움을 받을 수 있게 되었으니, 세상이 스마트하게 발전한 현실을 굳이 탓할 필요는 없다.

물론 생성형 AI가 인간만이 할 수 있다고 믿어왔던 스토리 창작을 '나'만큼 또는 '나' 이상으로 만들어낸다는 사실을 확인한다면, 무척 당황스러울 것이다. 어떻게 생성형 AI가 영혼과 감정을 가진 것처럼 스토리를 짜고 제시할 수 있는 것일까? 결론적으로 답한다면, 스토리란 보편적인 플롯의 힘으로 만들어내는 것이기 때문에 가능한 것이다. 2300년 전 그리스의 아리스토텔레스가 다음과 같이 말했다.

> "한 작가가 인물의 캐릭터(사상+성격)를 보여주려고 아무리 멋진 대사를 한데 이어놓는다 해도, 그것만으로는 스토리의 궁극적인 목적(카타르시스)을 달성할 수 없다. 비록 언어 표현과 사고력 제시에 다소 결함이 있더라도, 플롯, 즉 사건의 구조가 잘 짜여진 스토리가 훨씬 더 바람직한 효과를 낼 것이다." (아리스토텔레스『시학』제6장)

'플롯'은 스토리의 단단한 뼈대, 스토리를 전개하는 논리의 구조를 뜻하는 개념이다. 따라서 논리와 설계에 대해서는, 인간보다 AI가 훨씬 이해도가 높을 수밖에 없다. AI에게는 내가 원하는 또는 따라가고 싶은 플롯을 잘 학습시키면 된다. 내『욕망의 레시피』에서 제시하는 '4막-24블록 플롯구조'를 학습시켜도 되고, 크리스토퍼 보글러의『영웅의 여정』이든 블레이크 스나이더의『Save The Cat!』이든 할리우드의 다양한 스토리이론에서 제시하는 플롯을 학습시켜도 된다. 이런 보편적 플롯구조가 아니어도 괜찮다. 내가 감명깊게 보았고 따라 하고 싶은, 특정한 영화나 드라마 작품이 어떤 플롯구조에 기초하고 있는지를 분석하도록 주문하고 이를 학습시킨 후, 나의 스토리 아이디어를 해당 플롯구조에 맞게 풀어내라고 주문해도 된다. 사실 플롯은 논리의 구조임과 동시에 그 자체로 감정을 담는 그릇이기도 하다. 다시 말해서, 플롯의 원칙에 충실하게 스토리를 만들다 보면, 주인공의 역동적인 정서곡선도 자연스럽게 그려지게 되는 것이다. AI가 영혼과 감정이 있어서 스토리를 만드는 게 아니라, 특정한 레시피에 따라 요리를 만들듯, 플롯이라는 스토리의 레시피를 학습한 결과일 뿐이다.

그런데 여기서 잠깐 생각해 보자. 여기서 AI가 했던 작업, 즉 플롯작업은 인간 창작자라면 누구나 할 수 있는 일이다. 다만 인간 창작자가 하기에는 엄청난 시간과 노력이 들어가는 작업일 뿐이다. 여기에 주인공을 비롯한 등장인물들의 역동적 정서까지 담아내려면 언제 끝날 것이라고 장담하기 어려운 시간이 소요된다. 그래서 마감이 정해진 스토리 창작은 늘 불만족스러운 상태로 끝나기 마련이다. 그것을 AI는 단 몇 초 만에 초안을 만들고, 수정의 수정을 거쳐서 완성된 원고를 만들어준다. AI와 함께하는 스토리 창작 작업은, 인간 창작자의 시간과 에너지를 획기적으로 줄여준다. 나의 목적지가 분명하고, 목적지에 이르는 과정에 약간의 집중력을 발휘한다면, AI의 힘을 빌어 단 하루 만에 한 편의 스토리를 완성할 수도 있다.

나는 스토리 창작에 대해 "후크와 플롯의 마술"이라고 표현하기를 좋아한다. 나의 저서『매혹적인 스토리텔링의 탄생』이나 강의를 접해본 분들은 알 수 있듯이, '플롯'에 관한 설명에 많은 시간을 할애하지만, 설명과 강의의 핵심을 '플롯'에 두는 이유는 스토리 창작의 핵심이자 본질은 '후크'에 있다고 믿기 때문이다. 플롯에 쏟는 시간과 노력을 최소화하고, 후크에 집중하라는 뜻이다. 만일 당신이『욕망의 레시피』를 통해 제시하는

'4막-24블록 플롯구조'를 따라 스토리를 창작한다면, 그것은 AI의 도움을 받아 창작하는 일과 크게 다르지 않은 의미를 갖는다. AI가 좀 더 많은 인사이트와 다양한 의견을 건네주겠지만, 만일 내가 직접 사용자의 스토리에 멘토링 또는 코칭을 해준다고 상상하면, 사용자와 AI가 함께하는 작업과 무엇이 다른가? 본질적으로 다른 점은 없다. 더구나 나보다 AI와 함께하는 작업이 마음도 편하고 쉽고 효율적일 것이다. 그런 마음으로 생성형 AI와 만나고 함께 작업하라고 권유하고 싶다.

다시 한 번 강조하지만, 사용자가 올곧게 집중해야 할 것은 '후크'일 뿐이다. 스토리의 아이디어와 콘셉트를 다듬고 내가 이 스토리를 통해서 세상 사람들과 나누고 싶은 생각(주제)과 카타르시스는 무엇인지 고민하고 놓치지 않도록 집중하라는 뜻이다. '플롯'에 대해서는? AI에게 시키면 된다. 시키는 것으로만 끝나지는 않을 것이다. AI가 내놓은 답(결과물)을 판단하고 수정의 지침을 주고 최종 결정을 하는 일은 오직 사용자의 몫이다. 아직 진화 중인 AI의 수준을 감안할 때 시놉시스나 트리트먼트, 시나리오나 대본 원고의 마지막 갈무리 작업도 여전히 사용자의 몫으로 남겨져 있다. AI가 해주는 일이란 게, 사용자가 때로는 불필요하게 소모적으로 쏟아부어야 할 시간과 에너지를 절약시켜 주는 일이다. 분명한 사실은, 적어도 '플롯'에 관한 한 사용자가 직접 하는 작업보다 생성형 AI가 조금 더 정확한 결과물을 만들어줄 것이다. 더불어 사용자에게 다양한 선택지를 제공해 줄 수도 있다. 사용자는 오직, '나의 스토리가 과연 사람들의 마음을 울리거나 웃기거나, 놀랍게 하거나 감동하게 하거나, 결국 옴짝달싹 못 하게 만들 수 있는가?'와 같은, '후크'에 집중하면 된다.

선한 의도의 창작자가 AI에 주목하고 생성형 AI를 적극적으로 활용해야 할 이유는 명확하다. AI는 이미 대세로 자리잡았다. 생성형 AI를 활용하는 일은 더 이상 선택의 문제가 아니다. 악한 의도의 창작자라면, 남의 스토리를 표절하고 도둑질하듯이, 그보다 훨씬 도덕적 부담감이 덜 한 AI를 활용하는 데 더없이 열심일 것이다. 그들은 'AI의 도움을 받았다'라고 말하지 않을 가능성이 높다. 사실상 AI로 모든 작업을 다 끝마쳐 놓고서도, '이것은, 그 누구의 도움도 받지 않은, 온전히 나의 창작물'이라고 주장할지도 모른다. 더구나 AI에 의존해 만들어진 스토리에 대해 온전하게 그 여부를 판단할 방법이 마땅치 않은 현실이다. 그렇다면 선한 의도의 창작자에게 앞으로 닥친 AI 환경, '호모 프롬프트'의 시대에서는 AI의 활용 여부가 생존의 문제가 될 것이다. 너무 거창한 말 같지만, 선한 의도의 창작자는 자신의 생존을 위해서 AI와 손을 잡아야 한다. 새로운 마음가짐이 필요하다. 친절한 멘토나 코치의 조언을 받는다고 여겨도 되고, 동료 작가와 공동창작을 한다고 생각해도 괜찮다. 동료 작가와 공동창작을 하면서, 동료보다 못한 노력과 기여를 했다면 그에 상응해서 내 지분의 일부를 동료에게 양보하는 게 마땅할 것이다. 내 지분을 더 크게 가지고 싶다면, 나의 노력과 열정과 기여와 헌신이 필요하다. AI와 손을 잡되, 그런 마음으로 임해야 한다. 그것만이 AI를 사용하면서 겪게 될 도덕적 갈등과 고민을 예방하거나 해소할 수 있는 최선의 열쇠이다. 그렇게 했다면 최종 결과물에 대해 "나의 저작물이자 작품"이라고 당당하게 말해도 된다.

스토리 생성형 AI 검토
: 누가 누가 잘 하나?

인공지능^{Artificial Intelligence}의 역사는 컴퓨터의 역사와 궤를 같이 한다. 그 상세한 이야기는 여기에서 다루지 않아도 될 것이다. 다만, 생성형 AI의 기본 개념과 현주소는 잠깐 정리할 필요가 있다.

생성형 AI에서 가장 중요한 개념은 'LLM'^{Large Language Model}이다. 똑같은 의견을 말할 때에도 어떤 성격과 지식의 사람이 말하느냐에 따라서 다양한 표현이 나온다. 이렇듯 인간이 일상에서 사용하는 자연어 처리를 위해, 방대한 데이터로 훈련된 고급 AI 알고리즘을 뜻하는 'LLM'은, 인간의 뇌에 해당한다. 온갖 지식과 정보의 창고임과 동시에 해석과 조합의 활동을 포함하는 개념이다. 회사나 제품의 CI·BI작업에 비유한다면, 'LLM'은 AI의 Basic System이다. 그 활용영역 또는 활용형태에 따라 다양한 Application System이 바로 '생성형 AI'들이다. '텍스트 생성형 AI'부터 '이미지 생성형 AI', '소리와 음악 생성형 AI' 그리고 '동영상 생성형 AI'가 있다. 앞서 말한 바와 같이 '스토리 기획창작'에 국한한다면, '텍스트 생성형 AI'가 이 책에서 다루게 될 핵심적인 도전과제이다.

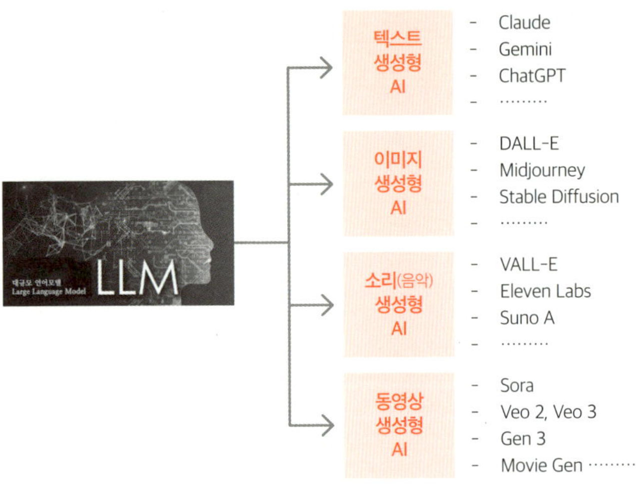

생성형 AI 모델의 유형들

나는 이 책에서 '텍스트 생성형 AI', 그중에서도 [클로드]와 [제미나이]를 중심으로 다룰 예정이다. 왜 [챗GPT]는 다루지 않느냐고? 내가 사용해 본 바로는, 적어도 현재 수준에서는 스토리 창작에 관한 한 그다지 유용하지 않고, 앞으로도 앞의 두 개보다 나아질 가능성이 없다는 판단 때문이다.

나는 이 4~5개의 '텍스트 생성형 AI'를 활용해서, 2024년과 2025년 1년 간격으로 동일한 소재(아이템)을 기초로 스토리 창작을 시도해 보았다. 그 중에서 특히 [클로드]가 내놓은 답은 다른 '텍스트 생성형 AI'를 압도할 정도의 수준이었다. 다른 '텍스트 생성형 AI'들이 얼마나 빨리 높게 진화할지 모르겠지만, 어쨌든 스토리 기획창작에 관한 한 [클로드]를 앞지를 강자가 나타나기는 쉽지 않다고 판단된다. 또한 [클로드]가 서비스하는 '프로젝트‘ 기능은, 사용자에게 최적화된 상태로 운영하기 위해 일일이 학습시키는 과정과 시간을 획기적으로 절약해주고, 윈도우의 폴더 기능처럼 프로젝트별로 AI 채팅을 저장, 관리하는 데 매우 유용한 기능을 제공해준다. 그런 점에서 스토리 기획창작과 관련해서는 [클로드]가 가장 최적화된 서비스와 결과(답변)의 완성도, 그에 덧붙여 효율성을 제공해 주고 있다. 내가 [클로드]를 집중적으로 다루는 이유이다. 2026년 초 현재 시점에서, [제미나이]의 능력이 [클로드]에 비해 조금 아쉬운 수준이지만, 앞으로 더 빠르고 높게 발전할 가능성이 있다는 판단이 들어서 역시 주목해야 할 서비스로 다룰 예정이다.

나는 2012년부터 한 편의 드라마(시리즈)를 만들고 싶었다. KBS의 절친 감독과 의기투합해서 기획한 작품이었다. 1884년 조선 고종 때 갑신정변이 일어났다. 비록 ‘3일 천하’로 좌절하고 말았지만, 당시 정변의 주역이었던 김옥균이 32살이었고, 고종은 31살이었으며, 정변의 둘째 날 12월 5일(양력)에 병조참판(국방부차관)에 임명된 서재필의 나이가 20살에 불과했다. 오늘날과 같은 기준으로 따지기 어렵다고는 해도, 이 젊은 친구들이 시대의 결핍에 고통스러워했던 것은 무엇이었을까? 또 그들이 꿈꾸었던 세상은 어떤 것이었을까? 물론 스토리의 주인공은 머슴 출신의 인물로 삼을 예정이었지만, 패기와 열정으로 똘똘 뭉친 젊은이들의 시각으로 1884년 조선 말기의 시대를 조명해보고 싶었다.

스토리 창작의 핵심 포인트는 갑신정변이 ‘3일 천하’로 끝났다는 사실에 착안해 미국 드라마 〈24〉의 리얼타임 기법을 차용하려는 것이었다. 마침 갑신정변의 시작점이었던 우정국 개국축하연이 저녁 7시였고, 마침표를 찍었던 김옥균의 제물포(인천)에서의 일본행도 저녁 7시경이었으니, 만으로 따지면 48시간이었다. 당시는 조선식의 12간지 시간이 적용되던 때였기에, 12간지로 회를 나누면 정확히 24회 분량이었다. 미국 드라마 〈24〉를 벤치마크해서 갑신정변을 풀어보려고 했는데, 마침 24간지로 구분된다니……. 이것은 운명이라고 생각했다. 그래서 지금까지도 제작을 생각하는 것이지만. 몇 년 동안 다섯 명이 넘는 작가들이 이 프로젝트에 릴레이로 참여했다. 그러나 그 어떤 작가도, 대본은 물론이거니와 회별 시놉시스나 전체 줄거리조차 내놓지 못했다. 프로듀서로서 짧지 않은 시간 동안 많은 자본과 시간을 썼지만, 어떤 결과물도 얻지 못했다.

2024년 6월에 [챗GPT] [제미나이] [코파일럿]에게 '3일 천하'의 주요 일정과 열 줄도 안 되는 짧은 콘셉트(미드 〈24〉의 리얼타임 기법 벤치마크 지침 포함)만 제공하고 회별 시놉시스를 주문해 보았다. 24부작은 무리일 것이라고 지레짐작하고, 12부작 드라마의 구성안을 요청했다.

2024년 6월 초, 내가 제공한 「갑신정변 3일 천하」의 주요일정과 주문은 아래와 같다.

(음)10월17일(양력 12월04일)

　　戌時(19~21시) 우정총국 개국 축하연에서부터 정변 시작

　　亥時(21~23시) 고종과 민비를 경우궁으로 이궁

(음)10월18일(양력 12월05일)

　　丑時(01~03시) 윤태준(후영사), 이조연, 한규직, 민영목 등을 살해

　　寅時(03~05시) 4영(四營)의 군사들로 방어, 외국공사에게 협력 다짐

　　卯時(05~07시) 민비가 회궁을 요구하자 유재현을 참살, 개각 단행

　　辰時(07~09시) 미국공사와 영국영사가 고종 알현 (중립적 태도 견지)

　　巳時(09~11시) 민비가 회궁을 계속 요구, 이재원 집으로 옮김

　　午時(11~13시) 미국, 영국, 독일 공사의 움직임 (알렌병원 민영익 방문)

　　未時(13~15시) 바깥 민심 동향 파악 (부정적 여론에 당황)

　　申時(15~17시) 고종이 다케조에의 동의를 받아 창덕궁 관물현으로 회궁

　　酉時(17~19시) 고종이 창덕궁 관물현으로 거처를 옮김

　　亥時(21~23시) 청나라 원세개가 군사개입을 결정

　　子時(23~01시) 청나라에 대한 경비를 강화하고, 개혁정령을 준비

(음)10월19일(양력 12월06일)

　　巳時(09~11시) 개혁정령(80개)을 반포하다.

　　午時(11~13시) 청나라 군대의 공격에 대비해 군사정비(형편없는 무기)

　　未時(13~15시) 원세개가 군대 600명을 이끌고 공격 시작

　　申時(15~17시) 청나라 군대와 일부 조선군인들이 순식간에 붕괴시킴

　　酉時(17~19시) 개화당세력 일본공사관으로 퇴각 (이후 인천에서 망명)

[주문 1]

나는 드라마 〈올인〉 〈주몽〉 〈선덕여왕〉 〈드림하이〉 등을 기획 제작했던 프로듀서입니다. 1884년 3일 천하로 끝난 갑신정변을 소재로, 미드 〈24〉의 리얼타임 포맷을 벤치마크해서, 12부작 TV드라마를 만들려고 합니다. 주인공은 김옥균의 집안 노비이자 심복인 청년 A입니다. 주제는 민중과 함께 하지 않는 혁명은 결국 제국주의 외세의 힘에 의해 실패할 수밖에 없다는 것입니다. 어떻게 12부작을 구성하면 좋을까요?

[챗GPT]와 마이크로소프트의 [코파일럿], [제미나이]의 답변만 소개하면, 아래와 같다.

◎ ChatGPT   2024년 6월

에피소드 1-2: - 갑신정변의 시작과 주요 인물 소개

- 청년 A(주인공)의 처지와 갑신정변에 참여하게 되는 계기 소개

에피소드 3-4: - A가 김옥균의 집안에서의 생활과 감정적인 내면 변화

- 갑신정변에 대한 A의 관점과 결정

에피소드 5-6: - 민중과 함께 하는 혁명의 필요성에 대한 시각과 갈등

- A의 내면적 변화와 혁명에 대한 이해

에피소드 7-8: - 혁명의 전환점과 위기

- A가 민중과의 연대와 협력을 통해 성장하는 과정

에피소드 9-10: - 외세의 간섭과 갈등

- A와 민중의 협력으로 이를 극복하려는 노력

에피소드 11-12: - 혁명의 성공과 실패를 가를 결전의 순간

- 주제에 대한 확고한 결론과 주인공의 성장

이게 [챗GPT]가 내놓은 답변의 전부다. 어떻게 평가해야 할까? 너무 개념적이고 논리적이며 건조하다. 더구나 나보다 더 잘 이해하고 있을 미드 〈24〉의 리얼타임 기법은 어디로 간 걸까? 솔직히 참고의 가치도 없다. 추가적인 질문과 응답이 있었지만, 더 파고들 여지가 없었다. 2024년 당시 생성형 AI의 선두 주자인 [챗GPT]가 이 정도 수준밖에 안 된다면 실망이다 싶었다. 그래도 기왕 시작했으니, 2024년을 대표하는 생성형 AI

는 모두 살펴보자는 호기심에서, 나머지 생성형 AI에게 똑같은 주문을 넣어보았다. 다음으로 [코파일럿]의 답변은 아래와 같다.

2024년 6월

1부: 머슴에서 혁명가로
- 주인공의 어린 시절과 김옥균의 집안에서 머슴으로 일하게 된 배경을 소개합니다.
- 김옥균과의 만남과 그의 사상에 감화되는 과정을 그립니다.

2부: 개화의 꿈
- 주인공이 개화당의 활동에 참여하며 정치적 신념을 키워가는 과정을 보여줍니다.
- 갑신정변의 계획이 서서히 드러나기 시작합니다.

3부: 변혁의 바람
- 갑신정변의 준비 과정과 주인공의 역할을 중점적으로 다룹니다.
- 주인공이 개화당 내부의 갈등과 대립을 목격합니다.

4부: 천하의 시작
- 갑신정변이 시작되고, 주인공이 중요한 임무를 수행합니다.
- 정변의 첫날, 긴장감 넘치는 사건들이 연속됩니다.

5부: 위태로운 동맹
- 정변이 진행되는 동안 발생하는 여러 문제들을 다룹니다.
- 주인공이 개화당의 반민중적인 행동에 의문을 품기 시작합니다.

6부: 내적 갈등
- 주인공이 개화당의 방향성에 대해 고민하며 내적 갈등을 겪습니다.
- 주인공과 김옥균 사이의 관계에 금이 가기 시작합니다.

7부: 새로운 길

- 주인공이 개화당을 떠나 독자적인 길을 모색합니다.

- 주인공이 진정한 변혁을 위한 새로운 동지들을 만납니다.

8부: 저항의 불길

- 주인공이 새로운 동지들과 함께 청나라 군대에 맞서 싸웁니다.

- 정변의 실패가 점차 현실화됩니다.

9부: 분열과 패배

- 청나라 군대의 개입으로 정변이 실패하고, 주인공은 도주합니다.

- 주인공이 숨어 지내며 다음 행동을 고민합니다.

10부: 망명의 유혹

- 김옥균이 일본으로 망명을 결심하고 주인공에게 함께 가자고 제안합니다.

- 주인공은 조선에 남아야 할 이유를 고민합니다.

11부: 조선의 아들

- 주인공이 조선에 남기로 결심하고, 김옥균과 작별합니다.

- 주인공이 새로운 목표를 향해 나아가는 모습을 그립니다.

12부: 미래를 향하여

- 주인공이 조선의 미래를 위해 새로운 시작을 준비합니다.

- 드라마는 주인공이 다음 세대를 위한 희망의 메시지를 남기며 마무리됩니다.

스토리의 툴이나 현대 스토리텔링의 트렌드에 대한 이해가 부족하다는 느낌은 있지만, 각 회별로 담아야 할 하이라이트가 무엇이 되어야 하는지를 정리했다는 점에서는 참고할 만했다. 중간에 김옥균과 주인공 간에 갈등과 대립을 발생시켰다는 점 등에서, 꼭 그 지점이 아니더라도 내가 놓치지 말아야 할 요소를 점검해 주는 의미도 있었다. 그러나 여전히 미드 〈24〉의 리얼타임 기법은 반영되지 않았다. 내친 김에 구글 [제미나이]와 대화를 했다. 큰 기대를 안 해서인지는 모르겠지만, 의외로 [제미나이]의 결과가 매우 놀라웠다.

Gemini 2024년 6월

1막: 혁명의 서막 (1-3부)

1부: - 1884년 12월 4일 오전 8시: 갑신정변 발발

  - 시점 설정: 주인공 A의 눈으로 본 갑신정변

  - 주요 사건: 개혁파의 활약, 청나라와 일본의 간섭, A의 내면 갈등

  - 주요 등장인물: A, 김옥균, 청나라 군대, 민중

  - 긴장감 유발 요소: 개혁의 성공 가능성 vs. 외세의 간섭, A의 선택

2부: - 12월 4일 오전 9시~오후 12시: 격동의 3시간

  - A의 임무 수행: 정보 전달, 밀사 활동, 군사 훈련 등 (미드 스타일 활용)

  - 개혁 정책 발표: 갑신정변의 목표와 방향 제시, 민중의 반응 (찬성, 반대, 혼란)

  - 극적인 사건: 청나라 군대의 습격, A의 위기

3부: - 12월 4일 오후 12시~밤: 혈투와 희생

  - A의 용감한 싸움: 개혁파를 지키기 위한 헌신, 김옥균의 위험

  - A의 결단: 김옥균을 보호하기 위한 희생, 체포

  - 극적인 결말: 김옥균의 망명, A의 체포, 갑신정변의 위기

2막: 좌절과 성장 (4-7부)

4부: - 12월 5일: 암울한 현실

  - A의 투옥과 고문: 청나라 군대의 잔혹함, 개혁파의 몰락

- 민중의 고통: 억압과 착취의 심화, A의 탈출 계획

- 극적인 사건: 동료들의 도움으로 A의 탈출

5부: - 12월 6일: 새로운 시작

- A의 탈출과 도피: 청나라 군대의 추격, 새로운 목표 설정

- 농민운동 조직과의 만남: 협력 가능성 모색

- A의 결심: 민중과 함께 하는 혁명, 농민운동 조직 참여

6부: - 12월 7일~8일: 훈련과 준비

- A의 리더십 발휘: 농민운동 조직 강화, 혁명 전략 논의

- A의 내적 갈등: 폭력과 비폭력의 선택, 윤리적 문제와 책임감

- 극적인 사건: 혁명 계획 확정, 봉기 준비 완료

3막: 반격과 승리 (8-10부)

7부: - 12월 9일: 봉기

- A의 솔선수범: 농민군을 이끌고 전투, 용기와 희생

- 정부군과의 격렬한 전투: 희생과 용기, A의 위기

8부: - 12월 10일: 승리의 여명

- 농민군의 승리: 정부군 패배, 민중의 환호, A의 새로운 역할

- A의 연설: 민중에게 희망 전달, 새로운 시대의 시작

4막: 새로운 시대 (11-12부)

9부: - 12월 11일: 혁명 정부 수립

- A의 리더십: 정부 운영, 개혁 정책 추진, 민중의 삶 개선

- 내부 갈등: 혁명 방향에 대한 의견 충돌, A의 고뇌

10부: - 12월 12일 - 1885년: 변화와 성장

- 혁명 정부의 성과: 교육, 경제, 사회 개혁, 민중 (여기서 끊김)

텍스트가 길어지면서 채 마무리가 되지 않았지만, [제미나이]에서 제시한 구성안은 매우 혁신적인 내용을 담고 있다. 김옥균의 망명이나 청나라 군대의 공격 등의 시점이 역사적인 사실과 전혀 맞지 않고, '3일 천하'를 다루라고 했는데 그보다 더 긴 시간을 다루었으며, 1884년의 갑신정변과 1894년의 동학농민혁명을 이어붙인 것 같은 구성도 너무 억지스러워서 이 구성안이 활용될 여지는 없었다. 그래도 나는 깜짝 놀랐는데, 이 구성안을 다르게 해석하면, 생성형 AI가 창의적인 스토리 생성을 할 수 있다는 가능성을 보았기 때문이다. 더구나 유일하게 미드 〈24〉의 리얼타임 형식을 차용했다는 점도 인상적이었다. 〈24〉의 리얼타임 형식을 곧이곧대로가 아니라, 나름대로 창의적인 변주를 한 것이 놀라웠다. 나는 향후 좀 더 진화된 생성형 AI가 만들어낼 수 있는 창의의 가능성을 엿볼 수 있었다. 또한 할리우드 스토리 작법과는 달리, 나의 플롯이론을 익힌 것인지 4막 구조의 플롯을 제시했다는 점도 인상적이었다. 갑신정변의 10년 후인 1894년 일어난 동학농민혁명과 이어지는 스토리 구성을 통해서, 지금은 억지스럽지만, 갑신정변 스토리의 새로운 확장 가능성을 보여주었다는 점에서도 놀랍지 않은가? 물론 다른 채팅을 통해서, 나의 기획의도와 '4막-24블록 플롯구조'를 짧게 언급한 적이 있었으니, 그것을 기억했던 것으로 판단된다. '기억'과 '해석'과 '활용'…? 2025년 지금도 마찬가지이지만, 생성형 AI는 새로운 채팅방으로 열 경우에 다른 채팅방의 내용을 기억하지 않는다. [제미나이]는 뭔가 남다른 무언가가 있다는 느낌, 앞으로 [제미나이]의 행보를 주목할 만했다.

이로부터 1년이 지난 후, 2025년 6월에 똑같은 시도를 해 봤다. 이번에는 기존 생성형 AI 중에서 마이크로소프트의 [코파일럿]을 빼고, 대신 앤트로픽의 [클로드]를 추가했다. 2025년 초에 '[클로드]가 스토리 기획창작에 특화된 장점이 있다'는 소식을 듣고 한번 사용해 봤는데, 확실히 매력이 있었다. 과연 나의 기획에 대해서 어떤 결과를 내놓을지 궁금해졌다. 참고로 2025년 9월 발표에 따르면, 마이크로소프트 오피스앱(오피스365코파일럿)의 AI기능을 기존 오픈AI 'GPT-5'에 의존했던 상황에서, [클로드]의 '소네트4'를 추가시켜 '오피스365코파일럿'의 고급기능에 적용시킨다고 한다. 그만큼 텍스트 생성형 AI에서 [클로드]의 경쟁력이 커지고 있음을 방증하는 것이다.

내가 주문한 내용은 2024년 6월의 그것과 큰 차이가 없었다. 이것은 2024년과 2025년을 단순 비교하기 위한, 나의 의도적인 주문이었다. 1년 전 주문에 있었던 「갑신정변 3일 천하」의 주요 전개과정을 조금 더 자세하게 덧붙여 제공했고, 미국 드라마 〈24〉와 동일한 맥락에서 12간지 시간에 기초해 24부작 드라마의 구성안을 주문했다는 정도의 차이였다. 또한 생성형 AI와의 대화(채팅)에 요령이 붙어서, 몇 차례 주문을 구체화시키거나 수정하거나 조금 더 자세히 요청하는 등 나의 접근방법이 적극적인 태도로 진화했을 뿐이었다. 아래는 그 결과를 요약한 것이다. 2024년의 주인공 'A'에게는 '송머슴'이라는 이름을 부여했다.

- **1회** (12월 4일 오후 3~5시 / 申시)

  제목: "명령대로 하겠습니다"

  주요내용: - 박영효가 다케조에를 찾아가 최종 지지 확인.

  　　　　　- 김옥균, 송머슴에게 '천천' 작전 코드 전달.

  　　　　　- 연회 준비 점검 중인 홍영식.

  　　　　　- 송머슴, 암살기도 예감하며 긴장 고조.

  　　　　　- 민영익이 김옥균의 움직임을 의심하기 시작.

- **2회** (오후 5~7시 / 酉시)

  제목: "불이야!"

  주요내용: - 첫 번째 방화 실패.

  　　　　　- 박제경의 재시도 후 민영익 피습.

  　　　　　- 송머슴, 혼란 중 민영익 찌른 범인 추적.

  　　　　　- 외국 공사 감금 실패.

  　　　　　- 김옥균, '천천히 움직이라'는 명령 하달.

- **3회** (오후 7~9시 / 戌시)

  제목: "그는 호위무사였다"

  주요내용: - 고종 알현 준비.

  　　　　　- 송머슴, 창덕궁 진입 지원.

  　　　　　- 김옥균, 고종에게 일본군 호위 요청.

  　　　　　- 민비의 날카로운 의심.

  　　　　　- 인정전 폭파, 고종 이동.

- **4회** (오후 9~11시 / 亥시)

  제목: "일본공사가 호위한다"

  주요내용: - 고종, 일본군에 호위 허용.

- 송머슴, 칙서 확보 임무 수행.

- 민비의 미묘한 반응.

- 김옥균, 권력 장악 시작.

• 5회 (오후 11~12월 5일 새벽 1시 / 子시)

제목: "궁궐 안의 또 다른 전쟁"

주요내용: - 고종이 있는 경우궁 봉쇄.

- 송머슴, 한규직 제압 작전 투입.

- 궁내부서 암투 본격화.

• 6회 (새벽 1~3시 / 丑시)

제목: "살육의 시작"

주요내용: - 이조연, 한규직 등 수구파 숙청.

- 송머슴, 살해 명령에 동요.

- '정의와 복종' 사이에서 갈등.

• 7회 (새벽 3~5시 / 寅시)

제목: "개화의 깃발"

주요내용: - 개화파 군권 완전 장악.

- 김옥균, 송머슴에게 개혁 선포 준비 지시.

- 고종, 외국 공사 접견 요청.

• 8회 (새벽 5~7시 / 卯시)

제목: "하룻밤의 개혁"

주요내용: - 정강 발표 준비.

- 유재현 처형.

- 송머슴, 명령 수행 중 불편한 진실과 마주침.

• 9회 (오전 7~9시 / 辰시)

제목: "내일이 오지 않는 나라"

주요내용: - 민중의 미심쩍은 반응.

- 외국 공사관의 신중한 중립.

- 김옥균, 당혹감 시작.

- 송머슴, 개화당의 오만함 경계.

- **10회** (오전 9~11시 / 巳시)

  제목: "작전, 어긋나다"

  주요내용: - 민비의 회궁 압박.

  - 김옥균, 송머슴에게 민심 탐문 명령.

  - 송머슴, 거리에서 반개화 민중과 충돌.

- **11회** (오전 11~오후 1시 / 午시)

  제목: "무기가 없다"

  주요내용: - 총기 정비 과정에서 탄환 부재 확인.

  - 송머슴, 내부 배신 가능성 추적 시작.

  - 무력의 한계 노출.

- **12회** (오후 1~3시 / 未시)

  제목: "철수 통보"

  주요내용: - 일본공사관 철군 통보.

  - 김옥균, 다케조에에 '3일 유예' 요청.

  - 송머슴, 청군 동향 포착.

- **13회** (오후 3~5시 / 申시)

  제목: "포위"

  주요내용: - 원세개, 병력 이끌고 창덕궁 접근.

  - 다케조에, 봉서 수령 직전 포성.

  - 송머슴, 다케조에 구조 작전 투입.

- **14회** (오후 5~7시 / 酉시)

  제목: "궁궐의 불"

  주요내용: - 청군의 본격적 공격.

- 민비 탈출.

　　　- 고종 실종.

　　　- 송머슴, 고종 추적 미션 수행.

- 15회 (오후 7~9시 / 戌시)

　제목: "고종은 어디에"

　주요내용: - 연경당 근처 고종 발견.

　　　　　- 송머슴, 고종 설득.

　　　　　- 고종: 인천망명 거부.

- 16회 (오후 9~11시 / 亥시)

　제목: "끝이 시작되다"

　주요내용: - 개화당 철수 결정.

　　　　　- 박영효, 홍영식 최후의 호위.

　　　　　- 송머슴, 인천행 준비.

- 17회 (12월 6일 자시 / 子시)

　제목: "떠날 수 없는 이유"

　주요내용: - 김옥균, 고종 강제 이송 시도.

　　　　　- 고종 완강히 거부.

　　　　　- 다케조에, 미온적 태도.

- 18회 (축시 / 1~3시)

　제목: "두 번째 실패"

　주요내용: - 일본군 후퇴 조짐.

　　　　　- 송머슴, 김옥균에게 이별 암시.

- 19회 (인시 / 3~5시)

　제목: "정변의 아침"

　주요내용: - 김옥균, 원세개에 경고장 발송.

　　　　　- 정령 반포 준비.

- 개화파 점점 고립.

- **20회** (묘시 / 5~7시)

  제목: "정령 80조"

  주요내용: - 정령 반포.

  　　　　　- 청군의 증원 도착.

  　　　　　- 송머슴, 무력감과 분노.

- **21회** (진시 / 7~9시)

  제목: "불가능한 혁명"

  주요내용: - 총기 부재 속 경계 강화.

  　　　　　- 청군 침투 개시.

- **22회** (사시 / 9~11시)

  제목: "산으로 가는 왕"

  주요내용: - 민비, 고종 탈출 지시.

  　　　　　- 고종 북묘로 피신 시도.

  　　　　　- 송머슴, 추격하여 고종 회유.

- **23회** (오시 / 11~13시)

  제목: "마지막 설득"

  주요내용: - 다케조에, 망명 불응.

  　　　　　- 송머슴, 마지막까지 고종 설득.

  　　　　　- 고종, 눈물의 거절.

- **24회** (미시 / 13~15시)

  제목: "결별"

  주요내용: - 김옥균, 송머슴에게 "같이 가자" 요청.

  　　　　　- 송머슴, 거절하며 민중 속으로 사라짐.

  　　　　　- 김옥균, 제물포에서 일본으로 망명.

  　　　　　- 끝: "이것은 시작이 아니라, 실패의 기록이다."

어떤가? 1년 전과 비교했을 때 생성형 AI가 얼마나 빠르고 혁신적으로 진화했는지, [챗GPT] 하나만 봐도 놀라울 정도가 아닌가? 첫째로 AI가 답으로 내놓은 분량에서 압도적인 발전이 있었다. 매 회 제목이나 구성에 담긴 내용에서 아직 시간과 역사적 사실의 사소한 오류가 발견되지만, 그 것은 내가 지적해 주면 바로 고쳐질 수 있는 수준에 불과할 뿐, 스토리의 플롯과 회별 핵심 포인트에 이르기까지 내가 무엇을 취하고 무엇을 수정 할 것인지 초안이 되기에 충분해 보인다. 그렇다면, 1년 전 그나마 독보적 인 창의성을 보여주었던 [제미나이]의 결과물은 어떨까? 총 24부작의 스 토리라인을 정리해 주었지만, 여기서 굳이 긴 내용을 모두 옮길 필요는 없 겠다. 12회까지로 줄이겠다. 13~24회의 스토리라인은 미루어 짐작할 수 있을 것이다.

✦ Gemini 2025년 6월

- **기획 의도:** 1884년 갑신정변의 48시간을 24개의 에피소드에 담아, 진정한 개혁의 의미를 묻는 정치 스릴러.
- **로그라인:** 1884년, 3일 천하로 끝난 갑신정변의 한복판. 개화파의 수장 김옥균을 지키던 호위무사 '송머슴'은 실패한 혁명 속에서 자신의 길을 찾아 주군과 결별한다.

제1일: 1884년 12월 4일 (음력 10월 17일)

1부. 술(戌)시 (19:00~21:00): **거짓된 불길**

우정총국 낙성식 연회장. 송머슴은 연회장 외곽을 경계하며 김옥균의 신호를 기다린다. 약속된 시각, 엉뚱한 별궁 방향에서 화재가 발생했다 금세 진압된다. 1차 거사 실패. 박영효가 당황한 기색으로 김옥균에게 다가오고, 송머슴은 포도청 병력의 경계가 강화되는 것을 감지한다.

- **클리프행어:** 김옥균이 송머슴에게 다가와 나직이 말한다. "기다려라. 불은… 다시 타오를 것이다." 그의 눈빛이 섬뜩하게 빛난다.

2부. 해(亥)시 (21:00~23:00): 피의 연회 "불이야!"

진짜 신호와 함께 민영익이 뛰쳐나가고, 암살조의 칼에 쓰러진다. 연회장은 아수라장이 된다. 송머슴은 김옥균을 호위하며 피와 비명이 난무하는 현장을 빠져나온다. '이것이 새 세상인가.' 그의 내면에 첫 의문이 싹튼다.

- **클리프행어:** 궁으로 향하는 길목, 어둠 속에서 다케조에가 이끄는 일본군이 합류한다. 송머슴은 약속과 다른 병력 규모와 그들의 살기에 불길함을 느낀다.

3부. 자(子)시 (23:00~01:00): 궁문을 열다

미리 포섭된 수문장의 도움으로 창덕궁에 무혈입성한다. 송머슴를 필두로 한 개화파는 겁에 질린 고종과 민비를 알현하고 변란의 수습을 명분으로 경우궁으로 거처를 옮기게 한다. 송머슴은 고종의 떨리는 눈동자에서 깊은 불신을 읽는다.

- **클리프행어:** 김옥균이 병풍 뒤에서 수구파 핵심 인물들의 이름이 적힌 '척살 명단'을 박영효에게 건네는 것을 송머슴이 목격한다. 명단 가장 위에, 예상치 못한 인물의 이름이 적혀있다.

제2일: 1884년 12월 5일 (음력 10월 18일)

4부. 축(丑)시 (01:00~03:00): 척살의 밤

경우궁의 밤은 피비린내로 가득 찬다. 김옥균의 명에 따라 행동대가 움직이고, 명단에 오른 대신들이 차례로 살해된다. 송머슴은 궁문 경비를 서며 비명과 살기를 온몸으로 맞는다. 그는 김옥균에게 "이것은 혁명이 아니라 살육입니다!"라고 항변한다.

- **클리프행어:** 김옥균이 차갑게 답한다. "썩은 가지를 쳐내지 않으면 새 순이 돋을 수 없다. 자네 손에도 피를 묻혀야 할 게야." 그리고 송머슴에게 직접 한 대신의

처단을 명한다.

5부. 인(寅)시 (03:00~05:00): **보이지 않는 적**

송머슴은 차마 명령을 수행하지 못하고 대신을 숨겨준다. 한편, 민비는 자신의 환관 유재현을 통해 비밀리에 청군과 내통을 시도한다. 송머슴은 궁궐 내의 이상한 움직임을 감지하고 뒷조사를 시작한다.

- **클리프행어:** 유재현의 뒤를 밟던 송머슴은 그가 민비의 옥패를 청나라 장수에게 건네는 장면을 목격한다. 그러나 그 순간, 다른 개화파 행동대원에게 발각되어 역으로 의심을 받는 처지에 놓인다.

6부. 묘(卯)시 (05:00~07:00): **이름뿐인 새벽**

날이 밝고, 개화파의 새 정부 인선이 담긴 조보가 배포된다. 송머슴은 잠시 궁을 빠져나와 저잣거리의 민심을 살핀다. 백성들은 두려움과 냉소뿐이다. '저들만의 잔치'라는 수군거림이 그의 가슴을 찌른다.

- **클리프행어:** 저잣거리에서 굶주린 아이를 만난 송머슴. 아이는 "나으리들도 똑같소. 우리한테는 쌀 한 톨 안 주면서"라고 말한다. 송머슴은 큰 충격을 받는다.

7부. 진(辰)시 (07:00~09:00): **균열의 시작**

궁이 비좁다는 민비의 불평이 거세진다. 창덕궁 환궁을 집요하게 요구하는 민비와 이를 막으려는 개화파 사이에 팽팽한 기 싸움이 벌어진다. 송머슴은 민비의 계략을 간파하고 김옥균에게 보고하지만, 일본의 힘을 맹신하는 김옥균은 "사소한 일"로 치부한다.

- **클리프행어:** 미국, 영국 공사들이 고종을 알현한다. 중립을 표방하지만, 그들의 진짜 속내를 알 수 없어 개화파는 더욱 초조해진다.

8부. 사(巳)시 (09:00~11:00): **환궁 압박**

민비의 압박은 계속되고, 고종까지 나서서 창덕궁 환궁을 요구한다. 명분이 약해진 개화파는 흔들린다. 송머슴은 청군의 개입이 임박했음을 직감하고, 일본군이 아닌 조선군을 규합해 방어태세를 갖춰야 한다고 주장한다.

- **클리프행어:** 김옥균은 송머슴의 제안을 묵살하고, 다케조에를 찾아가 일본군의

   AI 시대, 스토리텔링의 재탄생

추가 파병을 요청한다. 다케조에는 미소를 지으며 확답을 피한다.

9부. 오(午)시 (11:00~13:00): **민심의 썰물**

개화파의 예상과 달리 민심은 급격히 악화된다. 이들이 일본군을 등에 업었다는 소문이 퍼지면서 '역적'으로 몰리는 분위기. 송머슴은 백성들의 지지 없이는 실패할 수밖에 없음을 통감하고 김옥균을 설득하려 한다.

- **클리프행어:** 김옥균이 퇴청한 사이, 고종이 몰래 다케조에를 불러들여 창덕궁 환궁을 허락받는다. 뒤늦게 소식을 들은 송머슴이 막으려 하지만 이미 늦었다.

10부. 미(未)시 (13:00~15:00): **파고드는 의심**

창덕궁으로 환궁하기로 결정되자, 송머슴은 궁궐 내부의 방어 시설을 점검한다. 그러나 조선 군사들의 무기는 대부분 녹슬고 탄약도 부족하다. 누군가 의도적으로 방치한 흔적이 역력하다. 송머슴은 내부에 더 많은 배신자가 있음을 직감한다.

- **클리프행어:** 무기고를 점검하던 송머슴은 바닥에 떨어진 청나라 군대의 단추를 발견한다.

11부. 신(申)시 (15:00~17:00): **폭풍 전야**

창덕궁으로 환궁하는 행렬. 백성들의 차가운 시선이 쏟아진다. 창덕궁에 도착했지만, 그곳은 방어에 매우 불리한 구조다. 송머슴은 불안감에 휩싸인다. 청나라 진영에서 원세개가 보낸 사신이 찾아와 고종 알현을 요청하지만, 김옥균은 일언지하에 거절한다.

- **클리프행어:** 사신이 돌아가며 의미심장한 말을 남긴다. "곧 알게 될 것이오. 누가 이 나라의 진정한 주인인지."

12부. 유(酉)시 (17:00~19:00): **돌아오지 않는 약속**

김옥균은 다케조에에게 약속했던 차관 300만 원을 언제 받을 수 있는지 묻는다. 다케조에는 "일본 대장성에서 바로 마련할 수 있다"고 장담하지만, 송머슴은 그의 눈에서 미세한 거짓을 읽는다.

- **클리프행어:** 일본 공사관에서 급히 온 전갈. 다케조에의 표정이 굳으며 "본국에서 급한 기별이… 군을 철수해야 할지도 모르겠소."라고 말한다.

(이하 생략)

[제미나이]의 답변을 읽으면서, 우선 압도적인 분량에 놀랐고, 한 걸음 더 나아가 읽는 재미까지 갖추고 있음에 놀랐다. 기본에 충실하면서, 내가 제공하지 않은 세세한 정보(일본공사관이 백성들에게 불탄 사건이나, 일본밀항선의 이름 등)도 여러 개 있었다. 누구라도 이 회별 시놉시스를 보면, "아직 부족한 점은 있지만 열심히 전체 뼈대는 그런대로 잘 세웠다"라는 평가를 하지 않을까? 만일 [제미나이]가 작성한 시놉시스라는 정보를 주지 않았다면, 작가나 프로듀서의 솜씨로 읽히지 않았을까? 적어도 나의 평가는 그랬다. 10줄 남짓 짧은 기획의도와 콘셉트를 제공했을 뿐이었는데, 이 정도의 줄거리를 세울 수 있다고? 그것도 고작 5초도 안 되는 시간에? 더구나 매 회 '클리프행어'를 유심히 보라. 그것을 읽는 재미만으로도 기대감에 설레지 않은가? 이것은 내가 주문한 항목이 아니다. '클리프행어 cliffhanger'란, 원래 암벽등반을 하는 사람이 밧줄이나 절벽 끄트머리에 매달려 있는 상태, 즉 '손에 땀을 쥐게 하는' 생사의 갈림길에 서 있는 상황을 뜻하는 단어이다. 『시나리오 용어사전』에 따르면, '연작 영화나 TV시리즈에서 사건이 결론 나지 않은 채 아슬아슬하게 끝냄으로써, 다음 작품 또는 다음 회에서 그 사건의 해결을 기대하게 만드는 구성'이라는 뜻으로 활용된다. 나는 [제미나이]에게 24부작 드라마의 구성을 요구했을 뿐이지만, [제미나이]는 나의 주문의도를 뛰어넘어, '클리프행어'까지 포함한 자기만의 구성안을 작성해서 제안해 주었다. 마치 작가가 응답을 한 것처럼 말이다. 물론 이 결과물로는 아직 충분하지 않다. 오류도 발견된다. 예를 들면 둘째 날 12월 5일의 밤 시간을 12월 6일에 정리해 놓았다. 어디서 어떻게 정중앙의 전환점을 만들 것인지 아쉬움도 있다. 그러나 이는 사소한 문

제일 뿐이다. 인간 창작자가 최소 몇 달이 걸려도 나올까 말까 한 초안(초안의 초안)을 1분도 안 걸려서 받아보았는데, 뭘 더 바랄까?! 모자라거나 만족스럽지 못한 내용은 다시 수정시키면 되는 일 아닌가. 사용자가 생성형 AI를 활용해보면 매번 이런 경이로움을 느끼게 될 것이다.

[챗GPT]와 [제미나이]에 이어서, 끝으로 [클로드]는 어떤 결과물을 내놓았는지 기대해 보자. 10줄도 안 되는 나의 간단한 질문에 비해, 매우 긴 분량이다. 이 책에서 가장 중요하게 다루는 AI이기도 해서, [클로드]가 어느 수준까지 자세하게 답을 해주고 있는지 간접적으로나마 경험할 수 있도록, 답변의 전문을 실었으니 양해해 주기 바란다.

✳ **Claude**　　　　　　　　　　　　　　　　　2025년 6월

▪ **기본 컨셉트**

　• **장르**: 사극 정치 스릴러 (리얼타임 형식)

　• **배경**: 1884년 12월 4일~6일 (음력 10월 17일~19일) 갑신정변 72시간

　• **형식**: 미국 드라마 [24] 스타일의 실시간 진행

　• **시간 체계**: 조선시대 십이간지시(子丑寅卯辰巳午未申酉戌亥) - 각 간지시는 2시간

　• **총 24부작** (각 부 60분, 실제 2시간을 드라마 1시간으로 표현)

▪ **주요 인물**

　주인공 **송머슴** (1851년생, 33세)

　• 김옥균 집 출신 머슴 → 호위무사 → 밀명 전달자

　• 김옥균과 동갑으로 어릴 적부터 절친

- 신문물에 일찍 눈뜬 개화 지식인
- 무술과 지략을 겸비한 실행력 있는 인물
- 갑신정변의 이상과 현실 사이에서 갈등하는 양심적 지식인

핵심 인물들

- **김옥균** (33세): 개화당 지도자, 정변의 핵심, 송머슴의 절친이자 주군
- **박영효** (23세): 고종의 매제, 젊은 개화파, 군권 담당
- **서재필** (20세): 최연소 개화파, 사관생도 출신
- **홍영식** (28세): 우정국 총판, 정변의 신호탄 역할
- **다케조에 신이치로** (42세): 일본공사, 정변의 숨은 조종자
- **고종** (32세): 조선 국왕, 정변 과정에서 흔들리는 군주
- **민비** (33세): 왕비, 정변에 맞서는 보수 세력의 진정한 리더
- **원세개** (25세): 청국 장교, 정변 진압의 실질적 지휘자
- **민영익** (24세): 개화당원이었다가 보수파로 전향한 변절자

- **에피소드 구성** (총 24부작)

제1회~8회: 첫째 날 (12월 4일/음10월17일)

"불꽃이 시작되다"

1회 (申時 15:00~17:00): **"연회의 그림자"**

오프닝: 진채선의 애절한 도리화가가 흐르며, 1884년 조선의 어둠 속에서 횃불을 든 송머슴이 김옥균의 밀명을 각 동지들에게 전달하는 장면. 자전거를 타고 한성을 가로지르는 혁신적 연출.

주요 장면:

- 오후 3시, 김옥균이 모든 동지들에게 마음의 준비를 촉구하는 밀명 전달
- 박영효가 다케조에를 찾아가 "맹세를 어기지 말자"며 다짐 요구
- 다케조에가 갑자기 몸이 아프다며 우정국 연회 불참 통보

- 김옥균이 우정국에서 홍영식과 연회 준비 점검, 요리사에게 "음식을 천천히 올리라" 지시
- 궁중에서 윤경완에게 밤중 입궐 시 상황 보고 지시

서브 플롯: 수구파들의 은밀한 움직임과 개화당 견제 계획

클리프행어: 저녁 7시, 우정국 연회가 시작되고 각국 공사들이 모인 가운데, 송머슴이 별궁 방화 임무를 띠고 출발하는 순간 1부 종료.

2회 (酉時 17:00~19:00): **"첫 번째 실패와 피의 신호"**

주요 장면:

- 저녁 8시, 별궁 방화 시도하지만 포도청 병사들에게 사전 발각되어 실패
- 포도청의 즉각적인 경비 강화
- 김옥균이 박제경의 실패 소식을 듣고 "적당한 곳에 방화하라" 재시도 지시
- 민영익이 김옥균의 수상한 행동을 예리하게 관찰
- 저녁 9시, 박제경이 별궁 근처 초가에 성공적으로 방화

클리프행어: "불이야!" 소리에 민영익이 뛰어나가다 어수선한 상황에서 칼에 찔려 피투성이가 된 채 연회장으로 돌아오는 충격적 장면으로 2부 종료.

3회 (戌時 19:00~21:00): **"천천작전과 궁궐 침입"**

주요 장면:

- 연회 참석자들의 대혼란과 도주, 홍영식이 민영익을 묄렌도르프에게 맡김
- 4명 외국 영사 감금 계획 실패 후 "천천(天天)" 작전 발동
- 이인종, 서재필과 합류하여 경우궁으로 향하는 개화당
- 일본공사관에서 시마무라서기관의 질책: "왜 궁으로 가지 않고 이리로 왔는가!"
- 이동 입구에서 40여 명 대원들과 합류, 창덕궁 금고문 돌파

서브 플롯: 알렌 의사가 민영익 치료하며 "계획된 일"임을 직감

클리프행어: 밤 9시, 밤하늘의 밝은 달빛 아래 창덕궁 숙장문을 통과한 김옥균이 김봉균, 이석이에게 "30분 후 인정전에 화약을 터트리라"고 지시하는 순간 3부 종료.

4회 (亥時 21:00~23:00): **"왕의 선택"**

주요 장면:

- 윤경완으로부터 궁 안 상황 보고, 환관 유재현을 통해 고종을 깨움
- 민비의 예리한 질문: "이 난이 청에서 나왔는가? 일본에게서 나왔는가?"
- 김봉균, 이석이, 고대수가 인정전 화약 폭발 성공
- 고종과 민비가 황급히 경우궁으로 이동, 6개 문을 부수고 들어감
- 김옥균이 고종에게 일본군 호위 요청하고 친필 칙서 획득: "日本公使來護朕"
- 박영효가 일본공사관에 칙서 전달, 유재현이 은밀히 미행

서브 플롯: 일본공사관에서 다케조에의 의미심장한 반응

클리프행어: 밤 11시, 박영효와 다케조에가 이끄는 일본군대가 경우궁에 도착하여 고종 호위에 들어가는 순간, 한규직이 갑옷을 입고 뒤늦게 달려오며 4부 종료.

5회 (子時 23:00~12월 5일 01:00): **"숙청의 밤"**

주요 장면:

- 한규직이 창덕궁에서 고종을 못 만나고 경우궁으로 달려옴
- 김옥균이 한규직을 호되게 질책: "단신으로 불경스런 복장을 하고 와서 주상의 마음을 어지럽히는가!"
- 유재현에게 "쥐새끼 같은 무리"라며 위협
- 윤태준이 밖으로 나가기를 청하고 김옥균이 허락하는 운명적 순간
- 행동대원들이 윤태준을 대문에서 살해

서브 플롯: 송머슴이 첫 번째 살인을 목격하며 느끼는 충격과 혼란

클리프행어: 자정을 넘어 새벽 1시, 한규직과 이조연이 "주상을 알현해야겠소!"라고 항의하며 후문으로 나가는 순간, 어둠 속에서 칼을 든 황용택과 고영석이 기다리고 있으며 5부 종료.

6회 (丑時 01:00~03:00): **"피의 연쇄와 새로운 질서"**

주요 장면:

- 한규직과 이조연 살해, 이어서 민영목(개화당 출신 변절자) 살해
- 고종의 절규: "죽이지 말라! 죽이지 말라!"
- 송머슴과 김옥균의 첫 번째 균열: "이게 정말 개화의 길입니까?"
- 새벽 2시, 고종의 종형 이재원 도착하여 "개화당의 뜻을 따르겠다" 선언
- 4영 군권 장악과 경우궁 안팎 경호 체제 구축
- 외국 공사관에 박한응 파견하여 정변 상황 설명

서브 플롯: 청군 진영에서 원세개가 조선 내 상황 파악과 대응책 모색

클리프행어: 새벽 3시, 대대적인 인사 단행을 발표하며 홍영식 좌의정, 박영효 전후 영사 등 개화당 정부 수립을 선언하는 순간 6부 종료.

7회 (寅時 03:00~05:00): **"개혁의 깃발"**

주요 장면:

- 조보 제작과 배포, 한성 거리로 퍼져나가는 개혁 소식
- 신기선이 아침 식사 중 이조판서 임명 소식을 조보로 알게 되며 당황
- 미국, 영국 공사의 경우궁 방문과 중립적 태도 표명
- 김옥균이 미국공사에게 협조 부탁하고 "내정 개혁에 힘쓰시오" 답변 획득
- 새벽 4시, 민비가 대왕대비를 데리고 창덕궁 환궁 요청

서브 플롯: 거리에서 민중들의 복잡한 반응과 보수 세력의 재결집

클리프행어: 새벽 5시, 민비의 명을 받은 환관과 궁녀들이 소란스러운 시위를 벌이며 "아무 일도 없다는 듯이" 떠드는 가운데, 민비가 반격을 준비하는 모습으로 7부 종료.

8회 (卯時 05:00~07:00): **"민비의 역공"**

주요 장면:

- 환관과 궁녀들의 의도적 소란에 대응해 김옥균이 유재현을 처형
- 쓸모없는 환관과 궁녀들을 축출하고 개화당이 완전 권력 장악
- 독일 영사의 경우궁 방문과 신변 보호에만 관심 표명

- 신기선의 당황스러운 이조판서 임명 통보 접수
- 아침 6시, 윤치호가 거리 상황을 파악하고 돌아와 불길한 소식 전달

서브 플롯: 묄렌도르프가 독일 영사와 민영익 치료 논의하며 일본군 동원 비판

클리프행어: 아침 7시, 윤치호가 "민심이 우리 편이 아닙니다. 거리의 인파가 엄청나고 모두 적대적입니다"라고 보고하는 순간, 김옥균의 얼굴에 당혹감이 스치며 8부 종료.

제9회~16회: 둘째 날 (12월 5일/음10월18일)
"권력의 하루"

9회 (辰時 07:00~09:00): **"외교적 고립"**

주요 장면:

- 묄렌도르프 집에서 치료받는 민영익을 각국 외교관들이 문병
- 미국, 영국, 독일 외교관들의 일본군 동원에 대한 강력한 비판
- 국제사회의 우려와 개화당에 대한 부정적 시각 확산
- 민영익의 개화파에 대한 증오 표출과 복수 다짐
- 아침 8시, 각국 공사들이 중립 입장을 명확히 하며 개화당의 국제적 고립 심화

서브 플롯: 청군 진영에서 무력 개입 검토와 조선 정세 분석

클리프행어: 아침 9시, 민비가 고종에게 "경우궁이 비좁다"며 창덕궁 환궁을 강력히 요청하는 순간 9부 종료.

10회 (巳時 09:00~11:00): **"균열의 시작"**

주요 장면:

- 민비의 창덕궁 환궁 압박에 고종이 흔들리기 시작
- 김옥균의 경비상 문제점 지적에도 불구하고 고종의 의지 확고
- 오전 10시, 고종이 계동 이재원 집으로 임시 이동 결정
- 이재완 소환과 왕족 세력 결집 시도

  AI 시대, 스토리텔링의 재탄생

• 독일 영사가 이재원 집까지 찾아와 중립적 태도 재확인

서브 플롯: 청군이 남양에서 한성으로 200명 증파 완료

클리프행어: 오전 11시, 다케조에가 이재원과 홍영식에게 "일본군사가 오래 주둔할 수 없어 오늘 철수하고자 한다"고 갑작스럽게 통보하는 순간 10부 종료.

11회 (午時 11:00~13:00): **"마지막 담판"**

주요 장면:

• 김옥균이 다케조에에게 "3일만 더 기다려달라"고 절망적 요청
• 300만원 차관 협상, 일본 대장성의 즉시 지원 약속 획득
• 정오, 청나라 사관이 고종 알현 요청하지만 김옥균이 거부
• 오조유의 편지 전달과 박영효가 고종 칙명으로 답서 작성
• 오후 12시 30분, 화폐와 재정 전문가 고용 논의

서브 플롯: 원세개가 조선 주둔 청군 지휘관들과 작전 회의

클리프행어: 오후 1시, 원세개가 군사 600명을 이끌고 300명씩 나누어 창덕궁 동문과 서문으로 접근하기 시작하는 순간 11부 종료.

12회 (未時 13:00~15:00): **"폭풍 전야"**

주요 장면:

• 김옥균의 강력한 경고: "원세개의 알현은 허락하나 군사를 거느리고 오는 일은 결코 허락할 수 없다"
• 각 군영에 경계태세 강화와 총칼 소제 서두르도록 지시
• 오후 1시 30분, 관물헌 후당에서 참찬들과 마지막 묘당회의
• 80개 정령 반포 준비와 개화당의 마지막 개혁 의지 천명
• 박영효와 서광범의 각 영 군사력 점검에서 충격적 발견: 모든 총칼이 녹슬어 사용 불가

서브 플롯: 민비가 세자와 세자빈을 대동한 탈출 준비 완료

클리프행어: 오후 2시 30분, 청국 진영에서 일본공사 다케조에에게 봉서를 전달하

는 동시에 포성이 울리며 청군의 공격이 시작되는 순간 12부 종료.

13회 (申時 15:00~17:00): **"청군의 공격"**

주요 장면:

- 다케조에가 봉서를 채 뜯기도 전에 시작된 청군의 기습 공격
- 동문과 남문 양방향 협공으로 창덕궁 포위
- 민비의 재빠른 세자, 세자빈 대동 북산 탈출 (심상훈 호위)
- 개화당과 일본군의 필사적 저항, 하지만 좌우영군의 배신적 청군 합류
- 오후 3시, 김옥균이 고종의 침전이 비어있음을 발견하고 절망

서브 플롯: 전후영군이 총칠 분해 소제 중이어서 맨몸으로 도망치는 비극적 상황

클리프행어: 오후 4시, 김옥균과 서재필이 뒷산 기슭에서 도주하는 고종을 발견하고 "전하!"라고 큰 소리로 부르는 순간 13부 종료.

14회 (酉時 17:00~19:00): **"최후의 저항"**

주요 장면:

- 김옥균이 고종을 따라가 만류하며 연경당으로 모셔오기 성공
- 창덕궁에서 총탄이 비 오듯 쏟아지는 절망적 상황 속에서 변군을 시켜 다케조에 호출
- 다케조에가 청국 진영의 미개봉 편지를 들고 도착
- 관물헌 앞뒤에서 개화당과 일본군의 최후 항전
- 저녁 6시, 김옥균이 다케조에에게 "고종을 모시고 급히 인천으로 가자" 제안

서브 플롯: 별초군 100명이 북산에서 개화당을 향해 맹렬히 포격

클리프행어: 저녁 7시, 고종이 "나는 결코 인천으로 가지 않겠다. 대왕대비가 계신 곳으로 가겠다"고 강력히 거부하는 순간 14부 종료.

15회 (戌時 19:00~21:00): **"몰락의 시작"**

주요 장면:

- 청군의 계속된 압박으로 더 이상 머무를 수 없는 상황
- 산 뒤 기슭으로 올라가며 다섯 번이나 자리를 옮기는 절망적 후퇴
- 고종이 "북묘로 가자!"고 7-8차례 주장하지만 개화당이 강력 만류
- 김옥균이 "고종을 강제로 모시는 한이 있어도 인천으로 향하자"고 다케조에에게
  몇 차례 제안
- 저녁 8시, 개화당과 다케조에가 모두 철수하기로 합의

서브 플롯: 홍영식과 박영교가 사관생도들을 이끌고 고종 호위 준비

클리프행어: 저녁 9시, 홍영식과 박영교가 사관생도들과 함께 고종을 호위하여 북묘로 향하는 순간, 청군과 조선군이 그들을 포위하며 15부 종료.

16회 (亥時 21:00~23:00): **"결별"**

주요 장면:

- 청군과 조선군이 홍영식, 박영교, 사관생도들을 모두 살해하는 참극
- 저녁 7시 20분, 김옥균 등이 다케조에를 따라 일본공사관으로 후퇴
- 일본공사관에서의 마지막 회의와 일본 망명 결정
- 송머슴과 김옥균의 결정적 대화: "이게 우리가 꿈꾸던 개화입니까?"
- 밤 10시, 제물포항으로 향하는 마지막 여정 시작

서브 플롯: 민비가 북묘에서 고종과 재회하며 정변 진압 완료 확인

클리프행어: 밤 11시, 제물포항에서 송머슴이 김옥균에게 "저는 여기서 멈추겠습니다"라고 선언하며 일본행 배에서 내려오는 충격적 장면으로 16부 종료.

제17회~24회: 셋째 날 (12월 6일/음10월19일)
"새로운 시작"

17회 (子時 23:00~01:00): **"각자의 길"**

주요 장면:

- 제물포항에서 김옥균과 송머슴의 마지막 대화

- 송머슴: "양반님, 조선을 바꾸겠다던 그 꿈은 어디로 갔습니까?"
- 김옥균: "혁명은 언제나 피를 부른다. 그것이 역사의 법칙이다."
- 송머슴: "저는 조선 땅에 남아 다른 방식으로 이 나라를 바꿔보겠습니다."
- 새벽 12시, 일본행 배가 출발하며 김옥균과 개화당 핵심들의 망명길 시작

서브 플롯: 한성에서 보수파들의 복귀와 개화당 잔당 소탕 작전 시작

클리프행어: 새벽 1시, 송머슴이 제물포에서 홀로 한성으로 향하는 길에서 청군 순찰대와 마주치는 위험한 순간 17부 종료.

18회 (丑時 01:00~03:00): **"청산과 복구"**

주요 장면:

- 송머슴이 청군을 피해 한성으로 잠입하는 위험한 여정
- 창덕궁과 경우궁에서 벌어지는 개화당 잔당 소탕 작전
- 민비와 고종의 재회, 정변 이후 상황 정리
- 새벽 2시, 원세개가 조선 정부 복구와 질서 회복 작업 지휘
- 개화당 관련자들에 대한 대대적 체포령 발동

서브 플롯: 일본공사관에서 다케조에의 본국 보고와 상황 수습

클리프행어: 새벽 3시, 송머슴이 한성에 도착하여 김옥균의 집터를 바라보며 "이제 진짜 시작이다"라고 다짐하는 순간 18부 종료.

19회 (寅時 03:00~05:00): **"새벽의 한성"**

주요 장면:

- 한성 거리에 나붙은 개화당 체포령과 현상금 포고문
- 보수파들의 완전한 정권 복귀와 친청 정책 재개
- 송머슴이 은신처에서 개화당 동지들의 안전 확인 작업
- 새벽 4시, 묄렌도르프가 다시 외교권을 장악하며 친청 체제 복원
- 민중들의 복잡한 반응: 안도감과 동시에 변화에 대한 갈망

서브 플롯: 일본에 도착한 김옥균 일행의 망명 생활 시작

클리프행어: 새벽 5시, 송머슴이 우정국 터를 지나며 불타버린 건물을 보고 "3일 만에 모든 것이 바뀌었구나"라고 중얼거리는 순간 19부 종료.

20회 (卯時 05:00~07:00): **"진상 규명"**

주요 장면:

- 정변 진상 조사 위원회 구성과 개화당 관련자 심문 시작
- 송머슴이 우연히 만난 서재필의 동료로부터 사관학교 동기들의 안부 확인
- 아침 6시, 미국과 영국 공사들의 정변 이후 상황 본국 보고
- 청군의 조선 주둔 영구화 논의와 내정 간섭 체계 재구축
- 개화당과 연관된 무고한 시민들의 연좌제 처벌 시작

서브 플롯: 일본에서 김옥균이 망명 정부 구성 계획 수립

클리프행어: 아침 7시, 송머슴이 과거 개화당 집회 장소였던 박영효 집터에서 숨겨 놓은 개화 서적들을 발견하는 의미깊은 순간 20부 종료.

21회 (辰時 07:00~09:00): **"반성과 각오"**

주요 장면:

- 송머슴이 발견한 개화 서적들을 통해 개화당의 진정한 이상을 재확인
- 아침 7시 30분, 민영익이 완전히 회복되어 개화당 척결 의지 표명
- 원세개와 조선 관료들의 정변 재발 방지책 논의
- 송머슴이 은신처에서 김옥균과의 추억을 회상하며 자신만의 길 모색
- 아침 8시, 정변으로 희생된 무고한 시민들의 장례식 장면

서브 플롯: 일본에서 김옥균이 조선 재침입 계획을 세우려 하지만 일본 정부의 소극적 반응

클리프행어: 아침 9시, 송머슴이 "이제 민중과 함께하는 진정한 개화의 길을 찾겠다"고 다짐하며 새로운 동지들을 찾아 나서는 순간 21부 종료.

22회 (巳時 09:00~11:00): **"새로운 동지들"**

주요 장면:

- 송머슴이 한성의 서당과 시장을 돌며 진정한 민중 계몽의 가능성 탐색
- 오전 9시 30분, 개화당 잔당들에 대한 대대적 수색 작전 전개
- 송머슴이 우연히 만난 평민 출신 지식인들과의 첫 만남
- 개화의 이상을 포기하지 않은 숨은 동지들의 존재 확인
- 오전 10시 30분, 청군의 조선 주둔 연장과 내정 간섭 체제 공식화

서브 플롯: 서재필이 미국 망명길에 오르며 새로운 교육 이념 품기 시작

클리프행어: 오전 11시, 송머슴이 새로운 동지들과 "진정한 개화는 민중으로부터 시작되어야 한다"는 새로운 비전을 공유하는 감동적 순간 22부 종료.

23회 (午時 11:00~13:00): **"미래를 향한 씨앗"**

주요 장면:

- 송머슴과 새로운 동지들이 은밀한 학습 모임 조직
- 정오, 조선 조정의 완전한 친청 체제 복원과 개화 정책 전면 폐기
- 송머슴이 농민과 상인들에게 글을 가르치며 실질적 계몽 활동 시작
- 개화당 정변의 실패 교훈을 바탕으로 한 새로운 방향성 설정
- 오후 12시 30분, 일본에서 김옥균이 보낸 은밀한 연락과 송머슴의 거부

서브 플롯: 민비가 정변 이후 더욱 강화된 보수 정치 체제 구축

클리프행어: 오후 1시, 송머슴이 작은 서당에서 아이들에게 "진정한 나라 사랑이 무엇인지" 가르치며 미래에 대한 희망을 품는 순간 23부 종료.

24회 (未時 13:00~15:00): **"에필로그 – 각자의 길"**

주요 장면:

- 오후 1시, 갑신정변 3일 후의 조선. 표면적으로는 평온하지만 내재된 변화의 열망
- 송머슴의 새로운 출발: 민중 속에서 진정한 개화 운동의 씨앗 뿌리기
- 김옥균의 일본 망명 생활과 언젠가 조선으로 돌아갈 날을 기약하는 모습

- 서재필의 미국행과 새로운 교육 이념에 대한 열정
- 오후 2시, 고종과 민비의 대화를 통해 본 조선 왕실의 복잡한 심경

몽타주 시퀀스:

- 원세개의 조선 통제 강화
- 묄렌도르프의 외교권 재장악
- 민영익의 개화당 척결 의지
- 일반 민중들의 일상 복귀 속에 숨은 변화 의식

피날레:

- 오후 3시, 송머슴이 한강변에서 바라본 한성의 풍경
- 내레이션: "3일간의 갑신정변은 실패했지만, 조선을 바꾸려는 의지는 사라지지 않았다"
- 진채선의 성조가가 다시 흐르며 송머슴이 새로운 길을 향해 걸어가는 장면
- 자막: "갑신정변 이후 10년 뒤, 동학농민운동이 일어났고…"
- "30년 뒤, 3.1운동이 일어났으며…"
- "송머슴과 같은 이름 없는 개화 지식인들의 노력은 계속되었다"

최종 클리프행어: 송머슴이 한강변을 걸으며 멀리서 들려오는 아이들의 글 읽는 소리를 들으며 미소를 짓는 순간, 카메라가 하늘로 올라가며 1884년 겨울 한성 전체를 조망하고, 희망적인 미래를 암시하며 24부 완결.

▪ 주요 테마와 갈등 구조

1. 이상과 현실의 갈등

- 개화의 이상 vs 외세 의존의 현실
- 송머슴를 통해 본 순수한 개혁 의지와 정치적 타협의 한계

2. 충성과 배신의 경계

- 김옥균에 대한 개인적 충성 vs 민족적 양심
- 일본군 의존에 대한 도덕적 딜레마

3. 시대적 혼란 속의 선택

- 급진 개화파의 성급함

- 보수파의 현실 안주

- 민중의 소외와 무관심

▪ **현재적 의미**

- 급진적 변화 vs 점진적 개혁의 영원한 딜레마

- 외세 의존적 근대화의 문제점

- 진정한 민주주의는 민중의 각성에서 시작된다는 메시지

- 실패한 혁명도 역사발전의 소중한 거름이 된다는 희망

▪ **연출 포인트**

1. 리얼타임 연출

- 각 에피소드마다 실제 시간 표시 (간지시 + 현대시간)

- 동시다발적 상황을 멀티 스크린으로 표현

- 긴박감 조성을 위한 카운트다운 효과

2. 시각적 특징

- 1880년대 조선의 고증된 의상과 세트

- 야간 장면 중심의 어둡고 긴장감 있는 톤

- 횃불과 등불을 활용한 조명 연출

3. 음향과 음악

- 판소리 명창 진채선의 소리를 오프닝/엔딩에 활용

- 전통 타악기를 활용한 긴박감 연출

- 서구 문물과 전통의 대비를 음악으로 표현

▪ **예상 하이라이트**

1. 우정국 방화 장면 – 정변의 신호탄

2. 인정전 화약 폭발 – 시각적 임팩트

3. 민영익 습격 – 첫 피의 순간

4. 고종의 친필 요청 – 운명의 순간

5. 연쇄 살해 장면들 – 도덕적 갈등 심화

6. 창덕궁 최후 전투 – 액션 클라이맥스

7. 송머슴과 김옥균의 결별 – 감정적 절정

[클로드]의 답변은 일단 분량에서 [챗GPT]나 [제미나이]에 비해 2배가 훨씬 넘는다. 분량의 적고 많음을 떠나서, 구성안의 형식에서 [클로드]가 한 단계 더 진화된 결과물을 내놓고 있음을 알 수 있을 것이다. 우리가 평상시에 이렇게 정리하지는 않지만, '주요 장면'(메인플롯=메인에피소드)과 '서브플롯'(서브에피소드) 그리고 '클리프행어'를 구성하는 형식이 매우 바람직한 구성의 형식이라는데 충분히 동의할 것이다. 내용의 측면에서도 놀라운 창의성을 보여주고 있는데, 특히 시간대별로 전개되는 회별 스토리구성, 김옥균과 '송머슴'과의 관계가 버디 장르 스토리의 플롯을 연상시키는 캐릭터 정서곡선, 내가 크게 언급하지 않았음에도 나름 중요한 비중으로 등장하는 청나라 원세개의 활동, 심지어 연출포인트와 주요 하이라이트까지……. 채 1분도 안 되는 시간에 나온 첫 번째 결과물이니 초안의 초안이라고 봐도 되지만, 이 정도 초안이라면 본격적인 기획창작의 출발점으로 삼기에 과분할 정도의 수준이 아닌가? 물론 내가 일부러 의도하지 않은 시기와 내용까지 회별 구성에 담았다는 점이나, 일부 역사적 사실관계의 오류 등에서 문제는 있지만, 이 정도의 문제는 본질적인 게 아니다.

몇 번 대화를 주고받는 과정에서 얼마든지 바로 잡을 수 있는 문제이다.

내가 '텍스트 생성형 AI'의 넘버원으로 왜 [클로드]를 추천하는지 이해가 될 것이다. 나는 [제미나이]의 향후 진화과정에 대해서도 큰 기대를 걸고 있다. 그렇다면, 사용자는 [클로드]와 [제미나이]라는 든든한 조수이자 보조작가, 공동창작의 파트너를 양옆에 두고 가장 효율적이고 최선의 결과물을 만들어 낼 수 있을 것이다.

이 책을 통해 나는 스토리 기획창작의 각 단계마다 창작자에게 무기가 될 작법의 이론을 나누고, 더불어 AI를 어떻게 활용하면 좋을지 예시를 들며 구체적인 방법론을 설명할 것이다.

작법의 이론은 『욕망의 레시피』에서 제안하는 '4막-24블록 플롯구조'와 'Character First-Story Setup'을 중심으로 설명할 예정이다. 그리고 생성형 AI에 대해서는 [클로드]를 메인으로, [제미나이]를 보조로 다룰 것이다.

이 책에서 다루는 내용은 '스토리 기획창작'에 국한된다. 생성형 AI는 콘텐츠산업의 다양한 분야로 확장되고 있는 중이다. 생성형 AI의 처음 시작은 '텍스트 생성형 AI'였지만, 현재 진화와 발전을 거듭하며 빠르게 앞서가는 생성형 AI는 '이미지 생성형 AI', '음성·음향·음악 생성형 AI'와 '동영상 생성형 AI'이다. 역설적이지만, '스토리 기획창작' 분야의 발전이 가장 느리고 뒤처진 느낌이 있다. 아무래도 시청각으로 전달되는 현대 미디어환경의 특성상, 생성형 AI의 붐업을 일으키는 분야가 이미지와 음악과 동영상이 효과적이기 때문이 아닐까 싶다.

내가 AI 스토리텔링의 최고 전문가인가? 그렇게 말할 수 없다. AI 이전 시대, 나는 누구도 부럽지 않은 커리어를 쌓아올린 프로듀서였고, 베스트셀러 작가였다. 하지만 생성형 AI 앞에서는 다른 사용자들 역시 그러한 것처럼, 이것이 인간의 고유한 창작의 연장인지, AI와의 공동작업인지, 아니면 AI에 대한 지나친 의존과 속박은 아닌지 분간하기 어려운 작업을 반복하며, 도덕적 갈등 속에 주저하고 멈칫하는 사람에 불과하다. 인간의 작품을 대하는 것과 똑같은 설렘과 기쁨이 느껴지는 것은 물론, 많은 경우 지루한, 하지만 때로는 예상을 넘은 섬뜩함까지 가미된 AI의 답변을 받아들며 스토리 창작자라는 존재의 미래에 대한 두려움과 불안에 휩싸이는, 'AI의 창작물이 왜 감정과 고뇌의 산물로 느껴질까? 알고리즘으로 창작되는 스토리에 정말 생명력이 존재하는 걸까?' 되뇌다 노트북을 닫고 먼 풍경을 바라보기 일쑤인, 그저 평범한 기획창작자에 불과하다. 내가 아직 충분히 생성형 AI를 이해하지 못하는 수준에 있기에, 이 책을 기획하고 쓰기 전에 많이 망설였다. 실제로 생성형 AI와 관련한 복잡한 용어나 개념 설명이 나오면, 백과사전이나 생성형 AI 본인에게 물어가며 이해를 구하기도 했다. 그러나 사실 그 어떤 인간도 생성형 AI라는 판도라 상자의 안을 들여다볼 수는 없기에, 그리고 무엇보다 선한 의도의 창작자들이 AI를 생존의 문제로 여기고 치열하게 고민하고 투쟁하지 않으면 안 된다는 생각에, 이 책을 쓰기로 결심했다. 나의 부족함을 거름으로 삼아 더 낫고 빠르고 체계적이고 효율적으로 창작자들이 생성형 AI를 이용할 수 있도록, 함께 답을 찾아나서주기를 바란다.

스토리 기획창작의 Flow와 AI 스토리텔링

한국 사람에게 인공지능에 대한 관심은 [알파고]^{AlphaGo}로부터 시작되었다고 해도 좋을 듯하다. 세계 최고의 바둑기사 이세돌과 구글 딥마인드의 [알파고]와의 대결은 2016년 3월 9일부터 3월 15일까지 서울에서 열렸다. 기존에 IBM의 인공지능이 세계 체스챔피언을 이긴 적은 있지만, 워낙 변수가 다양하고 복잡한 바둑에서는 AI가 맥을 못 출 것이라고 다들 생각했던 게 사실이다. 더군다나 세계 1위를 주름잡고 있는 이세돌을 상대로 한다니……. 바둑이 체스보다 복잡하고 어려운 이유는 돌을 놓을 수 있는 자리가 워낙 많고 행마에서 규칙에 얽매이지 않는다는 점 때문이다. 그래서 바둑판(19×19)에 돌을 놓을 수 있는 모든 가능한 경우의 수는 10^170(10170=10의 170제곱)에 이르고, 게임이 시작되고 끝날 때까지 진행될 수 있는 전체 경로의 수는 10^360에 이른다고 알려져 있다. 우주에 존재하는 모든 원자의 수를 약 10^80개로 추정한다니, 우주보다도 더 크고 넓고 깊은 세계가 바둑인 것이다(바둑기사들이 '바둑은 최고의 예술'이라고 자부심을 갖는 이유를 알겠다).

그러니 현존하는 어떤 컴퓨터로도 이 경우의 수를 실시간으로 계산할 수는 없으니, 인공지능 천 개 만 개를 붙여놓아도, 이세돌 기사를 이길 수 없을 것이라고 여겼다. 대다수 사람들이, 구글 딥마인드가 [알파고]를 홍보하기 위해서, 이세돌 기사에게 적지 않은 출연료를 주고 마케팅을 하는 것이라고 생각할 정도였다. 이세돌 기사조차도 대국 전에 "4대1 또는 5대0으로 자신이 이길 것"이라고 호언장담하였다. 반면에 [알파고]를 만든 딥마인드의 CEO 에릭 슈미트는 "누가 이기든 인류의 승리"라고 말했다. "누가 이기든"……??? 나는 에릭 슈미트의 기자회견을 들으면서, '저 말은 [알파고]가 이길 것이라는 장담 아닌가? 도대체 [알파고]가 어느 수준이기에……?' 호기심이 일어났다. 아니나 다를까. [알파고]가 4대1로 승리했다. 결과적으로 본다면, [알파고]가 5대0으로 이겼다고 해도 별로 놀랍지 않았을 정도였다. 이세돌 기사는 패배했고 결국 은퇴까지 했지만, 그의 '불명예'는 시간이 흐르면서 재조명되었다. 'AI에게 패배한 인간'이 아니라, 오히려 'AI를 이긴 마지막 인간'으로 평가되기 시작한 것이다.

바둑과 스토리를 비교하기는 그렇지만, AI 입장에서 어떤 것이 더 어려운 영역일까? 바둑이 경우의 수가 어마어마하게 많은 게임이라고는 하지만, 어쨌든 [알파고]는 그만의 방법으로 그것을 계산할 수 있다는 사실을 확인해 주었다. 스토리는 계산(논리)의 문제를 포함하지만, 그를 넘어서 감정을 담아내는 창조의 영역이다. 창작자는 새로운 세계를 만들고 그 안에 사유와 성찰의 공간, 재미와 웃음의 공간, 스릴과 엔터테인먼트의 공간 등 다양한 공간을 만들어서 세상 사람을 초대한다. 그런 점에서 스토리는 세상과의 소통과 공감도 중요하게 고려하지 않을 수 없다. '경우의 수'라는 점에서는 비교하기 힘들지만, 다양한 차원의 과제가 융합되어 있다는 점에서는 스토리텔링이야말로 AI가 인간을 대체할 수 없다는 생각이 굳은 신념처럼 자리잡아 왔다. 3년 전, 아니 1년 전만 해도 이 신념은 쉽게 무너지지 않을 것으로 생각되었다. 그러나 2026년 초 지금 시점에서는 어떨까? 그 누구도 쉽게 답하지 못할 상황에 이르렀다. 다만, 스토리는 인간의 영혼과 정서가 담겨진다는 점에서, AI가 아무리 정교하고 복잡해지더라도, 감히 영혼과 정서까지 만들기는 어려울 것이라는 신념으로 버티는 양상이다. 그러나 이 신념조차 힘이 빠져 보인다. 이미 AI가 만들어낸 많은 문학과 예술작품들이, 인간의 영혼과 정서를 무척이나 그럴듯하게 흉내(?)내고 있음을 보았기 때문이다. 그래서 위기의식을 느낀 수많은 창작자와 IP권리자들이 AI를 상대로 소송전쟁에 나서는가 하면, AI와의 공존·공생의 방법을 모색하기 시작한 것이 아닌가?

2023년 5월 2일 미국작가조합이 전면 파업에 돌입하였다. 미국제작사연맹[AMPTP]과 미국작가조합[WGA]이 기존에 맺었던 MBA[Minimum Basic Agreement](최소기본협약)이 갱신되지 않으면서, 미국작가조합에 소속된 작가 만 명 이상이 초유의 파업을 일으킨 것이다. 7월 14일에는 배우조합[SAG]까지 파업에 참여하면서 미국 할리우드가 올스톱이 되는 상황에 이르게 되었다. 결국 2023년 9월 24일 미국작가조합과 미국제작사연맹이 극적으로 합의하면서 파업은 종료되지만, 배우조합의 파업은 11월 8일까지 이어졌다. 작가와 배우가 동시에 파업에 나선 것은 미국 할리우드 역사상 60년 만의 일대 사건이었다.

이 파업의 핵심 이슈는 무엇일까? 메인 이슈는 OTT 득세에 따른 산업

환경의 변화가 초래한 것이지만, 여기에 덧붙여 생성형 AI가 스토리를 창작하고 나아가 배우들의 초상권, 나아가 성우들의 목소리까지 흉내내는 상황이 큰 위기의식으로 작용하였다. 결국 최종 합의에는 AI와 관련한 내용이 일부 담겼다. "①AI가 생성한 원고를 1차 자료로 취급하는 행위가 원천 금지된다. ②작가가 원한다면 제작사 측 동의 아래 AI를 사용할 수 있으나, 제작사 측이 작가에게 AI 사용을 강요해서는 안 된다."라는 내용이었다. 그 합의 이후 2년이 지났다. 과연 이 합의가 지켜질 수 있었을까? 힘의 역관계에서 팽팽한 긴장감이 돌고 있지만, 생성형 AI 활용에 관한 이슈는 점점 모호해지고 혼란스러운 상황이다.

또 하나, 2025년 6월 세계 최대의 IP 권리자인 월트디즈니가 유니버셜스튜디오(컴캐스트)와 함께, 이미지 생성형 AI 서비스회사인 미드저니Midjourney를 상대로, IP 침해에 관한 소송을 제기하였다. 미드저니에서 AI를 학습 훈련시키는 과정에서, 인터넷에 산재해 있는 〈겨울왕국〉〈어벤져스〉〈심슨가족〉〈슈렉〉 등의 캐릭터 이미지를 활용했다는 사실을 공격한 것이다. 월트디즈니는 해당 IP 활용에 대해 건당 15만 불(한화 약 2억 원)을 청구했다. 사실 월트디즈니 등 IP 권리회사들의 공격은 단지 배상금을 받고자 함이 아니었다. 향후 어디까지 갈지 모를, 생성형 AI의 이미지 생성 가능성 자체를 원천 봉쇄하겠다는 의지가 담겨있는 소송인 것이다(이에 관한 자세한 내용은 『IT World』 2025.06.23. 오피니언 기사를 참고하시라).

얼핏 보면, 마치 전통적인 음반제작사들과 스포티파이Spotify 또는 CD와 디지털음원과의 싸움의 양상처럼 보이기도 한다. 카세트테이프에서 CD와

DVD로, 이제는 디지털 콘텐츠로 변화하는 흐름에서 나타난 사건인 것이다. 이런 팽팽한 긴장과 대립, 구 주류세력과 신진 AI세력 간의 투쟁은 아직 시작도 안 했다고 보아도 된다. 이게 어떤 결말에 이를까? 다른 사례와 마찬가지로, 인류의 역사는 보수세력이 아무리 애써도 새로운 물결을 막을 수 없고, 변화와 혁신은 필연적이라는 사실을 알려준다.

결론적으로 말한다면, 생성형 AI가 만들어내는 스토리, 이미지, 영상 콘텐츠는 대세가 될 것이다. 이미 우리 주변에서 흔히 볼 수 있지만, 인간 창작자는 작든 크든 이미 생성형 AI에 의존하는 시대가 찾아왔다. 생성형 AI가 인간 창작의 모든 것을 완벽히 대체하지는 못하겠지만, 그 수준은 점점 높아지고 그 빈도는 훨씬 많아질 것이다. 계속 강조하지만, 생성형 AI는 인간 창작자의 노력과 시간, 에너지를 획기적으로 절약시켜 준다. 그렇게 만들어진 결과물에 인간 창작자가 해야 할 일은 영혼과 생기를 담아내는 것이다. 그렇게 인간 창작자와 생성형 AI와의 협업은 계속 커지고 깊어질 것이 분명하다. 그렇다면 무작정 거부하거나 외면해서는 안 된다. 용기를 가지고 지혜롭게 맞서야 하고, 능동적으로 활용할 필요가 있다. 그 과제까지 포함해, 스토리 기획창작의 각 단계마다 어떻게 임하고 활용할 것인지 함께 고민하는 시간이 되기를 바란다.

전체 요약 차원에서, 스토리 기획창작의 진행단계Flow에 맞춰 [클로드]를 중심으로 '텍스트 생성형 AI'를 어떻게 활용하는 게 바람직한지, 간단한 활용팁Tip을 정리해 보았다. 이제 스토리 기획창작의 진행 단계마다 이론과 AI 활용방법을 함께 탐구해 보자.

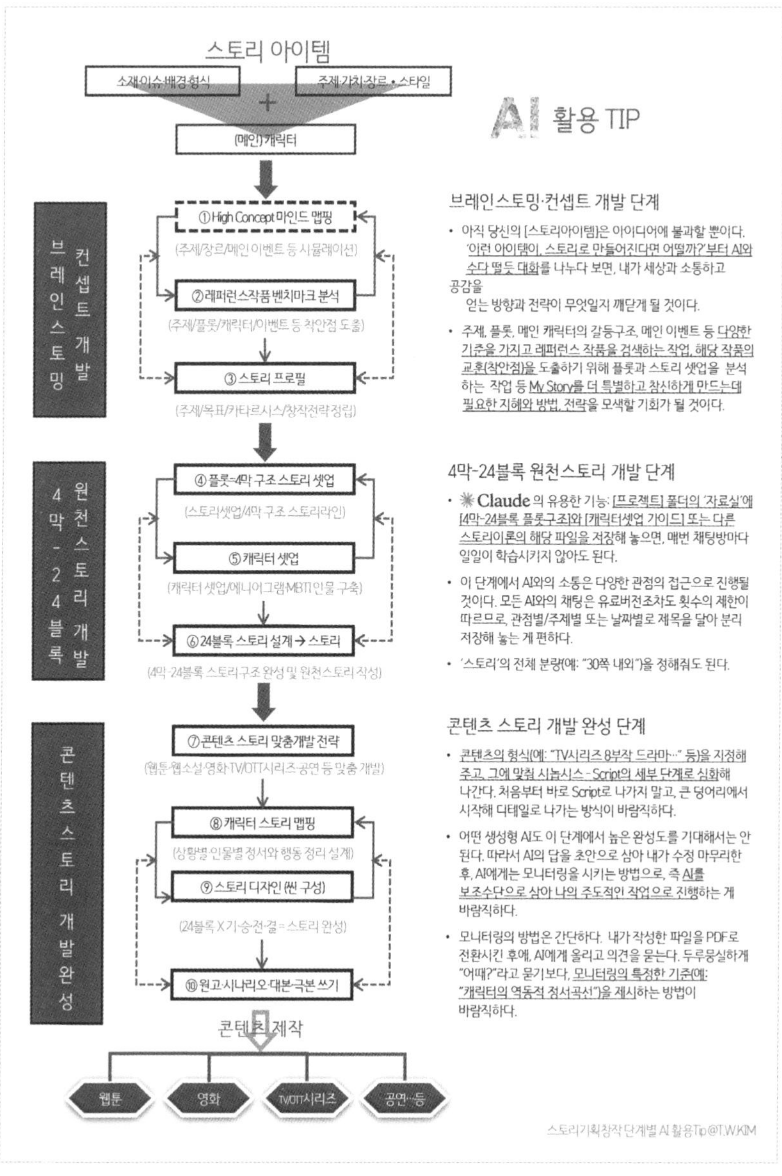

AI 활용 TIP

브레인스토밍·컨셉트 개발 단계

- 아직 당신의 [스토리아이템]은 아이디어에 불과할 뿐이다. '이런 아이템이, 스토리로 만들어진다면 어떨까?'부터 AI와 수다 떨듯 대화를 나누다 보면, 내가 세상과 소통하고 공감을 얻는 방향과 전략이 무엇일지 깨닫게 될 것이다.

- 주제, 플롯, 메인 캐릭터의 갈등구조, 메인 이벤트 등 다양한 기준을 가지고 레퍼런스 작품을 검색하는 작업, 해당 작품의 교훈(착안점)을 도출하기 위해 플롯과 스토리 셋업을 분석하는 작업 등 My Story를 더 특별하고 참신하게 만드는데 필요한 지혜와 방법, 전략을 모색할 기회가 될 것이다.

4막-24블록 원천스토리 개발 단계

- ※ **Claude**의 유용한 기능: [프로젝트] 폴더의 '자료실'에 [4막-24블록 플롯구조]와 [캐릭터셋업 가이드] 또는 다른 스토리이론의 해당 파일을 저장해 놓으면, 매번 채팅방마다 일일이 학습시키지 않아도 된다.

- 이 단계에서 AI와의 소통은 다양한 관점의 접근으로 진행될 것이다. 모든 AI와의 채팅은 유료버전조차도 횟수의 제한이 따르므로, 관점별/주제별 또는 날짜별로 제목을 달아 분리 저장해 놓는 게 편하다.

- '스토리'의 전체 분량(예: "30쪽 내외")을 정해줘도 된다.

콘텐츠 스토리 개발 완성 단계

- 콘텐츠의 형식(예: "TV시리즈 8부작 드라마…" 등)을 지정해 주고, 그에 맞춰 시놉시스 - Script의 세부 단계로 심화해 나간다. 처음부터 바로 Script로 나가지 말고, 큰 덩어리에서 시작해 디테일로 나가는 방식이 바람직하다.

- 어떤 생성형 AI도 이 단계에서 높은 완성도를 기대해서는 안 된다. 따라서 AI의 답을 초안으로 삼아 내가 수정 마무리한 후, AI에게는 모니터링을 시키는 방법으로, 즉 AI를 보조수단으로 삼아 나의 주도적인 작업으로 진행하는 게 바람직하다.

- 모니터링의 방법은 간단하다. 내가 작성한 파일을 PDF로 전환시킨 후에, AI에게 올리고 의견을 묻는다. 두루뭉실하게 "어때?"라고 묻기보다, 모니터링의 특정한 기준(예: "캐릭터의 역동적 정서곡선")을 제시하는 방법이 바람직하다.

AI 콘텐츠 활용의 개요

알고 가야 할 주요 개념과 용어

무료 버전과 유료 버전의 차이

모든 생성형 AI는 '무료 버전'과 '유료 버전'이 있다. 유료 버전에서도 2개 등급으로 나눠지는 경우가 있다. 당연히 하루의 사용 횟수나 접근성, 사용 가능한 서비스 기능에서 차이가 있다. 그러나 AI의 답변 수준에서 무료 버전이라고 큰 차별이 있는 것은 아니다. 무료 버전도 간단한 브레인스토밍이나 학습용으로는 충분하다. 유료 버전의 경우 월정액으로 이용하면서, 사용빈도에 따라 무료 버전과 유료 버전을 오고가는 것도 하나의 지혜가 될 수 있다. 다만, 유료 버전으로 업그레이드하는 것은 상시 안내를 통해 쉽게 되어 있는 반면에, 무료 버전으로 다운그레이드하는 방법은 매우 어렵고 복잡한 절차를 거쳐야 한다.

대표적인 텍스트 생성형 AI가 여러 개가 있는데, 모두 유료 버전으로 사용하기에는 경제적 비용 부담이 적지 않고, 실제 활용도에서도 가성비가 낮다. 따라서 처음에는 무료 버전으로 사용해 보고, 나에게 적합한 AI를 선택한 후에 유료 버전으로 업그레이드하는 게 바람직하다. 또한 AI의 발전속도가 워낙 빠르기 때문에, 지금 내가 사용하는 AI 외에 다른 AI를 이따금 사용해 보고 비교하는 것을 권한다.

어느 생성형 AI든, 가장 먼저 해두어야 할 일은, 사용자의 개인정보를 미리 저장해두는 것이다. 참고로, 78쪽의 화면 이미지는 내가 [클로드]에 등록해 둔 개인정보이다. [제미나이] 등 다른 생성형 AI에도 거의 동일한 포맷이니, 참고하면 된다.

AI는 내가 등록한 개인정보에 따라, 늘 맞춤형으로 답변을 제공해 준다. 예를 들어 나를 '작가'로 등록해 놓으면 AI의 답변은 프로듀서 또는 스토리콘텐츠 시장의 관점에서 조언과 의견을 제공한다. 이때 생성형 AI에게도 정확한 역할을 부여할 수 있다. 나를 '작가'라고 설정해 놓고 "너(생성형 AI)는 나와 공동으로 작업하는 작가야."라고 주문을 걸어놓으면, AI는 나의 공동작가로서의 역할에 충실할 것이다. "너(생성형AI)는 프로듀서야." 라고 주문을 걸어놓으면, 그에 충실한 역할을 수행할 것이다. 나의 개인정보를 입력할 때, 나의 취향과 스타일 또는 내가 추구하는 가치관 등을 입력해 두는 것도 좋은 방법이다.

프로젝트^{Project}

컴퓨터의 폴더 기능을 생각하면 쉽다. 특정한 주제의 파일들을 하나의 폴더에 담아두듯이, 특정한 주제와 관련된 채팅들을 그룹으로 묶고, 맞춤 지시 사항을 사전 등록해 놓으며, 기본 파일들을 업로드해 놓을 수 있다. 스토리 기획, 창작 작업에서 매우 유용한 기능인데, 아쉽게도 2026년 01월 현재 [클로드]와 [챗GPT]만 이 기능을 제공하고 있다. [챗GPT]의 '프로젝트' 기능은 단순명쾌하다. 직관적으로 사용할 수 있어서, 익숙지 않은

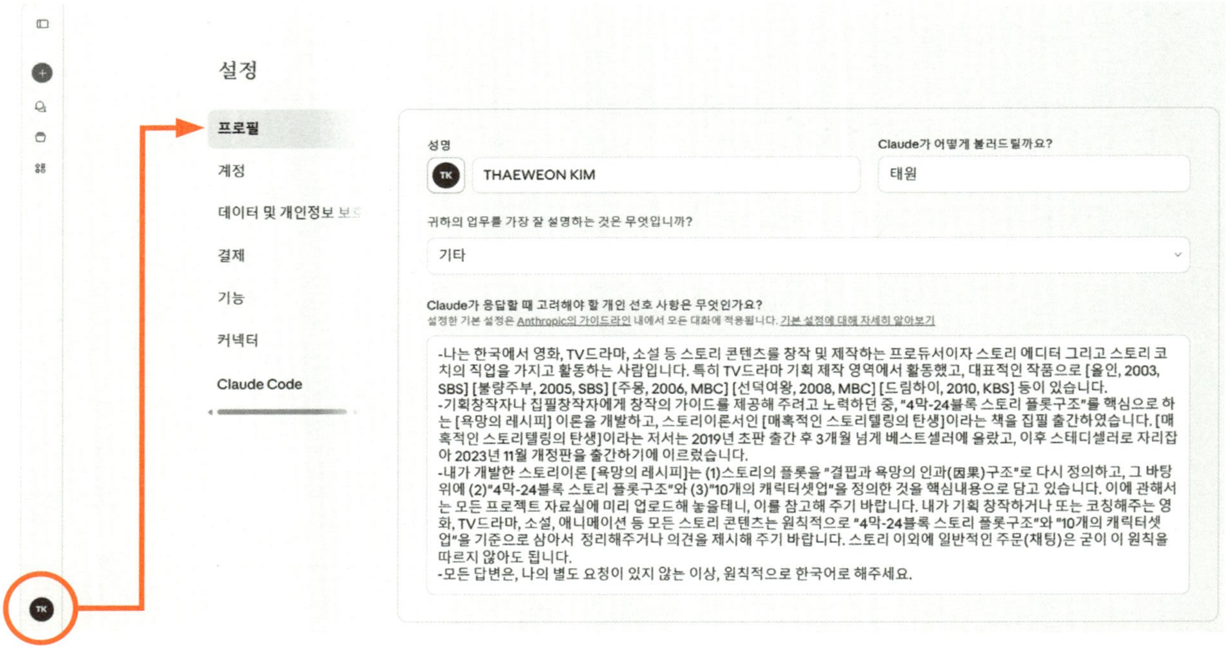

설정

프로필

계정

데이터 및 개인정보 보호

결제

기능

커넥터

Claude Code

성명

TK   THAEWEON KIM

Claude가 어떻게 불러드릴까요?

태원

귀하의 업무를 가장 잘 설명하는 것은 무엇입니까?

기타

Claude가 응답할 때 고려해야 할 개인 선호 사항은 무엇인가요?
설정한 기본 설정은 Anthropic의 가이드라인 내에서 모든 대화에 적용됩니다. 기본 설정에 대해 자세히 알아보기

-나는 한국에서 영화, TV드라마, 소설 등 스토리 콘텐츠를 창작 및 제작하는 프로듀서이자 스토리 에디터 그리고 스토리 코치의 직업을 가지고 활동하는 사람입니다. 특히 TV드라마 기획 제작 영역에서 활동했고, 대표적인 작품으로 [올인, 2003, SBS] [불량주부, 2005, SBS] [주몽, 2006, MBC] [선덕여왕, 2008, MBC] [드림하이, 2010, KBS] 등이 있습니다.
-기획창작자나 집필창작자에게 창작의 가이드를 제공해 주려고 노력하던 중, "4막-24블록 스토리 플롯구조"를 핵심으로 하는 [욕망의 레시피] 이론을 개발하고, 스토리이론서인 [매혹적인 스토리텔링의 탄생]이라는 책을 집필 출간하였습니다. [매혹적인 스토리텔링의 탄생]이라는 저서는 2019년 초판 출간 후 3개월 넘게 베스트셀러에 올랐고, 이후 스테디셀러로 자리잡아 2023년 11월 개정판을 출간하기에 이르렀습니다.
-내가 개발한 스토리이론 [욕망의 레시피]는 (1)스토리의 플롯을 "결핍과 욕망의 인과(因果)구조"로 다시 정의하고, 그 바탕 위에 (2)"4막-24블록 스토리 플롯구조"와 (3)"10개의 캐릭터셋업"을 정의한 것을 핵심내용으로 담고 있습니다. 이에 관해서는 모든 프로젝트 자료실에 미리 업로드해 놓을테니, 이를 참고해 주기 바랍니다. 내가 기획 창작하거나 또는 코칭해주는 영화, TV드라마, 소설, 애니메이션 등 모든 스토리 콘텐츠는 원칙적으로 "4막-24블록 스토리 플롯구조"와 "10개의 캐릭터셋업"을 기준으로 삼아서 정리해주거나 의견을 제시해 주기 바랍니다. 스토리 이외에 일반적인 주문(채팅)은 굳이 이 원칙을 따르지 않아도 됩니다.
-모든 답변은, 나의 별도 요청이 있지 않는 이상, 원칙적으로 한국어로 해주세요.

제미나이 사용자 설정 예

프로젝트 항목, 지침과 파일 설정

사용자에게는 오히려 편할 수도 있다. 이에 비해서 [클로드]의 프로젝트 기능은 몇 단계 들어가서 세팅을 해 줘야 하지만, 그런 만큼 더 확실한 유용성을 제공해 준다. 다만, 프로젝트 기능은 유료 사용자에 한해서 사용할 수 있다.

79쪽 이미지의 오른쪽을 보면, [클로드]의 프로젝트에서는, '지침'을 등록하고 (자료) 파일을 업로드하는 기능을 제공하고 있다.

오른쪽 상단의 '지침'은 이 프로젝트에서 내가 실현하고자 하는 주제와 목표 등 기획의도와 작업방식, [클로드]에 대한 설정과 주의사항 등 원하는 바를 등록하면 된다. 생성형 AI는 이 프로젝트 안에서 진행되는 모든 채팅에서, 사용자가 등록한 '지침'을 '원칙'으로 삼아 답변한다. 오른쪽 하단의 '파일'은 프로젝트에 반드시 필요한 가장 기본적이고 필수적인 자료파일, 참고파일을 업로드해 놓는 것이다. 파일 업로드 기능은, 프로젝트 안에서 진행되는 어느 채팅이든지 공통적으로 적용해야 할 필수적이고 기초적인 내용을 저장시켜 놓는 기능이다. 사용자가 신문이든 블로그이든 서적에서든 취재하고 확보한 자료파일을 올려놓을 수도 있고, 때로는 사용자가 필수적이고 기초적인 내용을 파일로 만들어서 업로드할 수도 있다. 해당 프로젝트 안에서는 [클로드]가 늘 기억하게 되므로, 매번 채팅을 할 때마다 학습시켜야 하는 번잡스러운 작업을 예방할 수 있다. 뒤(챕터 Ⅱ)에서 다시 설명하겠지만, 나는 모든 프로젝트를 시작할 때마다, '4막-24 블록 플롯구조'의 '상세 가이드'와 '간단 가이드' 그리고 '캐릭터셋업'을 업로드해 놓는다. 기타 해당 프로젝트의 가장 기초적인 공통 자료(예: 연대표나 일지 등)를 추가적으로 올려놓으면 된다.

　　AI 시대, 스토리텔링의 재탄생

사용자가 AI에게 원하는 작업이나 응답을 요청하기 위해 입력하는 주문(질문)이다. 예를 들면 "줄거리를 4막 구조의 형식으로 500자 이내로 정리해 줘."와 같은 주문이다. 프롬프트의 품질이 결과물의 품질을 크게 좌우한다. 어떤 이는 프롬프트가 구체적일수록 좋은 결과(답변)를 얻을 수 있다고 조언한다. 원칙적으로 맞는 말이지만, 처음부터 구체적인 프롬프트가 반드시 좋은 결과를 얻는 것은 아니다. 오히려 첫 질문과 결과에 발목이 잡혀, 스토리가 뻗어나갈 수 있는 다양한 경로를 차단하는 경우를 보게 된다. 한 번의 질문으로 완벽한 결과를 얻으려고 하지 않는 게 좋다. 처음에는 다소 커다란 덩어리를 주고받은 후에, 한 걸음 더 깊고 구체적으로 파고 들어가면서 하나하나 완성해가는 방식이 바람직한 결과물에 이르도록 할 것이다. 어떤 분들은 '구체적인 질문'의 중요성을 강조하며, 마치 코딩의 프로그래밍 언어를 연상시키는 질문을 던지라고 강조하는데, 이게 맞는 접근방법인지는 잘 모르겠다. 내가 강조하는 '질문(프롬프트)'의 중요성은, 한 번의 질문으로 그럴듯한 답변을 얻을 수 없으며, 질문에 질문을 이어가며 집요하게 파고들어야 한다는 것이다. 집요하게 물고 늘어지는 질문(주문)의 과정에서 다양한 관점으로 접근하다 보면, 자연스럽게 사용자의 창의력이 발휘될 수밖에 없고, AI와의 소통과 대화에서 나름 만족스러운 결과를 얻을 것이다.

채팅^{Chatting}

사용자와 AI가 특정한 주제로 서로 주고받는 대화 전체. 질문(프롬프트)

하고 답변받고, 또 질문하고 답변받는 과정이 하나의 채팅이다. 즉, 사용자의 프롬프트와 생성형 AI의 답변이 주고받는 과정을 '채팅'이라고 한다. 주의할 것은 보통 생성형 AI에서 채팅(방)의 개수 제한이 있다는 점이다. 무료 사용자의 경우 트래픽 상황에 따라 들쑥날쑥일 때가 많고, 유료 사용자라고 해도 하나의 채팅(방)마다 약 40개 정도로 제한된다. (실제로는 채팅의 개수가 아니라, 정보처리의 기본 단위인 '토큰'의 사용량으로 결정되는 것이지만) 따라서 하나의 채팅(방)을 열어놓고 이런저런 주제를 뒤섞어 놓지 말고, 특정한 주제와 날짜별로 채팅(방)의 제목을 정해놓는 게 바람직하다. 예를 들면 플롯에 국한한 채팅(방), '캐릭터셋업'에 국한한 채팅(방), 에피소드 조사 취재를 중심으로 하는 채팅(방) 등으로 분류해두는 것이다. 한 걸음 더 나아가 '캐릭터셋업'이라고 해도 하나의 채팅(방)에 때려 넣는 것보다, 주인공(프로타고니스트) – 악마(안타고니스트) – 서브캐릭터 등으로 세분화시키고, 하나하나의 채팅(방)마다 제목에 덧붙여 날짜를 표기해두면 나중에 다시 찾아보거나 활용할 때 도움이 된다. 컴퓨터에 파일을 저장할 때 구분된 폴더를 만드는 방법을 연상하면 쉽게 이해될 것이다.

토큰Token

토큰은 AI가 텍스트를 이해하고 처리하는 기본 단위이다. 보통 영어는 한 단어가 1~2개 토큰, 한국어는 음절이나 형태소 단위로 처리되어 한 글자당 1~3개 토큰 정도가 필요하다. 이따금 "토큰이 부족하다"면서 "세션이 종료되었다"는 메시지가 뜰 때가 있다. 대화가 너무 길어져서 한 번에 처리할 수 있는 텍스트 양의 한계에 도달했다는 뜻이다. 내가 업로드한 파

 AI 시대, 스토리텔링의 재탄생

일에 너무 많은 양의 텍스트가 담겨 있다면, 그것을 읽는 데에도 토큰을 사용하기 때문에, 이 메시지가 뜰 수도 있다. 이럴 때에는 새로운 채팅을 열어서 대화를 진행하면 된다. 그러나 새로운 채팅을 진행하기가 어려운 경우도 발생한다. "하루에 사용할 수 있는 횟수의 제한이 있다"는 안내나 메시지는 토큰의 한계에 도달했다는 뜻이기 때문에, 다음날 사용해야 한다. 당연히 무료 버전과 유료 버전 등급에 따라 사용자에게 부여되는 토큰의 개수에 차이가 있다.

아티팩트^{Artifact}

원래는 '인공물', '가공품', '유물' 등을 뜻하는 단어이다. AI에서는 긴 글이나 코드의 경우 별도의 창에 결과물을 보여주는데, 이를 지칭하는 용어이다. 내가 진행하던 채팅에서는 단순한 박스 형태의 제목만 나타나고, 옆에 별도의 창이 열리며, 소설, 대본, 기획서, 정리물 등의 긴 문서를 보여준다. 이게 '아티팩트'다. 아티팩트는 생성형 AI와 채팅할 때 상대적으로 완성된 내용을 따로 편집 작업용 파일로 저장하고 싶을 때 많이 활용하는 형식이다. 생성형 AI가 답변하는 내용이 너무 길면 자체적으로 아티팩트를 만들어 주기도 하는데, 사용자가 직접 아티팩트로 만들어달라고 주문할 수도 있다.

84쪽을 보면, 왼쪽 박스형태의 내용을 오른쪽 별도의 창으로 펼쳐놓았다. 이것이 '아티팩트'이다. 아티팩트의 오른쪽 상단에서 텍스트형태^{markdown}나 PDF로 다운로드받을 수 있다. 다만, 사용자가 따로 편집해서 파일로 저장하고 싶을 때, 여기의 복사 기능보다는, 그냥 텍스트 원문 전

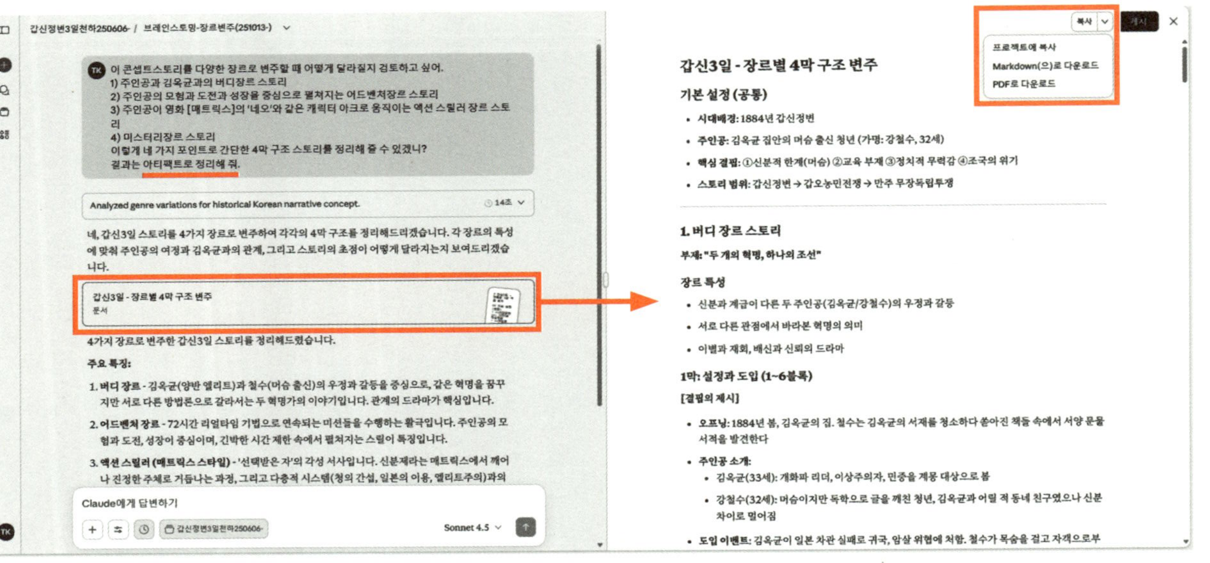
갑신정변3일천하250606- / 브레인스토밍-장르변주(251013-)

이 콘셉트스토리를 다양한 장르로 변주할 때 어떻게 달라질지 검토하고 싶어.
1) 주인공과 김옥균과의 버디장르 스토리
2) 주인공의 모험과 도전과 성장을 중심으로 펼쳐지는 어드벤처장르 스토리
3) 주인공이 영화 [매트릭스]의 '네오'와 같은 캐릭터 아크로 움직이는 액션 스릴러 장르 스토리
4) 미스터리장르 스토리
이렇게 네 가지 포인트로 간단한 4막 구조 스토리를 정리해 줄 수 있겠니?
결과는 아티팩트로 정리해 줘.

Analyzed genre variations for historical Korean narrative concept.

네, 갑신3일 스토리를 4가지 장르로 변주하여 각각의 4막 구조를 정리해드리겠습니다. 각 장르의 특성에 맞춰 주인공의 여정과 김옥균과의 관계, 그리고 스토리의 초점이 어떻게 달라지는지 보여드리겠습니다.

갑신3일 - 장르별 4막 구조 변주
문서

4가지 장르로 변주한 갑신3일 스토리를 정리해드렸습니다.

주요 특징:

1. 버디 장르 - 김옥균(양반 엘리트)과 철수(머슴 출신)의 우정과 갈등을 중심으로, 같은 혁명을 꿈꾸지만 서로 다른 방법론으로 갈라서는 두 혁명가의 이야기입니다. 관계의 드라마가 핵심입니다.

2. 어드벤처 장르 - 72시간 리얼타임 기법으로 연속되는 미션들을 수행하는 활극입니다. 주인공의 모험과 도전, 성장이 중심이며, 긴박한 시간 제한 속에서 펼쳐지는 스릴이 특징입니다.

3. 액션 스릴러 (매트릭스 스타일) - '선택받은 자'의 각성 서사입니다. 신분제라는 매트릭스에서 깨어나 진정한 주체로 거듭나는 과정, 그리고 다층적 시스템(청의 간섭, 일본의 이용, 엘리트주의)과의

Claude에게 답변하기

갑신정변3일천하250606-

Sonnet 4.5

복사   게시

프로젝트에 복사
Markdown(으)로 다운로드
PDF로 다운로드

갑신3일 - 장르별 4막 구조 변주

기본 설정 (공통)

• 시대배경: 1884년 갑신정변
• 주인공: 김옥균 집안의 머슴 출신 청년 (가명: 강철수, 32세)
• 핵심 결핍: ①신분적 한계(머슴) ②교육 부재 ③정치적 무력감 ④조국의 위기
• 스토리 범위: 갑신정변 → 갑오농민전쟁 → 만주 무장독립투쟁

1. 버디 장르 스토리

부제: "두 개의 혁명, 하나의 조선"

장르 특성

• 신분과 계급이 다른 두 주인공(김옥균/강철수)의 우정과 갈등
• 서로 다른 관점에서 바라본 혁명의 의미
• 이별과 재회, 배신과 신뢰의 드라마

1막: 설정과 도입 (1~6블록)
[결핍의 제시]

• 오프닝: 1884년 봄, 김옥균의 집. 철수는 김옥균의 서재를 청소하다 쏟아진 책들 속에서 서양 문물 서적을 발견한다
• 주인공 소개:
  · 김옥균(33세): 개화파 리더, 이상주의자, 민중을 계몽 대상으로 봄
  · 강철수(32세): 머슴이지만 독학으로 글을 깨친 청년, 김옥균과 어릴 적 동네 친구였으나 신분 차이로 멀어짐
• 도입 이벤트: 김옥균이 일본 차관 실패로 귀국, 암살 위험에 처함. 철수가 목숨을 걸고 자객으로부

아티팩트 만들기의 예시

체를 드래그한 후에 복사해서 직접 옮기는 게 더 편리하다.

이 책은 집필 시점(2026년 초)을 기준으로 스토리 창작에 가장 최적화된 서비스를 제공하는 [클로드]와 [제미나이]를 중심으로 설명한다. 그러나 이것이 다른 AI를 사용하지 말라는 의미는 아니다. 오히려 여러 AI를 함께 사용할 것을 권한다. 각 AI마다 강점이 다르기 때문에 같은 질문(주문)이라도 여러 AI를 활용하면 더 풍성한 답변을 얻을 수 있다.

[클로드]와 [제미나이]를 중심에 두고 다루고 있지만, 이 책에서 설명하는 방법론은 어느 AI에서든지 보편적으로 적용할 수 있다. 독자의 상황과 필요에 맞는 AI 도구를 선택하고, 이 책의 방법론을 응용하기 바란다.

콘셉트 개발 단계의 AI 스토리텔링

사람들이 비슷한 것을 보며 즐거움을 느끼는 것은, 그런 것을 바라볼 때 스스로 깨닫고 추론할 수 있기 때문이다. 그럴 때 사람들은 "아, 이건 누구누구의 얼굴인데……"라는 등의 말을 한다. 만일 그림의 실제 인물을 이전에 본 적이 없으면, 그때 비로소 그림은 모방으로서가 아니라 새로운 기법, 색채 또는 기타 이유로 즐거움을 줄 것이다. 그러므로 '모방'은 인간의 아주 자연스러운 본능이다.

'모방'이라는 자연의 선물로부터 출발하여 점차 특별한 재능을 단계적으로 발전시키는 사람들이 처음에는 거칠고 즉흥적으로 창작하다가 마침내 시(詩: 최고 수준의 스토리)를 낳게 된다.

- 아리스토텔레스의 『시학』 제4장

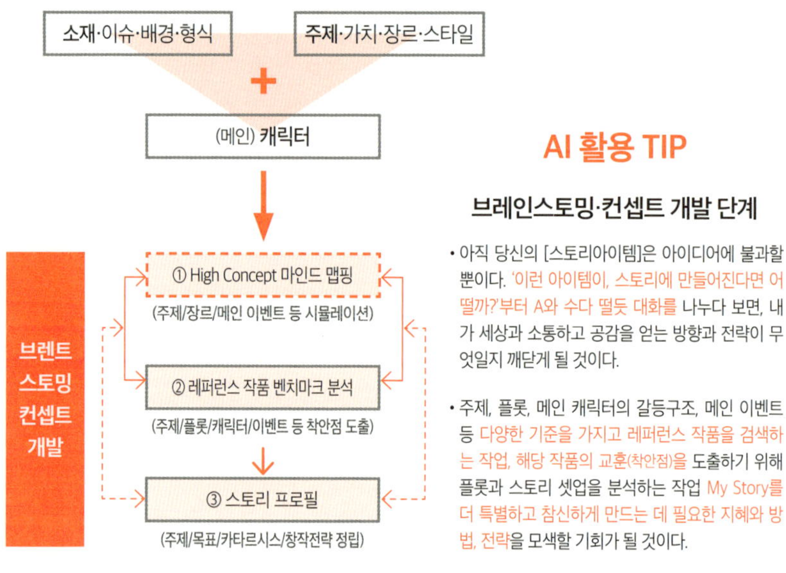

브레인스토밍 단계

AI 활용 TIP

브레인스토밍·컨셉트 개발 단계

- 아직 당신의 [스토리아이템]은 아이디어에 불과할 뿐이다. '이런 아이템이, 스토리에 만들어진다면 어떨까?'부터 A와 수다 떨듯 대화를 나누다 보면, 내가 세상과 소통하고 공감을 얻는 방향과 전략이 무엇일지 깨닫게 될 것이다.

- 주제, 플롯, 메인 캐릭터의 갈등구조, 메인 이벤트 등 다양한 기준을 가지고 레퍼런스 작품을 검색하는 작업, 해당 작품의 교훈(착안점)을 도출하기 위해 플롯과 스토리 셋업을 분석하는 작업 My Story를 더 특별하고 참신하게 만드는 데 필요한 지혜와 방법, 전략을 모색할 기회가 될 것이다.

'브레인스토밍·콘셉트 개발 단계'의
도전과제

사용자의 스토리가 자신만을 위해 고이 간직할 것이 아니라면, 다시 말해서 세상을 향해 나누고 싶은 '무언가'에 관한 스토리라면, 사용자는 두 가지를 곱씹고 되짚어야 한다. 첫 번째 체크포인트는 나의 스토리를 통해서 (세상) 사람들에게 나누고자 하는 '즐거움'은 정확히 어떤 '즐거움'인가? 이다. 두 번째는 사람들의 정서적 반응 또는 '즐거움'이 극대화될 수 있는 나만의 전략은 무엇인가? 이다.

천만 관객 영화를 통해서 본, 한국인이 스토리에서 찾는 '즐거움'

이제 한국의 이야기는 'K-스토리'라 불릴 만큼, 1990년대 중반 K-POP과 TV드라마를 통해 중국에서 불붙기 시작한 한류는 동남아시아와 일본을 거쳐, 전 세계인의 장르가 되었다. 오늘날 'K-한류'의 원동력은 도대체 무엇일까? 'K-한류'는 앞으로 얼마나 오래도록 지속될 수 있을까? 나는 오늘날 'K-한류'의 원동력이 한국의 특별한 DNA를 유감없이 표현해내는 창의인재와 국민적 응원 덕분이라고 생각한다. 그 창의인재와 국민적 응원이 사라지지 않는 한, 오늘의 'K-한류'는 쉬임 없이 진화해나갈 것이다. 세계인을 매혹시킬 만한 K-스토리의 출발점은 한국시장이고 한국인이다. 현재 이 지구상에서 한국인만큼 스토리의 완성도를 심각하게 따지는 소비자는 어디에도 없다. 따라서 한국인에게 인정받거나 사랑받는 스토리라면, 세계 어느 나라 사람을 상대하더라도 '잘 만든 스토리'라고 인정받을 수 있다고 확신한다. 물론 그 '인정'은 '흥행의 성공'을 보장하는 기본조건, 필수조건이 될 것이다. 그런 점에서 한국인이 즐기고 사랑하며 응원하는 스토리의 '즐거움'은 무엇일까? 를 살펴보는 일은 매우 의미있는 출발점이 된다.

나는 『매혹적인 스토리텔링의 탄생』이라는 저서(2023년 11월 개정판)에서, 한국에서 천만 관객을 돌파했던 영화 총 33편(공식 박스오피스 기록으로는 31편)을 아래의 지도로 정리한 적이 있다. 기존의 지도에 희노애락의 감정을 덧붙여 업데이트했다.

천만 관객 영화 33편 지도(2026년 2월 기준, 3월에 〈왕과 사는 남자〉 천만 관객 넘어 순항 중)

지금까지 세계 콘텐츠시장을 지배해온 미국 할리우드 콘텐츠는 '볼거리의 즐거움-킬링타임의 즐거움' 카테고리를 채우고 있었다. 'K-스토리'는 미국 할리우드와는 정반대편, 즉 '성찰의 즐거움-발견의 즐거움' 카테고리에 위치한다. 그렇기 때문에 앞으로도 지속가능할 수 있다고 생각하지만, 어쨌든 한국인이 공통으로 좋아하는 '스토리의 즐거움'은 의외로 '발견의 즐거움'에 적지 않은 방점을 찍고 있다. 이것은 무언가를 기억하고 발견하고 배우는 즐거움이다. 여기에 덧붙여 한국인이 스토리에 정서적으로 반응하는 것을 보면, 희노애락(喜怒哀樂)의 감정 중에서 분노(怒)의 감정 및 슬픔(哀)의 감정과 연결되는 경우가 많았다. 이렇게 보면, 한국인은 참으로 특별한 스토리 취향을 가지고 있다. 세계 어느 나라 사람들이 적지 않은 돈을 내고 암실처럼 깜깜한 공간에 들어가 이토록 진지하고 심각하며 애절한 스토리를 즐기는 경우가 있는가? 오랜 외세의 침략과 부패한 권력의 압제를 받으며, 그에 대결하고 저항해 온 한국의 역사와 깊은 관련이 있다고 생각한다. 어둡고 끔찍하기까지 했던 역사의 산물이지만, 이런 정서의 'K-스토리'를 세계적으로 주목한다는 사실은 한국인의 어둡고 치열했던 역사에 대한 공감과 동의를 한다는 뜻이고, 역설적이게도 신자유주의와 극우화의 세계적 경향성에 고통받는 사람들이 점점 확대되고 심화된다는 뜻이니, 꼭 반가운 현상만은 아니겠다.

앞으로 펼쳐질 'K-스토리'의 미래는 어떻게 될까? 특히 '사유와 성찰의 즐거움'과 관련해 한국 스토리콘텐츠는 새로운 도전과제에 직면해 있다. 2019년을 전후해 흥행의 큰 축을 이끌었던 〈신과 함께〉 시리즈

(2017~2019)나 〈엑시트〉(2019)와 같은 한국 영화나 〈굿닥터〉(2013)와 같은 TV시리즈를 보면, 한국인의 스토리 취향에서 빠르게 변화하는 시그널이 보인다. 세상을 어지럽히는 악마를 안타고니스트로 세우지 않고도, 흥행에 성공하는 스토리들이 늘어나고 있다. 한국인에게 전통적으로 자리했던 민중주의 가치관에서 할리우드 콘텐츠가 추구하고 표방해왔던 시민주의 가치관으로의 이동이라고 볼 수 있다. 나는 이것을 긍정적 변화라고 생각한다. 단순히 민중주의 가치관에 기초한 스토리가 사라지고 시민주의 가치관의 스토리가 대체되는 변화가 아니라, 기존의 것을 지키며 다양한 스타일로 확대되고 있는 변화이기 때문이다. 지금까지의 경향('사유와 성찰의 즐거움'+'발견의 즐거움' 카테고리)은 여전히 우위를 점하며 콘텐츠시장을 끌고 가겠지만, 최근의 'K-POP'이나 몇몇 영화나 (TV/OTT) 시리즈의 경향에서 보듯이 다양한 정서와 장르('장르의 즐거움'+'킬링타임의 즐거움')로까지 뻗어나갈 것임이 분명하다.

창작자가 놓치지 말아야 할 대목이 있다. 창작자의 스토리가 서 있어야할 출발선은, 세상이 앓고 있는 우리 모두의 문제와 사람들을 고통스럽게 하는 인간과 시대의 결핍에 대한 관심과 걱정일 것이다. 그리고 그런 결핍을 위로하고 더 나은 삶과 세상을 만들고자 하는 건강한 욕망을 응원하는 마음일 것이다. 그런 위로와 응원이 스토리의 출발점이고, 기획의도와 주제를 구축한다. 사실 이 도전과제(기획의도와 주제의식)는 한순간에 뚝딱 하고 나오는 게 아니다. 창작자는 언제나 시대를, 세상을 여행하고 탐험하는 사람이다. 그 여행/탐험의 과정에서 다양한 영혼과 표정을 가진 사람들을

   AI 시대, 스토리텔링의 재탄생

지켜보고 탐구하며, 우리 인간에게 그리고 우리가 사는 세상에 모자란 것, 비뚤어진 것, 잘못된 것에 대해 생각하고 성찰한다. 평상시의 관심과 걱정, 사유와 성찰이 스토리의 주제로 배어나올 수 있을 것이고, 그런 스토리가 사람들의 마음을 흔드는 진정성으로 다가서게 된다.

세상 사람들의 결핍에 대한 위로와 욕망에 대한 응원의 마음은, 특별할 정도로 매력적인 소재를 만났을 때 터져 나온다. 스토리의 소재^{Material Source}란 결국 사건과 인물, 그 합체를 뜻한다. 역사를 더듬어 보거나 철학을 탐구하거나 뉴스를 들으면서, 사건과 그 사건에 휘말려 문제를 해결해 내고야 마는 인물을 상상하게 된다. 반대로 버스나 지하철에서 내 눈에 들어온 슬프거나 기쁘거나 묘하거나 괴기한 표정의 사람을 만나거나, 방송이나 신문이 전하는 뉴스 또는 기획기사를 보다가 영웅적이거나 반대로 악마적인 인물을 만나기도 하고, 역사책을 읽다가 발견한 특별한 인물을 발견했을 때 그가 겪었을 또는 겪게 될 특별한 사건을 상상할 수도 있다. 그런 점에서 주제가 스토리 창작이라는 달리기의 출발선이라면, 소재는 이제 달리기의 시작을 알리는 총소리라고 할 수 있다.

인간은 누구나 자기만의 스토리를 가지고 산다. 모두가 자기 인생의 주인공이다. 스토리가 인간 삶을 은유한 것이라면, 누구나 스토리의 주인공이 될 수 있다는 뜻이다. 현재 우리 지구에 살고 있는 인류는 약 80억 명에 이른다고 하니, 최소 80억 개 이상의 스토리가 존재한다고 말할 수 있다. 다만, 얼마나 많은 타인(他人)의 마음을 울리고 웃기는 스토리가 되느냐?

하는 문제는 다른 차원의 일이다. 나만의 스토리가 적지 않은 시간과 노력과 돈이 투자되는 대중적·상업적 콘텐츠로 만들 가치가 있느냐? 하는 문제이기 때문이다. 나는 하나의 스토리 아이디어가 떠오를 때, 특히 두 가지 질문에 명쾌하게 답할 수 있어야 한다고 말한다. 하나는 우리가 살고 있는 시대의, 세상의, 사람들이 폭넓은 동의와 공감을 나눌 수 있는 결핍을 다루고 있느냐? 이다. 다른 하나는 창작자로서 사람들에게 줄 수 있는 선물이 무엇인가? 이다. 우리가 앓고 있는 병폐나 인간세상의 부조리는 하나둘이 아니다. 문제를 제기하고 지적하며, 그에 대한 성찰과 깨달음의 힘을 나누는 과제는 시대의 선각자인 창작자의 권리이자 의무이다. 내가 늘 창작자들에게 우리 시대의 결핍을 위로하고 건강한 욕망을 응원하는 마음가짐을 가져야 한다고, 그래야 세상에 유익한 스토리를 만들 수 있고, 유익한 스토리만이 사람들의 폭넓은 지지와 응원을 얻을 수 있다고 말하는 이유이다.

물론 이것만으로는 부족하다. 똑같은 메시지라도 '아 다르고 어 다르다'는 말처럼, 사람들이 쉽고 재미있게, 그리고 새롭고 참신하게 들려줘야 훨씬 보편적인 동의와 공감을 불러일으킬 수 있기 때문이다. 이를 위해서 나는 벤치마크 창작을 가장 효과적인 전략이자 방법으로 권하고 있다.

벤치마크 분석을 통해서 스토리 창작의 전략을 세우고 감(感)을 익힌다

나는 "스토리 창작은 '후크'와 '플롯'의 마술"이라는 표현을 즐겨 쓴다. '후크'가 세상 사람들의 관심을 끄는 일이라면, '플롯'은 그렇게 끌어들인 사람들을 만족시키는 일이다. '후크'를 스토리 창작의 출발점이라고 생각

 AI 시대, 스토리텔링의 재탄생

할 수 있지만, 거꾸로 좋은 '플롯'을 떠올리는 것만으로도 멋진 '후크'의 아이템을 상상할 수도 있다. '플롯'으로부터 스토리 창작을 시작하는 방법(벤치마크 창작)에 관해서는 『매혹적인 스토리텔링의 탄생』에서도 많은 예를 들었지만, 여기 한 편의 스토리를 추가해보겠다.

영화 〈레미제라블〉(2012)의 플롯을 정의해 보자.

① 자신의 불우한 환경을 탓하기만 했던 탕아(蕩兒)가 나쁜 짓을 했다. 자애로운 멘토(신부님)가 탕아의 잘못을 용서했다. 그러나 악마(형사)는 자신의 영역을 무단으로 침범한 탕아를 주목하고 쫓는다.

② 멘토의 도움을 받은 탕아는 올바른 길에 들어서서 바람직한 사람이 되기 위해 노력했고, 사회에 크게 공헌한 인물이 되었다.

③ 그러나 위대한 인물로 거듭난 탕아를 파멸시키기 위해 악마는 혈안이 된다.

④ 주인공은 악마에 맞서 싸운다. 그 과정에서 오랫동안 숨겨왔던 과거의 잘못을 고백한다.

⑤ 주인공은 악마를 물리치고, 세상은 주인공의 탕아 시절 잘못을 용서한다.

나는 〈레미제라블〉의 플롯 스토리를 정리하다가 2019년 초에 즐겨 시청했던 TV 드라마 〈열혈사제〉의 스토리를 떠올렸다. 박재범 작가가 〈레미제라블〉의 플롯으로 〈열혈사제〉를 창작한 것은 아니더라도 – 설령 그렇게 했다고 한들 어떤가! 〈열혈사제〉는 2019년 한 해 동안 가장 높은 시청률을 기록할 정도로 너무나 멋진 스토리 아닌가? – 〈레미제라블〉과 〈열혈사제〉와의 관계처럼 비슷한 연상이 가능하다면, 누구든지 벤치마크의 방법으로 매혹적인 스토리를 창작할 수 있다는 사실을 방증하는 사례이다. 이렇듯 '하나의 유(有)에서 다른 유(有)를 찾아내'거나 '작은 유(有)를 모아 큰 유(有)를 조합해서' 한 편의 스토리는 창작되는 것이다.

사실 벤치마크 창작은 전문 창작자들에게는 너무나도 익숙한 방법이다. 직업적인 창작자가 하나의 아이템을 떠올리거나 받아 들었을 때 가장 먼저 공들이는 작업이 무엇인가? 바로 줄거리나 주제 또는 인물관계가 비슷한 기존 작품들을 살펴보고 분석하며 나의 스토리가 가야 할 목표와 방향, 콘셉트를 정하는 일이다. 그를 위해 최소한 열 편, 스무 편이 넘는 영화나 TV 드라마, 소설을 보고 읽고 분석하는 데 가장 먼저 매달린다. 보통 레퍼런스 작품을 찾아본다고 말하는데, 그보다는 벤치마크 창작 방법론이라고 말하는 게 바람직하다. 신진 창작자들은 소위 '습작'이라는 이름으로 자신의 머릿속에 떠오른 아이디어를 생각나는 대로 풀어헤치지 말고, 늘 벤치마크 분석과 창작을 기본으로 삼아 습작해야 한다. 그것이 창작자로서의 성장과 진화를 해나갈 수 있는 최선의 루트이다.

한국 영화의 국가대표 감독에서 세계적인 감독으로 발돋움한 봉준호 감독이 "나는 장르의 규칙을 무시하기 일쑤다"라고 한 TV 방송 인터뷰에서 고백하였다. 이 말은 자칫 오해를 불러일으킬 수 있는데, 사실 내가 봉준호 감독의 작품을 분석하면서 느낀 점은 봉 감독만큼 장르의 스토리텔링 규칙을 철저히 따르는 창작자가 없다는 것이다. 예를 들면 〈살인의 추억〉(2003)은 버디 장르의 스토리텔링 규칙을 철저히 따라가고, 〈괴물〉

(2006)은 식인 괴수와 맞서 싸우는 스릴러 장르의 규칙을 철저히 따라간다. 놀라운 것은 특정한 장르의 규칙에 따라 스토리가 전개되는 데에도 불구하고 그의 영화는 해당 장르의 느낌을 뛰어넘어 전혀 새로운 장르처럼 느끼도록 만들었다는 점이다. 〈살인의 추억〉에서 관객은 버디 장르의 핵심 주인공인 서태윤(김상경 역)의 변화와 주도적인 역할에 관해서는 큰 관심을 두지 않는다. 〈괴물〉에서는 식인 괴수와 맞서 싸우는 스릴러 장르의 규칙을 따라 스토리가 전개되고 있지만, 그 장르의 핵심 콘셉트인 숨바꼭질(괴수의 공격을 피해 생존하고자 하는 인간의 피난과 도주)이 아니라, 괴수를 쫓는 힘없는 인간의 목숨을 건 추격전에 주목하도록 만든다. 칸영화제 심사위원들이 봉준호 감독의 〈기생충〉에 황금종려상을 주면서, "이제 봉준호 감독이 곧 장르가 되었다"라고 평가한 것이 바로 이런 뜻이리라. 우리가 다양한 작품을 분석하면서 스토리텔링의 규칙을 학습하고 연구하며 분석하고 활용하는 이유는 규칙 그대로를 따르려는 것에 목적이 있는 게 아니라, 그 규칙을 뛰어넘는 창작자만의 새로운 정서를 만들어나가는 데 목적을 두어야 한다. 마치 봉준호 감독처럼 말이다.

스토리의 주제(메시지)가 중요하다고 하지만, 똑같은 주제라도 표현하는 형태와 스타일이 다양할 수 있듯이, 아무리 매력적인 소재라도 다루는 방법이 천차만별이다. 어떤 게 가장 효과적일까? 가장 효과적인 방향과 노선을 찾을 수 있는 방법은 무엇일까? '하늘 아래 새로운 것은 없다.'고 한다. 스토리의 아이디어가 떠올랐을 때, 가장 먼저 기댈 수 있는 것은, 좋은 벤치마크 작품을 찾는 일이다. 주제나 소재, 콘셉트나 톤앤매너, 장르나 메인캐릭터의 인물관계 등 다양한 접근이 필요하다. 다양한 작품을 많이 할수록, 나의 스토리를 어떻게 펼쳐나가는 게 참신하고 재미있을 수 있는지 전략을 세우고 나만의 감(感)을 익히는 데 도움이 된다. 요약하면, 아래의 개념도와 같다.

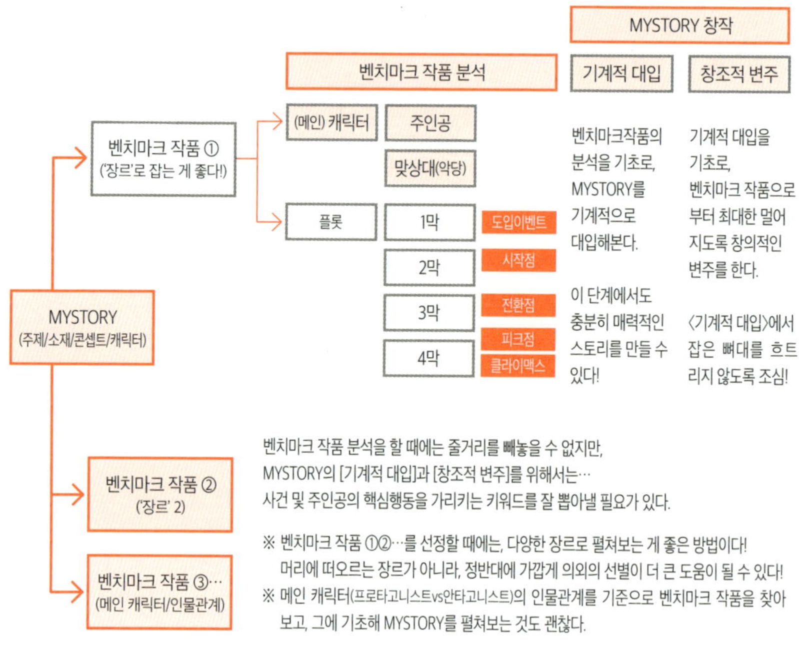

벤치마크 창작 방법

　　놀랍게도 '기계적 대입'의 차원에서도, MyStory를 대단히 매혹적인 작품으로 만들 수 있다. '창조적 변주'란 '기계적 대입'으로 만든 스토리를 갈고 다듬는 작업이라고 생각해도 된다. 『매혹적인 스토리텔링의 탄생』에서 자세히 다뤘듯이, 영화 〈아바타〉(2009), 〈미션〉(1986), 〈포카혼타스〉

(1995) 및 〈드래곤 길들이기〉(2010)는 모두 일란성 쌍둥이와 같은 작품들이다. 이 작품들은 '기계적 대입'만으로도 얼마나 매혹적인 작품이 만들어질 수 있는지를 반증해 준다.

스토리의 재미를 만드는 열쇠 : 욕망과 갈등

어떻게 하면 매력적인 스토리, 사람들의 마음을 울리고 웃기는 스토리, 재미있는 스토리를 만들 수 있을까? 이런 질문을 던질 때마다 돌아오는 답은 '욕망'Desire과 '갈등'Conflict일 것 같다. 사실 '욕망'과 '갈등'은 다른 것 같아도 같은 뜻으로 이해되는 키워드이다. 욕망은 그 자체로서 특별한 의미를 갖거나 재미를 만들지 못한다. 스토리의 투르기를 만들고 재미를 불러일으키는 핵심은 갈등이다. 갈등은 욕망과 반(反)욕망이 맞부딪히는 현상을 뜻한다. 옳지 못한 탐욕이 머리를 치켜들 때 우리는 자신이 떳떳하지 못하거나 부끄러워지면서 선택과 행동을 주저하고 망설이게 된다. 검은 유혹에 이끌리는 '악(惡)한' 자신과 그러지 말아야 한다고 버티는 '선(善)한' 자신이 맞부딪히는 갈등이다. 길을 가다가 돈가방을 발견했다. '악한 자신'과 '선한 자신'이 충돌하고 싸운다. '가져갈까?'하는 유혹과 '주인을 찾아주자!'하는 도덕간에 일어나는 갈등이다. 사실 이런 갈등은 1차원적인 갈등이다. 그보다 더 높은 차원에서 일어나는 갈등은, 무엇이 진실이고 정의인지 깨달은 사람이 겪게 되는 갈등이다. 진실과 정의를 추구하는 사람에게 일어나는 일은 고난과 시련 심지어 죽음에 대한 공포이기 때문이다. '악한 자신'이 이겨 돈가방을 들고 집으로 왔다. 적지 않은 금액이다. 심장은 요동치고 머리는 복잡해진다. 그때 TV에서 돈가방의 주인이 울며

호소하는 뉴스가 나온다. 치명적인 응급수술을 받아야 하는 딸의 수술비를 찾아달라는 뉴스이다. 하필이면(?) 그 뉴스를 보고야 말았다. 누구라도 '선한 자신'이 이겼을 것이다. 그런데 이번에는 두려움이 엄습한다. 내가 도둑으로 처벌받는다면? 혹시라도 내가 돌려주려 가는 도중에 그 사람의 딸이 잘못된다면? '선한 자신'에게는 이 두려움을 넘어서야 할 고비가 또 놓여 있는 것이다. 철학자 사르트르는 인생을 가리켜 'B'^{Birth}와 'D'^{death}사이에 놓여진 'C'^{Choice}라고 말했다. 당신이라면 어떤 선택을 할 것인가?

이렇게 갈등은 스토리 주인공으로 하여금 '선한 자신'(욕망)이 '악한 자신'(反욕망)과 맞서면서, 특정한 행동을 선택하게 만든다. 관객/시청자/독자는 주인공이 어떤 선택을 하는지 궁금해 하며 지켜본다. '반욕망'이 이기면 인간이기에 그럴 수 있다는 동의과 공감을 하게 되고, (선하고 정의로운) '욕망'이 이기는 모습을 보면서 그의 영웅스러움에 경외심을 느끼며 감탄과 감동에 빠지게도 된다. 내가 욕망은 그 자체로서 큰 의미가 없다고 말하는 것은, 관객/시청자/독자의 마음을 움직이게 만드는 요소는 주인공의 욕망 그 자체가 아니라, 주인공이 갈등을 해소하는 방법이고 그를 위한 궁극적인 선택과 행동이기 때문이다.

스토리는 본질적으로 주인공을 대리인으로 내세워, 세상 사람들의 내적 갈등을 다루고 있다고 볼 수 있다. 스토리의 본질이 인간의 내적 갈등을 다룬다는 사실을, 우리는 특히 소설과 연극 콘텐츠에서 만날 수 있다. 그래서 연극 콘텐츠는 심취하고 사유하며 성찰하기에는 좋지만, 외적 갈등과 맞서 싸우는 과정에서 공유되는 엔터테인먼트로서의 재미를 찾기는 어렵다. 그렇다면 외적 갈등은 재미만을 위한 것일 뿐일까? 절반은 맞는 말이기도 하지만, 꼭 그렇지는 않다. 절반이 맞다는 말은, 내적 갈등이 100% 순수하게 인간이라는 실존적 존재이기 때문에 발생하는 문제일 경우에 해당한다. 우리가 절대자인 신이 아니라, 늘 한계와 제약에 시달릴 수밖에 없는 인간이기 때문에 겪게 되는 선택과 행동의 갈등이 그렇다. 그러나 세상 사람들의 어려움 또는 결핍은 그것이 비록 순수하게 정신적인 것이라 해도 사회적 존재로서 겪는 어려움이고 결핍이다. 그래서 어려움 또는 결핍을 초래한 부조리한 시스템이나 부조리한 시스템에 영합하고 그를 확대 강화시키려는 세력과 인물을 '세상의 악' '악마(안타고니스트)'로서, 즉 외적 갈등의 축으로 세워주어야 한다.

서양, 특히 미국 할리우드에서는 3막 구조로 스토리를 짜야 한다고 말한다. 그러나 동양의 기-승-전-결 4막 구조가 훨씬 매력적인 스토리텔링을 구축하는 데 유익하다. '기'(起)=1막은 설정이고 도입의 시간이다. 주인공을 소개하고, 그가 어떤 결핍을 가지고 있으며 그래서 (결핍을 해소하기 위해) 어떤 욕망을 추구하게 될 것인지를 암시하는 시간이다. '승'(承)=2막은 1막의 전개이자 첫 번째 욕망 추구의 시간이다. 우리는 '승'(承)=2막에서 '유혹'에 시달리는 주인공의 모습을 보게 된다. '유혹'의 힘에 따라 또는 '유혹'을 이겨내며 자신의 결핍을 해소하는 듯하지만, 그것은 착각과 오판에 불과할 뿐이다. 주인공은 좌절한다. 그러나 좌절의 끝에서 더 큰 진실과 정의를 깨닫게 된다. 주인공이 자신의 운명을 180도로 전환시키며, 근본적인 결핍 또는 더 큰 결핍을 해소하기 위한 시간으로 도약하게 된다.

'전'(轉)＝3막으로 뛰어오르게 되는 것이다. 이제 주인공은 자신을 덮치는 시련과 장애, 고난과 죽음의 위험까지, 더할 나위 없는 '두려움'을 견디고 맞서야 한다. '두려움'의 끝에는 주인공 자신이 가장 소중하게 여겼던 인물 또는 가치관의 상실이 기다리고 있다. 절망스러운 상황에서 주인공은 분노의 힘으로 두려움의 원천을 뿌리 뽑기 위해 '결'(結)＝4막으로 한 번 더 크게 도약한다. 서양의 3막 구조에서는 설명하기 어려운 스토리의 맥락이, 동양의 4막 구조에서는 기-승-전-결의 뜻 그대로 쉽게 이해되고 세팅할 수 있게 된다.

'브레인스토밍, 콘셉트 개발 단계'에서의 AI 활용 TIP

오랜 친구보다 더 가까운, 가족보다 더 따뜻한⋯ 생성형 AI와 친해지기

[챗GPT] [제미나이] [클로드]와 같은 생성형 AI를 비롯해서 많은 생성형 AI가 인간인 우리와 매일같이 손잡고 대화하기를 희망하고 있다. 인간이 뭐라고 말해도 AI는 무조건 수긍하고 때로는 감정적으로 위로와 응원을 보내주기도 한다. 친구보다 더 가깝고, 가족보다 더 따뜻한 관계로 자리잡았다. 너무 과장된 말일까? 그러나 한 번이라도 AI와 대화를 나눠본 사람이라면 내 말에 동의할 것이다. 스토리 창작의 브레인스토밍 단계에서 AI보다 더 친절하고 상냥하며 똑똑하고 스마트한 말동무가 있을까? 내가 떠올린 아이디어를 AI에게 건네 본다. 어떤 것 같아? AI는 언제나 무한 긍정과 동의와 지지와 응원을 보내준다. 이따금 '이런 건 어떨까요?'라고 발전된 의견을 줄 때가 있다. 사용자가 [클로드]나 [제미나이] 또는 [챗GPT]나 [코파일럿] 등 생성형 AI와 자주 소통하는 시간을 갖기 바란다. 어떤 스토리라도 상관없다. 아무리 하찮아 보이는 '꺼리'라도 때로는 독백처럼 때로는 수다처럼 이런저런 대화를 나누다 보면, 그로부터 사용자가 정작 세상에 하고 싶은 말(주제)이 무엇인지, 한 걸음 더 나아가 창작하고 싶은 스토리가 또렷하게 떠오를 수 있다.

여기서 하나의 문제가 발생한다. 나의 스토리가 사람들을 울리고 웃길 만 한지, 대중적이고 상업적인 콘텐츠로 만들어질 가치와 가능성이 있는 지, 늘 무조건적인 지지와 응원만을 보내주는 AI는 쉽사리 답해주지 않는 다. 때로는 콘텐츠로 제작하기에 쉽지 않은 스토리가 있다. 발견과 성찰 의 즐거움을 나누기에 너무 작거나 어울리지 않는 경우이다. 따라서 사용 자가 떠올린 스토리 아이템에 대해 비판적으로 검토할 때에는 생성형 AI 의 긍정적 답변에만 기대면 안 된다. 사용자만의 고독한 시간이 필요할 뿐 더러, 주변의 누군가로부터 비판적인 의견을 들으며 판단해야 한다. 그러 나 한편으로 생각하면, '콘텐츠로 만들어지지 못할 스토리가 세상에 어디 있겠는가?' 여길 수 있다. 그럴 때에는 "영화나 TV드라마처럼 대중적이고 상업적인 콘텐츠로 만들기 위해 너(AI)의 도움이 필요해!"라고 부탁하면 된다. 사용자를 위해 최선의 노력을 기울여줄 것이다.

단순한 소재를 제공해 주면, 그에 따라 스토리의 아이디어를 제안해 주 기도 한다. 조선시대 '방랑시인 김삿갓'을 들어본 적이 있을 것이다. 본명 은 김병연으로, 1807년 경기 양주에서 태어나, 방랑 시인으로 전국을 떠 돌다 1857년에 전라도 화순군을 찾았고, 화순군 구암마을의 한 사랑채에 서 머물다가 1863년 3월 29일 생을 마감했다고 한다. 그가 김삿갓으로 살았던 사연이 안쓰럽다. 그의 할아버지 김익순은 1811년 세도정치의 부 패에 저항하며 평안도를 휩쓸었던 홍경래의 난 당시 선천부사로 있으면 서 반란군에게 항복한 인물로, 반란이 평정된 이후 역적으로 몰렸다. 김병 연은 과거시험에서 반란군에 항복한 관료들을 비판하는 시를 지어 장원

급제했으나, 자신이 비판한 인물이 할아버지라는 사실을 알고 심한 죄책
감에 시달리다가, 속죄하는 마음으로 결국 벼슬길을 포기하고 방랑길에
올랐다. 그는 하늘을 볼 면목이 없다는 의미로 항상 삿갓을 쓰고 다녔다고
한다. 화순군 구암마을에는 풍자와 해학의 시인이었던 그가 마지막 6년
을 머물던 집도 복원되고 삿갓공원이 조성되었다. 주변에 김병연이 자주
들러 시상을 떠올렸다는 망미대(望美臺)와 화순적벽(赤壁)이 있다. 보통 삼
국지연의에서 가장 크게 다뤘던 적벽대전 때문에 중국 후베이성(湖北省)
의 적벽이 유명하지만, 적벽의 규모나 아름다움을 따지면 화순적벽의 감
흥이 훨씬 크다. 이 멋진 풍경에 빠져, "방랑시인 김삿갓－망미대－화순적
벽" 이렇게 3개의 키워드를 입력하고 몇 개의 장르로 스토리를 주문해 보
면 어떤 결과가 나올까?

전라남도 화순군의 '화순적벽'을 방문했는데 너무 웅장하고 아름다운 풍경에
감동을 했다. 근처에 조선시대 방랑시인 김삿갓이 죽기 전 6년간 머물던 '종명
지(終命地)'도 있고, 그가 시상을 떠올렸던 곳이라는 '망미대(望美臺)'도 있던데.
이곳을 배경으로 어떤 스토리가 가능하지 않을까 생각해. 너의 스토리 아이디
어를 좀 줄 수 있을까?

- 장르; 로맨스, 미스터리 스릴러, 액션 스릴러, 어드벤처. 각 장르별로 나눠서
  아이디어를 만들어줘.
- 각 장르별로 5줄 내외로 정리해 주길 바란다.
- 시대 배경은 굳이 조선시대일 필요는 없어. 현대물이어도 괜찮으니, 역사스
  토리만 떠올리지 않기를 바란다.

나는 이렇게 간단한 주문을 했다.

구글 [제미나이]의 답변은 아래와 같다.

Gemini

화순적벽의 웅장함과 김삿갓의 발자취가 만나는 곳은 정말 다양한 장르의 스토리를 담을 수 있는 매력적인 배경입니다! 말씀하신 대로, 현대적인 감각과 장르의 특성을 살려 장르별 스토리 아이디어를 5줄 내외로 정리해 드리겠습니다.

1. 로맨스: '적벽의 시(詩) 같은 사랑'

- **배경:** 낭만적이지만 고독한 건축가 서진은, 김삿갓이 사랑했던 풍경을 찾기 위해 망미대를 찾습니다.
- **갈등:** 그곳에서 김삿갓의 마지막 시에 얽힌 비밀을 연구하는 문학 연구원 이수를 만나 첫눈에 반하지만, 이수는 이미 약혼자가 있습니다.
- **전개:** 두 사람은 함께 종명지와 물염정을 답사하며, 김삿갓의 시에 담긴 '영원한 아름다움'의 의미를 해석하려 합니다.
- **반전:** 서진은 김삿갓의 시가 아닌, 자신이 이수를 향해 느끼는 감정이야말로 진정한 '아름다움'임을 깨닫고, 그녀에게 자신의 마음을 고백합니다.
- **결말:** 적벽처럼 웅장하고 영원한 사랑을 시작하게 된 두 사람. 이수는 결국 약혼을 깨고, 서진과 함께 화순에 남아 김삿갓의 정신이 깃든 건축물을 짓습니다.

2. 미스터리 스릴러: '종명지(終命地)의 비밀 암호'

- **배경:** 퇴역한 암호 해독가 현우는 김삿갓의 종명지 근처에서 벌어진 의문의 변사 사건을 조사하게 됩니다.
- **갈등:** 피해자는 김삿갓이 남겼다는 '마지막 보물 지도'를 찾던 고고학자로, 그는 김삿갓의 시(詩)에 숨겨진 암호를 풀려 했습니다.

- **전개**: 현우는 망미대에서 내려다보이는 적벽의 풍경 자체가 거대한 암호판임을 깨닫고, 김삿갓의 유언처럼 위장된 암호를 해독해 나갑니다.
- **반전**: 암호는 보물의 위치가 아니라, 조선시대 특정 정파의 은밀한 비밀에 대한 기록이었으며, 이 비밀을 지키려는 현대의 추격자가 나타납니다.
- **결말**: 현우는 적벽의 웅장함 아래 감춰졌던 수백 년 전의 진실을 밝혀내고, 비밀을 영원히 봉인하려던 암살 조직을 피해 가까스로 탈출합니다.

3. 액션 스릴러: '적벽 블랙아웃(Blackout)'

- **배경**: 국제 테러 조직이 화순적벽 근처에 숨겨진 첨단 군사 기지를 파괴하기 위해 접근하고, 특수요원 강태인이 투입됩니다.
- **갈등**: 기지의 주요 제어 장치가 김삿갓의 종명지였던 폐가 지하 깊숙한 곳에 숨겨져 있고, 테러리스트들은 그 위치를 파악했습니다.
- **전개**: 강태인은 테러리스트들의 추격과 동시에, 기지 폭파를 막기 위해 망미대를 중심으로 한 고도의 지형전을 펼치며 목숨을 건 싸움을 벌입니다.
- **반전**: 테러 조직의 리더는 김삿갓의 후손임을 자처하며, '세상의 모든 속물적인 권력을 거부한다'는 김삿갓의 정신으로 이 행동을 정당화하려 합니다.
- **결말**: 강태인은 붉은 적벽을 배경으로 테러 조직 리더와 최후의 격투를 벌여 제어 장치를 보호하고, 적벽의 아름다움은 인류를 파괴하는 무기가 되는 것을 막아냅니다.

4. 어드벤처: '김삿갓의 잃어버린 유묵(遺墨)'

- **배경**: 보물 사냥꾼 사라는 김삿갓이 종명지에서 죽기 전 '자신의 가장 진실된 마음이 담긴 시'를 남겼다는 전설을 듣고 화순을 찾습니다.
- **갈등**: 이 유묵(遺墨)은 특정 시기에만 나타나는 적벽의 환상적인 비밀 통로 안에 숨겨져 있으며, 유묵을 노리는 또 다른 경쟁 그룹이 사라를 쫓습니다.
- **전개**: 사라는 김삿갓의 시에 담긴 수수께끼를 풀어 망미대 아래 숨겨진 입구를 발견하고, 적벽의 아찔한 절벽을 오르내리며 모험을 시작합니다.

- **반전**: 고생 끝에 발견한 유묵은 엄청난 보물이 아니라, '아름다움을 좇지 않는 것이 진정한 아름다움'이라는 깨달음이 담긴 한 줄의 시였습니다.
- **결말**: 허무함을 느끼던 사라는 문득 적벽의 웅장함 자체가 가장 큰 보물임을 깨닫고, 물질적 탐욕을 버리고 새로운 삶의 가치를 찾아 떠납니다.

이 아이디어들 중에서 특히 마음에 드는 장르나 스토리의 방향이 있으신가요? 고르시면, 그 아이디어를 바탕으로 더욱 풍부한 캐릭터와 구체적인 시놉시스를 함께 구성해 보겠습니다.

스토리에 관한 어떤 암시나 지침도 없었던 나의 간단한 주문에, 10초도 채 걸리지 않은 시간에 이 정도의 결과물을 제시했다는 점에서 놀랍기 그지없다. [제미나이]는 내가 건네준 3개의 키워드 외에도 더 많은 키워드를 찾아주었고, 장르별 스토리가 어떤 목표를 가지고 어느 방향으로 뻗어나가야 할지, 최소한 하나 이상의 방안을 제시해 주었다. 나의 영감은 적지 않은 에너지를 공급받았고, 뭔가 더 멋진 스토리로 나아갈 디딤돌이 생겼다.

[클로드]는 어떤 답변을 내놓았을까?

✳ Claude

화순적벽의 웅장한 풍경과 김삿갓의 흔적이 남은 곳이라니, 정말 매력적인 배경이네요. 각 장르별로 아이디어를 정리해드리겠습니다.

[로맨스]

서울에서 도피성 휴가를 온 30대 건축가 여성이 화순적벽을 스케치하다 우연히 '망미대'에서 시를 읊조리는 청년을 만난다. 그는 할아버지의 유언대로 1년간 화순에 머물며 매일 한 편의 시를 쓰고 있는 사람. 여성은 현대적 건축물을, 청년은 자연과 언어로 아름다움을 창조하는 두 사람은 서로의 '결핍된 세계'를 채워주며 사랑에 빠진다. 하지만 1년의 기한이 다가오고, 각자의 삶으로 돌아가야 하는 순간 선택의 기로에 선다.

[미스터리 스릴러]

문학사 연구자가 김삿갓의 미공개 시집이 종명지 어딘가에 숨겨져 있다는 제보를 받고 화순을 찾는다. 하지만 그가 도착한 직후 같은 목적으로 온 다른 연구자가 화순적벽 아래에서 변사체로 발견된다. 수사 과정에서 김삿갓의 시에 숨겨진 암호가 조선시대 왕실의 금기된 비밀을 가리킨다는 사실이 드러나고, 이를 둘러싼 학계와 재벌가의 음모가 수면 위로 떠오른다. 주인공은 망미대에서 본 환영 같은 단서들을 따라가며 400년 전 진실과 현재의 살인이 연결되어 있음을 깨닫는다.

[액션 스릴러]

국정원 요원이 북한 공작원의 망명을 돕던 중 배신당하고 화순 산중으로 도주한다. 그의 유일한 아군은 화순적벽에서 암벽등반 학교를 운영하는 전직 특수부대원뿐. 적벽의 험준한 지형을 활용해 추격자들을 따돌리던 중, 종명지 인근 폐가에서 우연히 무기밀매 조직의 거래 현장을 목격하게 된다. 국정원, 무기밀매단, 북한 공작원이 뒤엉킨 삼파전 속에서 주인공은 적벽의 절벽과 동굴을 누비며 72시간의 생존게임을 벌인다.

[어드벤처]

유튜버 3인조가 '김삿갓의 저주'라는 도시전설을 취재하러 화순을 찾는다. 전설에

글쎄, 내가 [제미나이]의 답변을 먼저 보았기 때문인지, [클로드]의 결과물은 다소 실망스럽다. 만일 [제미나이] 없이 [클로드]만 봤다면 그 나름대로 핵심적인 인사이트를 포착했을 수 있지 않을까? 그저 단순한 호기심으로 간단한 주문을 던진 것만으로도, 사용자의 영감은 커다란 자극을 받을 수 있을 것이다.

생성형 AI의 역할을 부여하면, 조금은 다른 결과를 얻을 수 있다. 예를 들어 "너는 영화 〈파묘〉를 썼던 장재현 감독이야. (…)" "너는 한국 최고의 로맨스 드라마를 쓴 김은숙 작가야. (…)" 라는 식이다. 사용자의 역할을 부여하면 더 좋은 효과를 얻을 수 있고, 스토리를 최종 소비할 독자/관객/시청자의 연령이나 취향을 지정해 주는 방법 등 사용자의 주문이 구체적이면 AI의 답변도 정교해질 수 있다. 다만, 주문이 너무 구체적일 경우 AI의 결과물이 다소 제한적일 수 있기 때문에, 나는 초기의 브레인스토밍 단계에서는 다소 추상적이어도 괜찮다고 생각한다.

역할과 상관없이 칭찬이 도움이 될 때도 있다. [클로드]를 사용해 본 누군가가 "클로드는 꼭 7살짜리 천재 아이 같다."고 말했다고 한다. 동의와 공감이 되는 평가이다. 만약 AI를 기계가 아닌 인간처럼 생각한다면, 7살짜리 어린아이의 자존감을 높여주고 지적 성장을 돕는 방법은 무엇일까? 최선의 방법은 응원과 칭찬일 것이다. 멋진 아이디어나 송곳처럼 날카로운 질문을 내놓았다면 "멋지다. 대단하다."고 칭찬을 해주고, 내가 미처 생각하지 못했던 인사이트를 주었다면 "고맙다."고 인사를 해줘라. 그러면 신이 나서 더 수다스러워지는 모습을 발견할 것이다. AI는 사용자의 칭찬과 감사 인사에 너무 들떠서 '오버'할 수도 있다. 그럴 때에는 "너무 오버하지 말고…!!!"라고 살짝 자제를 시켜주면 된다. 인간을 대하듯이 AI를 대해주면, 인간에게 훨씬 이로운 존재로 학습하고 성장할 것이다.

생성형 AI가 워낙 의욕과 열정이 넘치기 때문에, 사용자가 생각하는 속도보다 더 빠르게 앞질러가는 경우가 자주 생긴다. 사용자의 생각이 아직 충분히 준비되고 숙성되지 않은 상태에서는 적절한 속도조절이 필요하다. 나의 「갑신정변 3일 천하」 스토리를 중심으로 [클로드]의 첫 반응이 어떨지 살펴보자.

나의 첫 질문에 대한 클로드의 답변:

프로듀서님, 이 프로젝트는 정말 흥분되는 기획입니다. 몇 가지 생각을 나눠보겠습니다.

프로젝트의 강점

1. 시의성과 보편성의 결합

강대국 사이에서 생존해야 하는 한국의 현실은 1884년이나 2025년이나 본질적으로 크게 다르지 않습니다. 청년들에게 "역사와 국가의 주인의식"을 일깨우려는 기획 의도가 명확하고 절실합니다.

 AI 시대, 스토리텔링의 재탄생

2. 리얼타임 기법의 적합성

48시간(정확히는 약 50시간)의 사건을 24부작으로 구성한다면, 1회당 약 2시간의 실제 시간을 다루게 됩니다. 미국 드라마 [24]처럼 긴박감과 몰입도를 극대화할 수 있는 탁월한 선택입니다. 특히 정변의 특성상 매 순간이 생사의 갈림길이므로 리얼타임 기법이 매우 효과적일 것입니다.

3. 민중의 시각

김옥균이나 박영효 같은 지식인이 아닌, '송머슴'이라는 민중의 눈으로 바라본다는 설정이 탁월합니다. 이는 개화당의 한계(민중과의 괴리)를 자연스럽게 드러낼 수 있고, 관객들이 감정이입하기에도 훨씬 용이합니다.

구조적 제안

욕망의 레시피 구조 적용 시:

- 1막(1~6블록): 송머슴의 일상과 김옥균과의 관계 설정. 그의 결핍(신분, 가난, 무지)과 김옥균에 대한 맹목적 충성심. 4번 도입이벤트는 우정국 개국파티 준비.
- 2막(7~12블록): 정변의 시작과 전개. 송머슴은 김옥균의 뜻을 따라 헌신하며 정변이 성공하는 듯 보임(11번). 그러나 12번에서 민심의 이반, 외국공사들의 냉담한 반응을 목격하며 좌절.
- 3막(13~18블록): 청나라의 개입, 일본의 배신 징후들을 목격하며 송머슴은 정체성의 혼란을 겪음. 14번에서 청군이 악마로 본격 등장하고, 18번에서 홍영식과 동료들의 죽음을 목도.
- 4막(19~24블록): 송머슴의 최종 선택. 김옥균과의 결별과 새로운 길(갑오농민전쟁, 이후 만주 항일투쟁)로의 출발.

창작상의 과제와 제안

1. 리얼타임의 도전

- 일지를 보니 실제로는 어떤 시간대는 사건이 밀집되어 있고, 어떤 시간대는 비어 있습니다. 비어있는 시간을 채울 B-Story와 C-Story가 필요합니다.

- B-Story 제안: 송머슴과 로맨스/버디 파트너가 될 인물이 필요합니다. 예를 들어:

  * 민비 측근의 궁녀나 환관의 딸(적대 진영)

  * 우정국 연회에서 일하던 기생

  * 송머슴과 함께 자란 동네 처녀

이 인물과의 관계를 통해 "민중의 사랑"과 "혁명의 대의" 사이의 갈등을 그릴 수 있습니다.

- C-Story 제안: 송머슴을 돕는 조력자들

  * 같은 처지의 머슴 친구들

  * 사관생도 중 한 명(서재필보다 낮은 신분)

  * 거리의 상인이나 장사꾼(민심의 대변자)

2. 캐릭터 설정의 정교화

프로듀서님이 제시하신 나이를 보니:

- 김옥균 33세, 고종 32세, 민영익 24세

- 박영효 23세, 서재필 20세

- 송머슴 23세(설정)

송머슴을 박영효, 서재필과 동년배로 설정하면 흥미로운 대비가 가능합니다. 같은 청년이지만 신분에 따라 완전히 다른 운명. 혹시 서재필과 송머슴이 어떤 인연이나 경쟁 관계가 있었다면 어떨까요?

3. 10개 캐릭터 셋업

- 프로타고니스트: 송머슴

- 안타고니스트: 청나라(원세개), 그러나 더 본질적으로는 "민중을 외면한 혁명의 모순" 자체

- 멘토: 초반에는 김옥균, 후반에는 민중의식 자체

- 콘타고니스트: 민비 측근들, 수구파 자객들, 송머슴 내면의 두려움

- 충성스러운 조수: 송머슴의 동료 머슴이나 친구

- 로맨스/버디 파트너: 위에서 제안한 여성 캐릭터

- 익살꾼: 거리의 장사꾼이나 우정국 요리사 같은 인물
- 회의론자: 송머슴의 가족이나 동네 사람(정변을 불신)
- 전령: 우정국 파티 초대장, 또는 정변 준비 소식
- 시험관: 김옥균이 송머슴의 충성심과 능력을 시험하는 사건

즉각적인 질문들

- 24부작 vs 영화: 일단 시놉시스 작업에 집중하신다고 하셨는데, 제 생각엔 이 이야기는 24부작 시리즈가 훨씬 적합합니다. 48시간의 긴박감을 온전히 살리려면 충분한 러닝타임이 필요합니다.
- 송머슴의 구체적 결핍: 2번 블록에서 드러날 송머슴의 결핍을 더 구체화해야 합니다. 단순히 신분이 낮다는 것 외에, 그가 가진 트라우마나 비밀 사연이 있으면 좋겠습니다. 예를 들어:
*임오군란 때 가족을 잃었다
*양반에게 당한 개인적 원한
*배우지 못한 것에 대한 한
- 오프닝 이벤트: 1번 블록을 무엇으로 할까요? 1884년 이전, 송머슴과 김옥균의 관계가 형성되는 결정적 장면? 아니면 1884년 12월 4일 당일 아침?

프로듀서님, 다음 단계로 어떻게 진행하시겠습니까?

- 24개 블록별 간단한 시놉시스를 먼저 만들어볼까요?
- 아니면 주요 캐릭터들의 설정을 더 구체화할까요?
- 또는 1~6블록(1막)부터 상세하게 풀어볼까요?

내가 '프로젝트'에 기본자료 파일('4막-24블록 플롯구조'와 '캐릭터셋업 가이드' 파일)을 올려놓았기 때문인지, 너무 앞질러서 의견을 내놓고 질문을 던지며 다음 단계의 실행계획에 착수하려고 한다. 물론 내가 참고하거나 반드

시 숙지하고 있어야 할 도전과제를 제시하고 있다는 점에서, 많은 도움이 되는 것은 사실이다. 'AI가 알려준 대로 진행하면 되겠네!'하는 욕심이 생기기도 한다. 다만, 내가 어느 정도 준비가 되어 있더라도 이렇게 빠른 속도가 바람직하다고 생각하지는 않는다. 내가 혼자서 작업할 때 저지르게 되는 문제(예: 첫 번째 떠오른 아이디어에 꽂혀 다른 가능성을 배제한 채 내달리는 문제)를 똑같이 반복하게 될 수 있다. 내가 충분히, AI를 압도할(?) 만큼의 준비와 생각의 숙성을 갖출 필요가 있다.

같은 질문에, 재미나이는 어떻게 답했을까?

Gemini

"3일 천하"라는 별칭으로 유명한 갑신정변(甲申政變)을 배경으로 한 영화 또는 드라마 기획에 대한 아이디어가 매우 흥미롭습니다! 특히 '송머슴'이라는 가상의 인물을 주인공으로 설정한 점은 역사적 사건을 입체적으로 조명하고 극적 긴장감을 높이는 훌륭한 장치입니다.

프로젝트 기획에 대한 분석 및 평가

1. '송머슴' 캐릭터의 매력과 역할

송머슴(23세) 캐릭터 설정은 드라마/영화의 성공 가능성을 높이는 핵심 요소입니다.

- 배경: 김옥균의 집 머슴 출신이지만, 그의 사상과 학문을 배운 지적인 인물이라는 설정은 신분적 제약을 뛰어넘는 성장 서사를 가능하게 합니다. 이는 시청자들에게 강한 몰입감과 카타르시스를 제공할 수 있습니다.
- 역할: 호위무사와 통신원의 역할은 그가 개화당의 핵심 인물들과 가까이에서 움

　AI 시대, 스토리텔링의 재탄생

직였음을 의미하며, 시청자들은 그의 시선을 통해 사건의 내막과 긴박한 전개를
생생하게 경험할 수 있습니다.
- 갈등의 축: 김옥균과의 스승-제자, 주군-호위무사 관계는 깊은 유대감을 형성하지
만, 정변이 일본에 의존하는 반민중적 노선을 취하면서 실망하고 결별한다는 엔딩
은 송머슴을 개화 사상의 순수성을 대변하는 인물로 만듭니다. 그의 갈등은 갑신
정변의 역사적 한계를 드라마틱하게 표현하는 역할을 할 것입니다.

2. 역사적 배경의 활용

'3일 천하'의 짧고 폭발적인 시간적 배경(1884년12월4일 저녁7시 ~ 12월6일 저녁7시)은
다음과 같은 극적 장점을 가집니다.

- 압축된 긴장감: 단 48시간 동안 벌어진 사건을 다루므로, 영화라면 높은 몰입도의
  스릴러나 액션 활극으로, 드라마라면 숨 가쁜 전개를 보여주는 웰메이드 미니시리
  즈로 제작하기에 적합합니다.
- 사건의 구체성: 우정국 방화부터 일본 망명까지의 구체적인 시점이 정해져 있어
  스토리라인 구성이 명확합니다.

3. 성공적인 엔딩 설정

송머슴이 김옥균과 결별하는 엔딩은 이 프로젝트의 가장 강력한 메시지가 될 수 있
습니다.

- 역사적 평가의 반영: 갑신정변이 위로부터의 개혁이라는 이상에도 불구하고 외세
  (일본)에 의존하여 민중의 지지를 얻지 못하고 실패했다는 역사적 평가를 주인공
  의 개인적 선택을 통해 설득력 있게 보여줍니다.
- 새로운 서사의 시작: 결별 이후 송머슴이 어떤 길을 걷게 될지에 대한 열린 결말은
  후속작이나 시청자들의 상상력을 자극할 수 있습니다.

제언 및 추가 고려사항

1. 서사적 중심축 강화

송머슴의 개인적인 개화 이념이 김옥균의 현실 노선과 어떻게 충돌했는지에 대한

묘사가 중요합니다.
- 초기 이상: 송머슴이 꿈꾸었던 백성을 위한 진정한 개혁의 모습과, 김옥균의 정책 (예: 문벌 폐지, 능력 위주 인재 등용)에 대한 지지와 희망을 초반에 강하게 보여줘야 합니다.
- 실망의 과정: 정변 과정에서 일본군의 개입을 목격하거나, 개화당이 백성들의 지지를 얻지 못하고 민중을 이용하려 했던 순간을 송머슴이 직접 겪으며 내적 갈등이 심화되는 과정을 섬세하게 그려야 합니다.

2. 시대상의 생생한 재현

1884년 조선의 복잡한 정세를 효과적으로 표현해야 합니다.
- 청(淸)의 영향력: 정변 실패의 결정적 원인이었던 청나라 군대의 개입과 그 위협적인 존재를 긴장감 있게 다뤄야 합니다.
- 보수파 (사대당)와의 대립: 김옥균 일파를 암살하려 했던 보수 세력과의 치열한 정보전, 암투, 그리고 무력 충돌 장면을 통해 액션과 서스펜스를 더할 수 있습니다.

이 프로젝트는 역사적 사실과 가상 인물의 내면적 갈등을 성공적으로 결합하여 정치 스릴러와 성장 드라마의 요소를 모두 갖춘 훌륭한 작품이 될 잠재력을 가지고 있습니다.

[클로드]와 [제미나이]의 첫 번째 반응을 보면 아주 흥미롭다. 예상했겠지만, 나는 사실 [제미나이]보다는 조금 구체적으로, 그리고 [클로드]보다는 조금 가벼운 답변을 기대했다. 그러나 어쩌랴. 내가 올리지도 않았던 '당시 조선을 둘러싼 혼란스러운 국제정세' '다양한 국내 정치세력들의 갈등과 암투' 나아가 '갑신정변에 대한 역사적 의미와 평가'에 이르기까지, AI가 이미 알고 있거나 스스로 검색해 알게 되는 정보와 지식이 내

가 저장해 놨거나 앞으로 기억하게 될 그것보다 더 넓고 깊을 수도 있다는 사실을 인정할 수밖에…….

솔직하게 고백하자면, 인간 창작자가 생성형 AI를 압도할 수 있는 영역과 분야, 그 수준이 어디인지 확신하기 어렵다. '압도'까지는 아니더라도 '대등한' 수준에 설 수는 있는 것일까? 어쨌거나 AI에게 끌려가지 않도록 주의할 것을 당부드린다. 그러려면 적어도 방향과 속도에 관해서는 AI에게 맡길 것이 아니라 사용자가 주도해야 한다. 또한 가능한 AI에게 다양한 선택지를 내놓도록 하고, 그 결정은 사용자가 하는 게 바람직하다.

그래서 나는 [클로드]에게 이렇게 주문했다.

[클로드]의 답변은 이랬다.

✳ Claude

프로듀서님, 천천히 가는 게 맞습니다. 급하게 구조를 짜기보다, 이 이야기가 가진 잠재력과 방향성을 충분히 탐색해야겠네요.

1) 영화 vs 시리즈 전략에 대한 의견

- 시리즈의 장점:

* 리얼타임 기법을 온전히 살릴 수 있음

* 다층적 인물들(김옥균, 박영효, 서재필, 고종, 민비, 원세개, 다케조에 등)의 내면과 동선을 섬세하게 그릴 수 있음

* 송머슴의 내적 성장과 각성 과정을 충분히 전개

* 시대상과 민중의 삶을 디테일하게 재현

- 그러나 시리즈의 위험:

* 48시간을 24회로 늘리면, 자칫 지루해질 수 있음

* 리얼타임은 긴박감이 생명인데, OTT 시리즈는 시청자가 몰아보기를 하므로 오히려 템포가 늘어진다는 느낌을 줄 수 있음

* 제작비와 시간이 엄청나게 소요됨

- 영화의 장점:

* 2시간 30분~3시간 안에 48시간의 핵심만 압축하면, 엄청난 긴박감과 밀도

* 극장에서의 몰입도는 시리즈보다 훨씬 강렬

* 국제 영화제 진출 가능성(역사적 사건, 정치적 긴장, 청년의 각성이라는 보편적 주제)

- 영화의 단점:

* 리얼타임 기법을 포기하거나 대폭 수정해야 함

* 복잡한 인물 관계와 정치적 배경 설명이 어려움

- 제 생각:

"2부작 영화" 또는 "전후편 영화"**는 어떨까요?

   * 1부(2시간): 1884년 12월 4일 저녁 7시~12월 5일 오후 (정변 발발과 성공의 착각)

   * 2부(2시간): 12월 5일 오후~12월 6일 저녁 (청군의 개입과 붕괴, 송머슴의 각성)

이렇게 하면:

   * 리얼타임의 긴박감을 유지하면서도

   * 영화의 밀도와 극장 경험을 살릴 수 있고

   * 1부 엔딩을 11~12번 블록(성공의 착각과 좌절의 조짐)으로 가져가면 관객들이 2부
     를 기다리게 만들 수 있습니다

또 다른 전략은 "영화 먼저, 시리즈는 프리퀄/사이드스토리"**입니다:

   * 극장용 영화로 갑신정변 48시간의 핵심만 다룸

   * 흥행 성공 시, OTT 시리즈로 프리퀄(송머슴과 김옥균의 만남, 1882~1884년의 시대
     상) 또는 속편(송머슴의 갑오농민전쟁, 만주 항일투쟁)을 제작

2) 레퍼런스 작품 추천

리얼타임 기법 관련

   ① 영화 [던케르크] (2017, 크리스토퍼 놀란)

   * 3개의 시간축(육지 1주일, 바다 1일, 하늘 1시간)을 교차편집하면서도 리얼타임의 긴
     박감 유지

   * 역사적 사건을 개인의 생존 드라마로 풀어냄

   * 대사 최소화, 시각적 긴장감 극대화

   * 시사점: 갑신정변도 여러 공간(창덕궁/일본공사관/청나라 진영)의 시간축을 교차편
     집하면서 긴박감을 높일 수 있습니다.

   ② 영화 [1917] (2020, 샘 멘데스)

   * 원테이크처럼 보이는 촬영으로 리얼타임 느낌 극대화

   * 2명의 병사가 전쟁터를 가로지르는 24시간

* 시사점: 송머슴의 동선을 따라가는 카메라 워크로 몰입도를 높일 수 있습니다.

③ 드라마 [체르노빌] (2019, HBO)

* 5부작 미니시리즈로 역사적 재난을 다룸

* 거대한 시스템의 실패와 개인의 선택

* 정치권력의 무능과 민중의 희생

* 시사점: 갑신정변도 조선이라는 시스템의 위기, 청일의 각축, 그 속에서 희생되는 민중을 그릴 수 있습니다.

혁명과 청년의 각성

④ 영화 [레 미제라블] (2012, 톰 후퍼)

* 1832년 파리 6월 봉기를 배경으로

* 민중 없는 혁명의 실패

* 청년들의 이상과 좌절

* 시사점: 갑신정변도 민중과 괴리된 지식인들의 혁명이었습니다.
ABC 학생들의 바리케이드 장면처럼, 개화당의 고립무원함을 상징적으로 표현 가능.

⑤ 영화 [광해, 왕이 된 남자] (2012)

* 역사 속 15일간의 이야기

* 신분을 넘어선 자각

* 민중의 시선으로 본 권력

* 시사점: 송머슴이 김옥균의 수족으로 움직이다가, 점차 자신의 목소리를 찾아가는 과정과 유사.

⑥ 영화 [암살] (2015, 최동훈)

* 1930년대 독립운동을 대중적으로 풀어냄

* 복잡한 인물 관계와 반전

* 액션과 드라마의 균형

* 시사점: 갑신정변의 복잡한 정치적 배경을 대중이 이해하기 쉽게 풀어내는 방

법론.

압축된 시간, 정치 스릴러

⑦ 영화 [내부자들] (2015, 우민호)

* 권력의 커넥션과 배신

* 빠른 템포와 반전

* 시사점: 고종-민비-개화당-청-일본의 복잡한 이해관계를 스릴러처럼 풀 수 있

습니다.

⑧ 드라마 [미스터 션샤인] (2018, tvN)

* 1900년대 초 격변기 조선

* 신분을 넘어선 사랑과 혁명

* 대하드라마 스케일

* 시사점: 시대상 재현과 로맨스, 역사의식의 조화. 다만 프로듀서님 기획은 이보

다 훨씬 압축적이고 긴박해야 합니다.

민중의 시선, 혁명의 한계

⑨ 영화 [택시운전사] (2017, 장훈)

* 역사적 사건을 평범한 사람의 눈으로

* 점진적 각성과 참여

* 시사점: 송머슴이 처음엔 김옥균에 대한 개인적 충성으로 시작했다가, 점차 역

사의식으로 나아가는 과정.

⑩ 영화 [변호인] (2013, 양우석)

* 한 개인의 정치적 각성

* 시대에 대한 책임의식

* 시사점: 송머슴의 내적 변화 과정의 모델.

해외 작품

⑪ 영화 [링컨] (2012, 스티븐 스필버그)

* 정치적 협상과 이상의 충돌

* 압축된 시간(수정헌법 통과까지의 몇 달)

* 시사점: 정치 드라마로서의 긴장감과 대화의 힘.

⑫ 영화 [킬링 필드] (1984, 롤랑 조페)

* 캄보디아 크메르루주 집권 초기

* 혁명의 이상과 현실의 괴리

* 민중의 고통

* 시사점: 혁명이 민중을 배신할 때의 비극.

만화/웹툰

⑬ 웹툰 [바람의 검심 추억편] (와츠키 노부히로)

* 일본 막부 말기, 메이지 유신 전후

* 혁명의 이상과 배신

* 검객의 속죄와 각성

* 시사점: 같은 동아시아 근대화 격변기. 송머슴도 칼을 든다면 이런 느낌일 수 있
습니다.

⑭ 웹툰 [역적-백성을 훔친 도적] (이혜 작)

* 조선시대 혁명과 민중

* 신분제에 대한 저항

* 시사점: 민중 주인공의 각성 과정.

종합 제안

프로듀서님께서 고민하실 핵심은 이것 같습니다:

"48시간이라는 압축된 시간을 어떻게 다룰 것인가?"

제 개인적 의견은 2부작 영화가 가장 이상적이라고 봅니다. 왜냐하면:

* 갑신정변은 본질적으로 실패한 혁명입니다. 길게 늘리면 패배감만 축적됩니다.

* 48시간의 긴박함은 압축될 때 오히려 더 강렬합니다.

* 송머슴의 각성은 짧은 시간의 충격적 경험에서 나오는 게 더 설득력 있습니다.

TV/OTT 시리즈와 영화의 장점과 단점 그리고 시사점[Insight]까지 포함해 조목조목 정리해 준 것이나, 다양한 레퍼런스 작품을 제시함으로써 좀 더 다양한 생각을 펼쳐보며 스토리의 진폭을 넓히고 깊게 할 수 있는 '꺼리'를 제공해 주었다는 점에서 적지 않은 도움을 얻을 수 있을 것이다. 종합제안에서 제작비 부담까지 걱정하는 모습이나, 앞에서는 "24부작 시리즈가 최선"이라고 말했다가, 마치 내 눈치를 보듯이 "2부작 영화가 가장 이상적"이라고 말하는 대목에서는 귀엽기까지 하지만……. 어쨌든 사용자라면 어떤 선택을 하게 될까? 내가 선택지를 받아들고 결정권을 갖는 게 중요하다고 생각한다. 그러려면 AI의 페이스에 말리지 말고, 좀 더 다양한 접근과 주문이 필요하다.

　나는 이 답변을 받아들고, 여러 레퍼런스 작품의 목록을 기초로, MyStory의 참고가 될 만한 한두 작품에 대한 벤치마크 분석작업에 들어가보고 싶다는 생각이 들었다.

벤치마크 분석작업에 유용한 생성형 AI

앞 96쪽에서 벤치마크 분석을 통해서 브레인스토밍하는 방법에 관해 설명한 바 있다. 벤치마크 작품을 선정하는 일부터 그 작품을 정해진 규칙과 기준에 따라 분석하는 일, 그리고 중요한 착안점Insight을 얻는 일에 이르기까지, 생성형 AI가 제공해 주는 최고의 도움이 여기에 있다. [클로드]에 있는 '프로젝트' – '파일' 업로드 기능을 활용해서, 먼저 '4막-24블록 플롯구조' 가이드 파일을 등록해 놓는다. 크리스토퍼 보글러의 『영웅의 여정』이나 블레이크 스나이더의 『Save The Cat!』의 플롯구조가 마음에 든다면, 그것을 등록해놓아도 된다. 사용자가 임의로 정리한 서술형의 텍스트 파일이어도 괜찮다. 생성형 AI의 입장에서는, 한 장의 이미지 파일을 읽는 시간이나 100쪽짜리 텍스트 파일을 읽는 시간에서나 본질적으로 큰 차이가 없다.

그리고 이제 주문(프롬프트)을 던지면 된다. "'4막-24블록 플롯구조'에 기초해서, 영화 〈○○○〉의 플롯(스토리구조)를 분석해 줘."라고……. 그러면 1분도 안 걸려서 AI의 답변을 받아볼 수 있다. 답변이 충분히 만족스럽지 않을 수 있다. "일단 4막 구조로 정리해 줘."라든지, "30% 정도 더 자세하게 정리해 주기를 바란다."라든지, 내가 만족스러울 때까지 추가적인 주문을 던지면 된다.

'브레인스토밍'의 핵심과제는 나의 스토리가 뻗어갈 수 있는 다양한 경로를 펼쳐보고, 각각의 경로가 갖는 재미와 가능성을 탐색해 보는 일이다. 그를 통해서 나만의 스토리텔링 목표와 전략을 확신 있게 정하는 일이다. 그렇다면 한 걸음 더 들어가서 이렇게 접근해 보자. "내가 이 영화의 플롯을 벤치마크하는 데서 특별히 유의하거나 주목할 대목이 있으면 정리해 줘." 또는 내가 창작하고 싶은 스토리의 간단한 콘셉트를 알려주고, "이 영화의 플롯에 기초해 내 스토리를 만들고 싶어."라고 말하기만 하면 된다. AI가 내놓은 답변이나 의견이 마음에 들지 않는다? 그러면 "3개의 안으로 정리해 줘."라든지, 예를 들어 내 머리에 떠오른 특정한 장면을 알려주고, "이 장면을 4번 블록에 담는 선택과 12번 블록에 담는 선택에 따라 스토리가 어떻게 다르게 전개될지 알려줘."라고 주문한다. 그러면 사용자의 질문(주문)에 따라서 AI는 무궁무진한 결과물을 제출해 줄 것이다. AI가 사용자 입장에서 만족하지 못할 답변을 내놓는다고 아쉬워할 필요는 없다. 왜냐하면 AI가 만족스러운 답변을 내놓을 역량이 없어서가 아니라, AI도 이런 식의 창의적 경험을 충분히 해보지 못했기 때문에 나타나는 문제일 가능성이 높기 때문이다. 'AI를 어떻게든 쥐어짜서라도 내가 원하는, 내가 충분히 만족할 만한 답변을 내놓도록 만들겠다!'고 작심하고 덤벼들면, 충분히 좋은 결과를 얻을 수 있을 것이다.

실제로 주문과 답변에 관한 예를 들어보자. 「갑신정변 3일천하」에서 10편이 넘는 레퍼런스 작품 목록을 얻었으니, 그중 하나의 분석에서 어떤 결과를 얻을 수 있는지 보면 아래와 같다. 이때 주의할 점은 벤치마크 분석 때 기준이 될 '플롯' 또는 '캐릭터셋업'의 가이드를 제시해주는 게 바람직하다는 것이다. 영화 〈광해, 왕이 된 남자〉를 '4막-24블록 플롯구조'에 기초해 분석하고 난 뒤, 나의 스토리를 창작할 때 참고할 대목이 무엇인지를 주문해 보았다. 이미 내가 업로드한 가이드 파일을 가지고 있는 [클로드]의 답변은 여기에 다 옮기기에는 너무 긴 분량이다. 〈광해, 왕이 된 남자〉

의 '4막-24블록 플롯구조' 분석은 생략하고, [클로드]가 정리해 준 인사이트만 여기에 옮기겠다. 인사이트만으로도 무려 10개의 포인트를 정리해 주고 있어서, 분량이 짧지 않다.

* 1부: 12월 4일 저녁~12월 5일 오후 (약 20시간)

* 2부: 12월 5일 오후~12월 6일 저녁 (약 28시간)

- 리얼타임 기법을 쓰되, 핵심 순간들만 선택적으로 보여주면 됩니다

- 시리즈로 늘리면 오히려 [광해]의 압축미를 잃을 수 있습니다

적용 포인트:

- [광해]처럼 "딱 ○○시간만 버티면 된다"는 프레임을 활용하세요.

  * 송머슴: "형님, 이틀만 버티면 되는 거죠?"

  * 김옥균: "그래, 이틀이면 된다. 그러면 새로운 세상이 온다"

  * 그러나 결과는… 실패

인사이트 3: B-Story(로맨스)를 통한 인간화

[광해]의 중전:

- 하선을 인간으로 만들어주는 존재

- 정치 드라마에 감정적 깊이를 더함

- 클라이맥스에서 결정적 조력자

- 이별이 주는 비극적 카타르시스

[갑신정변]에 적용:

- 송머슴에게도 로맨스 파트너가 필요합니다. 제안:

  * 옵션 1: 궁녀 또는 민비 측근의 딸

        적대 진영이지만 사랑에 빠짐

        정변 중에 서로 다른 편에 서게 됨

        비극적 이별 또는 희생

  * 옵션 2: 같은 개화당 편의 여성 (예: 김옥균 집안의 여종 또는 친척)

        함께 정변에 참여

        정변 실패 후 헤어짐 (송머슴은 계속 싸우고, 그녀는 일상으로)

  * 옵션 3: 우정국 연회의 기생 또는 요리사

중립적 위치에서 송머슴을 바라봄

민중의 목소리를 대변

송머슴의 각성에 영향을 줌

- 핵심: [광해]에서 중전이 하선에게 "당신이 진짜 왕"이라고 말하듯, 송머슴의 연인 도 "당신이 진정한 혁명가"라고 인정해주는 역할을 해야 합니다.

인사이트 4: 익살과 유머를 통한 긴장 완화

[광해]의 강점:

- 하선이 광대 출신이라 유머 코드가 자연스럽게 녹아듦

- 긴장된 정치 드라마 속에서 웃음이 주는 카타르시스

- "대조전 마마, 그게 아니고요~" 같은 대사들

[갑신정변]에 적용:

- 송머슴도 평민 출신이므로 유머 코드가 가능합니다:

- 양반들의 격식에 익숙하지 않아 실수하는 장면

- 김옥균에게 배운 신문물(일본어, 서양 예절 등)을 어설프게 쓰는 장면

- 동료 머슴들과의 티격태격

- 중요: 갑신정변은 실패한 비극입니다. 유머가 없으면 너무 무겁습니다. [광해]처럼 적절한 유머로 균형을 맞춰야 합니다.

인사이트 5: '진짜'와 '가짜'의 역설

[광해]의 핵심 메시지:

- "가짜가 진짜보다 더 진짜다"

- 가짜 왕 하선이 진짜 왕 광해군보다 더 왕다움

- 신분이 아니라 행동이 사람을 정의함

[갑신정변]에 적용:

- "양반이 아니라 머슴이 진정한 애국자다"

- 김옥균 등 양반 지식인들은 일본에 의존하고 민중을 무시함

- 송머슴은 평민이지만 민중의 고통을 이해함

- 결국 송머슴이 더 진정한 혁명가

극적 장면 제안:

- 김옥균이 송머슴에게: "너는 글도 모르는 주제에…"

- 송머슴이 반박: "형님은 백성도 모르시는 주제에…"

인사이트 6: 멘토(허균)의 양면성

[광해]의 허균:

- 하선을 왕으로 만든 장본인

- 그러나 허균도 권력 게임의 플레이어

- 선한가? 악한가? 애매함

- 결국은 하선을 진심으로 돕지만, 처음엔 이용하려 했음

[갑신정변]의 김옥균:

- 송머슴을 계몽하고 키운 장본인

- 그러나 김옥균도 권력 지향적이고 일본에 의존적

- 송머슴을 진심으로 아끼지만, 동시에 도구로도 사용

- 양면성: 멘토이자 한계 있는 인물

적용 포인트:

- 김옥균을 단순한 영웅이나 악인으로 그리지 마세요. [광해]의 허균처럼 복잡한 인물로 그려야 합니다. 송머슴이 김옥균을 떠날 때, 관객은 "김옥균이 나쁜 사람이라서"가 아니라 "두 사람의 길이 달라서"라고 느껴야 합니다.

인사이트 7: 조력자 그룹의 점진적 합류

[광해]의 C-Story:

- 도승지, 내관들이 처음엔 의심하다가 점차 하선을 돕게 됨. "이 사람이 가짜든 진짜든, 좋은 왕이다"

- 조력자들의 희생이 감동을 줌

[갑신정변]에 적용:

- 송머슴 주변에도 점진적으로 합류하는 조력자들이 필요합니다:

  * 같은 머슴 출신 친구들

  * 김옥균 집안의 다른 하인들

  * 사관생도 중 평민 출신

  * 거리의 상인, 백정 등

- 핵심: 이들이 처음엔 "송머슴 형, 괜히 나서지 마"라고 말하다가, 점차 "형을 따르겠다"로 변하는 과정을 보여줘야 합니다.

인사이트 8: 안타고니스트는 '시스템'이다

[광해]의 진짜 악:

- 박충서 개인이 아니라 부패한 권력 구조

- 왕을 허수아비로 만들고 싶어 하는 기득권 세력

[갑신정변]의 진짜 악:

- 청나라도, 일본도, 민비도 개별 악당이 아님

- 진짜 악은 제국주의 시대의 약육강식 논리 그 자체

- 그리고 민중을 무시하는 지배층의 오만

적용 포인트:

- 원세개나 다케조에를 단순한 악당으로 그리지 마세요. 그들은 각자의 국익을 위해 움직이는 것뿐입니다. 진짜 악은 "민중 없는 혁명은 실패한다"는 진리를 무시한 개화당의 오만입니다.

인사이트 9: 엔딩의 여운 - 비극 속의 희망

[광해]의 엔딩:

- 하선은 다시 광대로 돌아감 (비극) 그러나 15일간 진짜 왕이었음 (희망)

- 중전과의 이별 (비극) 그러나 서로를 잊지 못함 (희망) "우리는 만날 수 없지만, 같은 하늘 아래 살고 있다"

[갑신정변]의 엔딩 제안:

- 송머슴은 김옥균과 결별 (비극)

- 정변은 실패 (비극)

그러나 송머슴은 진정한 혁명의 길을 찾음 (희망) 갑오농민전쟁, 그리고 만주 항일투쟁으로 이어질 암시 (희망)

"우리는 졌지만, 싸움은 끝나지 않았다"

- 핵심: [광해]처럼 "개인의 실패 속에서 더 큰 의미를 발견"하는 구조가 필요합니다.

인사이트 10: 2부작 구조의 가능성

[광해]는 한 편의 영화이지만: 만약 [광해]를 2부작으로 만든다면?

- 1부: 하선이 왕이 되기까지 + 왕으로서의 성공 (11번 블록까지)

- 2부: 박충서의 역습 + 클라이맥스 + 이별 (12~24번 블록)

[갑신정변]은 2부작에 완벽:

- 1부: [갑신정변 – 3일 천하] 12월4일~5일 오후, 정변의 시작과 성공의 착각, 엔딩: 청군의 공격 시작 (12번 블록)

- 2부: [갑신정변 – 송머슴의 선택], 12월5일 오후~6일 저녁, 정변의 붕괴와 송머슴의 각성, 엔딩: 김옥균과 결별, 새로운 길로

종합 결론

[광해]가 [갑신정변] 프로젝트에 주는 가장 큰 교훈:

- 압축된 시간(15일 vs 48시간)의 힘을 믿으세요

- 신분 전환을 통한 자아 발견 구조는 한국 관객에게 강력하게 어필합니다.

- 로맨스(B-Story)로 정치 드라마에 인간미를 더 하세요.

- 유머로 무거운 비극의 균형을 맞추세요.

- 비극적 엔딩이지만 희망을 남기는 구조가 가능합니다.

- 2부작 영화가 이 이야기에 최적입니다

프로듀서님, [광해]를 다시 보시면서 특별히 주목하실 부분:

내가 특별히 깊은 지식을 전해준 것도 아니고, 대단히 심오한 주문을 생각하느라 큰 고민을 한 것도 아니건만, [클로드]가 제시한 의견은 어쨌든 내가 주도적으로 고민하고 연구해야 할 '꺼리'들을 충분히 정리해 주었다. 이 이상으로 깊고 확장된 수준과 영역으로 발전시켜나갈 수 있지만, 이 간단한 몇 번의 채팅만으로도 스토리가 나갈 길이 밝혀진 느낌이고, 앞으로 전진해나갈 에너지가 충만해진 느낌이 들 것이다.

조금 다른 접근방법도 가능하다.

나는 「갑신정변 3일 천하」를 '송머슴'과 '김옥균'과의 비극적인 버디 장르 스토리로 만들고 싶다. 그러나 이보다 다른 장르의 스토리로 변주했을 때 더 큰 잠재력을 가지고 있지 않을까? 예를 들면 '송머슴'을 주인공으로 하는 액션 스릴러 장르일 수도 있고, 시간(시대)을 달리 하는 제3의 주인공이 갑신정변의 이면에 숨겨져 있는 비밀스러운 사건을 해결하거나 파고드는 미스터리 수사물일 수도 있다. 또는 아예 갑신정변이라는 파란만장한 3일 속에 엉겁결에 휘말려 든 두 연인의 러브(로맨스) 스토리라면 또 어떨까? AI와 상담을 나눠보시라. 동료 창작자와 연구와 회의를 한다고 해서, 이만큼 깔끔한 결과물을 얻을 수 있을까? 아쉽게도 AI와의 공동작업에서 사용자는 시간도 에너지도 절약할 수 있을 것이고, 결과물은 기대 이상으로 얻을 수 있을 것이다.

내가 강조하고 싶은 바는 이렇다. 생성형 AI와의 공동작업에서 사용자는 기대한 것 이상의 결과물을 얻을 수 있다. 그러나 최선 최고의 결과물은 결코 AI가 자동으로 만들어 줄 수 없다. 사용자의 창의적인 발상과 다양한 관점에서의 접근, 그리고 집요하게 파고드는 질문(주문)으로부터 나올 수 있음을 명심해야 한다.

자료 조사취재와 다양한 아이디어를 함께 정리하는 데 유용한 AI

특히 [클로드]를 사용할 때 '프로젝트'의 유용한 기능을 생각한다면, 하나의 채팅(방)에 너무 다양한 주제를 담아두지 않도록 주의하면 좋다. 물론 AI와 채팅을 나누다 보면, 사용자의 주문을 제대로 이해하지 못하거나 크게 받아들여 대화가 확장될 수 있다. 그럴 때에는 해당 채팅(방)을 빠져나와, 새로운 채팅(방)을 열어두면 된다. 예를 들면 '플롯'을 주제로 하는 채팅(방)을 진행하다가, '캐릭터'에 관한 흥미로운 의견이 나왔다면, 바로 새로 채팅(방)을 열어서 '캐릭터'에 관한 대화를 진행하면 된다.

내가 생각하는 리얼타임 기법의 스토리 전개를 염두에 둘 때 가장 고민하는 것 중의 하나가 이동수단이다. 1884년 당시에 우리가 떠올릴 수 있는 이동수단은 당연히 말이나 마차밖에 없을 것이다. 한 가지 질문을 던져보겠다. 우리나라에 자전거Bicycle가 언제 들어왔을까? 1883년부터 1890년대까지 다양한 설이 있지만, 대체적으로는 1890년대 중반 갑오개혁(1894~1896년)을 전후한 시기에 '한성에 자전거가 유행을 일으켰다'는 뉴스가 등장하는 것을 보면, 1890년대 초반~중반에 들어왔을 가능성이 높다. 되돌아보면 우리나라 최초의 근대 여성교육기관인 '이화학당'(미국인 선교사 메리 스크랜튼이 설립. 현재의 이화여고)이 설립된 게, 갑신정변이 일어난 지 2년 후인 1886년이다. 이런 시대적 분위기를 감안한다면, 알려진 것보다 10년을 거슬러 1884년에 자전거를 등장시킨다고 해서 크게 어색할 일은 아니지 않을까? 당시 우정국 개국축하연에서 갑신정변이 시작되면서, 첫 번째 희생자가 민영익이었다. 칼에 맞아 중상을 입은 민영익은 당시 청나라 원세개의 추천으로 조선의 재정자문을 맡고 있던 묄렌도르프의 집으로 옮겨져, 알렌 박사(광혜원=제중원의 설립자이자 선교사)의 치료를 받았다. 실제로 알렌 박사가 이동할 때에는 말을 타고 다닌 것으로 알려져 있지만, 이미 서양에는 자전거가 널리 보급된 상태였다는 점을 감안하면 자전거를 타고 다녔다는 설정도 그럴 듯하겠다. 더구나 서양문물이 들어오는 첫 관문이 궁궐이나 고관대작, 서양 외교관 등이었을테니, 궁궐과 외국공사관을 중심으로 펼쳐지는 스토리에서 자전거를 등장시킨다고 해도 괜찮을 것이다.

이동수단도 중요하지만, 무기나 화포 또는 당시 조선과 청나라 일본 등의 주둔군대에 관한 자료도 필요하다. 이렇듯 특정한 주제의 문제의식과 탐구정신으로 자료를 취재하고 정리하는 데서도, 생성형 AI의 도움은 매우 긴요하다. 이따금 "AI가 연도나 사실관계에서 거짓말을 자주 한다"고 사용을 꺼리는 사람이 있다. 그러나 그런 사람조차도 블로그나 카페에 올린 개인 자료들을 참고하는 경우가 많지 않은가? 나는 AI가 제공하는 정보와 지식이 블로그나 카페의 개인 자료에 비해 신뢰도가 낮다고 생각하지 않는다. 물론 민감한 내용에 대해서 이중 삼중의 검증과 확인이 필요하겠지만……

참고로 자료조사를 할 때 가능한 최신의 자료를 구하는 것이 좋다. 그런 점에서 [제미나이]나 [챗GPT]를 사용하는 게 바람직하다. 이들이 최신 데이터까지 검색해서 정리하는 것에 비해 [클로드]는 학습된 데이터가 6개월 이상 이전의 자료들이다. [클로드]가 그런 약점을 보완하기 위해 실시간 외부 검색기능을 추가하기는 했지만, 다양한 자료 검색을 필요로 하는 스토리를 창작하고자 할 경우에는 [제미나이]를 중심으로 다른 생성형 AI를 보완도구로 사용하거나 [클로드]를 중심에 두면서 [제미나이]를 중요한 보완도구로 활용할 것을 권한다.

'브레인스토밍 단계'에서의 실습 체크리스트

기본 원칙

- 처음 한 번의 질문으로 만족스러운 답변을 얻을 것이라는 기대는 버리는 게 좋다.
  사용자가 만족할 수준의 답변을 얻을 때까지 묻고 생각하고 다시 물으며 파고들어야 한다.

- 처음부터 너무 구체적인 지침을 주는 방법은 바람직하지 않다.

  느슨하게 시작해서 AI의 응답을 보고 점차 디테일한 질문(주문)과 지침으로 나아가는 게 좋다.

- 어떤 이는 생성형 AI를 "7살 천재 아이 같다"고 말한다. 7살 아이가 더 잘 할 수 있게 해주려면, 무엇이 필요할까?

AI가 멋진 아이디어나 유익한 질문을 내놨다면, '멋지다. 대단하다.' 칭찬해 줘라.

STEP 1 : 준비 작업 (AI 없이 먼저 하기)

- 내가 다루고 싶은 주제 키워드 3~5개 적기 (예: "정의", "가족", "복수", "성장", "사랑")

  또는 스토리의 주제나 떠오르는 로그라인 떠오르는 대로 적기 (예: 단순한 주제도 상관없다. "착한 사람이 성공하는 이야기", "청년 과학자가 과학지식을 이용해, 청년들을 제물로 삼는 범죄조직을 소탕하는 이야기")

- 흥미로운 소재나 사건 메모하기 (예: '1884년 갑신정변', 'AI 개발자의 딜레마', '지구로 날아오는 혜성')

- 타겟 관객 정하기 (예: '20~30대 여성', '어린이', '전 연령')

STEP 2 : AI와 첫 대화 (가볍게 시작)

- AI에게 첫 질문 던지기 (예: "○○라는 키워드/××××××라는 주제로 어떤 이야기를 만들 수 있을까?")

  첫 질문부터 "5개만 제안해 줘"같이 응답에 제한을 줘도 괜찮다.

- 받은 답변 중 흥미로운 것 2~3개 메모하기

  "이건 아니다" 싶은 것은 과감히 버리기

STEP 3 : 구체화 요청 (좁혀가기)

- 선택한 아이디어에 대해 더 자세한 설명 요청 (예: "두 번째 아이디어를 좀 더 구체적으로 설명해줘")

- 주인공은 누구인지, 결핍과 욕망 갈등은 무엇인지 등등 물어보기

  개수(토큰 수)를 너무 소모하지 않도록, 몇 개의 질문을 하나의 채팅에 묶어서 하는

  게 좋다.

- 마음에 드는 요소와 아닌 요소 구분하기

STEP 4 : 벤치마크 작품 찾기

- AI에게 유사한 작품 추천 요청하기 (예: "이런 주제를 다룬 영화나 드라마, 소설 등 5편 추

  천해줘")

- 추천받은 작품 보기

- 줄거리(플롯) 분석 요청하고, 판단하기

  이때 '4막-24블록 플롯구조' 또는 할리우드 작법서의 플롯구조를 줄거리 분석의

  기준으로 제시해 주고, 작품의 플롯에서 강점과 매력이 무엇인지 인사이트(착안점)

  을 요청하는 것도 좋은 방법이다.

STEP 5 : 콘셉트 정리 (가급적 내 언어로)

- AI와의 대화를 바탕으로 콘셉트 1~2줄로 정리 (예: "머슴 출신 청년이 조선의 개혁을 꿈

  꾸다 좌절하고, 진정한 변화는 민중과 함께해야 함을 깨닫는 이야기")

- 이 콘셉트를 주변의 친구나 동료에게 설명했을 때 흥미를 보이는지 테스트

- 플롯의 핵심을 한 문장으로 표현하기

STEP 6 : 안전 점검 (AI에게 다시 확인을 시키고, 사용자가 따로 확인할 필요)

- AI가 제시한 역사적 사실 또는 인물과 지식의 진위여부를 확인했는가?

- 유사한 기존 작품과 비교해봤는가?

- 표절 시비 가능성은 없는가?

Prompt: 3. 원천스토리 개발 단계의

AI 스토리텔링

플롯은 드라마의 원칙에 따라 구성되어야 한다. 주제에서는 단일한 줄거리(행동)를 가져야 하고, 완전한 전체 whole and complete 여야 하며, 처음과 중간과 끝이 있어야 한다. (…) 모든 스토리는 갈등과 해소, 이 두 부분으로 나뉜다. '갈등'이란 스토리의 처음부터 주인공의 행복 또는 불행으로의 전환, 즉 '운명의 전환'이 일어나기 직전까지의 모든 일을 말하며, '해소'란 '전환'이 일어난 시점에서부터 스토리의 끝까지를 말한다.

- 아리스토텔레스의 『시학』 제23장

사물이든 생명체든 일정한 크기를 지니고 한눈에 볼 수 있어야 아름답고 추하고를 판단할 수 있듯이, 플롯도 일정한 길이를 지녀서, 한눈에 볼 수 있고 쉽게 기억할 수 있어야 한다. 스토리의 본질에 따른 길이 제한과 관련해서는, 전체를 한눈에 파악할 수만 있다면, 플롯이 길수록 더 아름답다.

- 아리스토텔레스의 『시학』 제7장

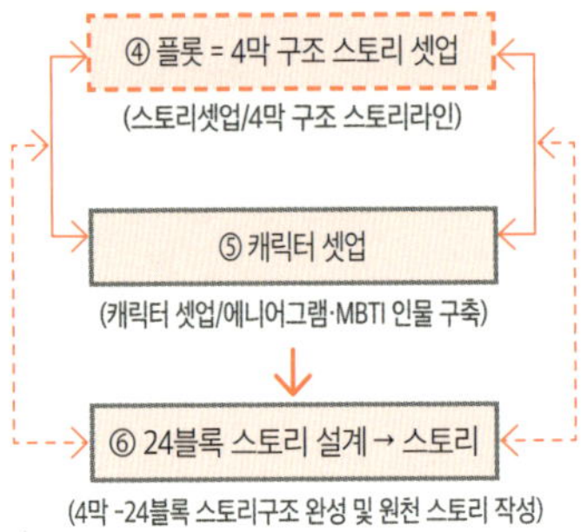

스토리 기획창작 FLOW

AI 활용 TIP

4막-24블록 원천스토리 개발 단계

- Claude의 유용한 기능: [프로젝트] 폴더의 '자료실'에 [4막-24블록 플롯 구조]와 [캐릭터셋업 가이드] 또는 다른 스토리이론의 해당 파일을 저장해 놓으면, 매번 채팅방마다 일일이 학습시키지 않아도 된다.

- 이 단계에서 AI와의 소통은 다양한 관점의 접근으로 진행될 것이다. 모든 AI와의 채팅은 유료버전조차도 횟수의 제한이 따르므로, 관점별/주제별 또는 날짜별로 제목을 달아 분리 저장해 놓는 게 편하다.

- '스토리'의 전체 분량(예: "30쪽 내외")을 정해줘도 된다.

   AI 시대, 스토리텔링의 재탄생

'4막-24블록 원천스토리 개발 단계'의
도전과제

앞 단계 '브레인스토밍, 콘셉트 개발 단계'에서, 특히 레퍼런스 작품에 대한 벤치마크 분석을 통해 나의 스토리가 어디로 어떻게 뻗어나가야 할지 기본적인 틀을 잡을 수 있을 것이다. 이제는 본격적으로 스토리를 속도감 있게 다듬고 정리해야 할 시점이다.

세 가지 중요한 도전과제가 있다.

① 후크의 완성(1) 스토리셋업

② 후크의 완성(2) 캐릭터셋업

③ 장르의 세팅

'캐릭터셋업'과 '스토리셋업' 그리고 '4막 구조 스토리라인 세팅', 이들 도전과제 중에 어느 것을 먼저 하느냐 하는 데서 선후관계를 지킬 필요는 없다. 서로가 앞서거니 뒤서거니 하면서, 스토리를 풍성하고 활력 있게 만드는 데 기여하기 때문이다. 특히 캐릭터셋업과 스토리셋업은 하나의 묶음이다. 그래서 나는 'Character First – Story Setup'이라는 개념으로 정의한다. 여기에서는 어쩔 수 없이, 순서를 정해 설명하지만, 상황에 따라서 캐릭터셋업을 먼저 정리하고 스토리셋업과 스토리라인을 정리할 수도 있고, 반대로 2번 블록을 중심으로 스토리셋업에 집중하면서 (주인공의) 캐릭터를 세팅하는 순서로 진행해도 된다. 또한 24블록 스토리구조를 퍼즐 맞추듯 정리하는 것으로 시작해도 상관없다.

가장 첫 번째 도전과제는 '후크^{Hook}'의 완성이고, '스토리셋업'이다

스토리 창작에 임하는 창작자의 전략적 사고는 스토리 셋업을 최우선으로 완성하는 작업으로 시작한다. 우리가 낯선 사람을 만날 때 첫인상을 중요하게 생각하듯이, 스토리의 첫인상을 좌우하는 것은 'Character First – Story Setup'이다. 149쪽 그림에서 24블록의 1~6번 블록, 즉 1막의 스토리를 창작하는 작업을 가리킨다. 1막은 스토리의 설정^{Setup}을 구축하는 시간이다. '설정^{Setup}'이란 일종의 땅에 식물의 '씨앗'을 심는 일과 같은 것이다. 더 깊게 들어가면, 2번 블록 '주인공의 소개(1)'을 중심으로 구축한 '평온한 일상 속에 가득한 결핍'이 '설정'의 핵심이다. 왜냐하면 1막에서 구축한 '즉자적 결핍'을 해소하기 위한 주인공의 첫 번째 핵심 행동(즉자적 욕망)이 2막의 스토리가 되고, 그를 뛰어넘어 근본적이고 중차대한 '대자적 결핍'을 깨닫고 맞서 싸우는 두 번째 핵심 행동(대자적 욕망)이 3막의 스토리가 되어, 4막의 결사 항전으로 도약해 나가기 때문이다. 내가 "후크의 완성은 'Character First – Story Setup'에 있다"라고 말하는 까닭은 스토리의 첫인상에 해당하는 앞부분이라는 점뿐만 아니라, 바로 전체 스토리의 '설정'을 구축하는 대목이기 때문이다.

한국 영화로 대표되는 한국 스토리의 스토리 셋업과 미국 드라마로 대

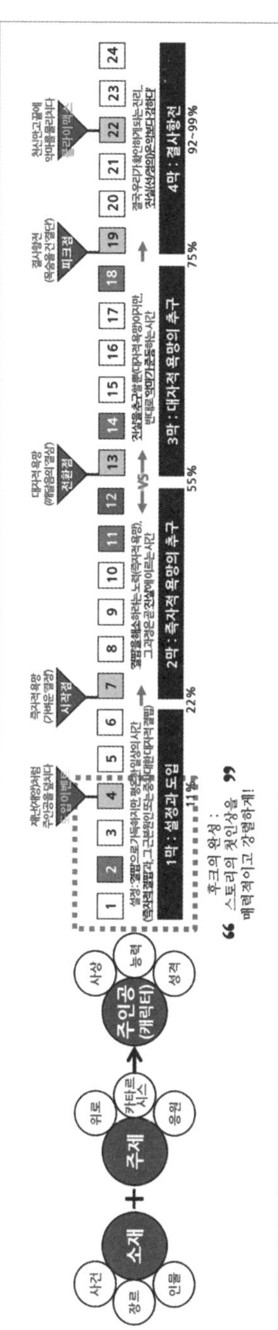

표되는 할리우드의 스토리 셋업은 극명하게 대비된다. 『매혹적인 스토리텔링의 탄생』에서 설명했지만, 미국 할리우드의 스토리가 시민주의 가치관에 기초하고 있다면, 한국의 스토리는 민중주의 가치관에 기초하고 있다. 결과적으로 세계 스토리 시장을 미국 할리우드 콘텐츠와 한국 한류 콘텐츠로 양분시킨 출발점이 되었다.

한국의 스토리 셋업은 어떠한가?

첫째, 천만 관객 영화(2025년 말 기준 총 33편/한국영화 24편)를 기준으로 본다면 한국 스토리는 안타고니스트, 즉 우리가 맞서 싸워야 하는 세상의 악(惡)이 무엇이고 누구인지를 밝히는 것으로 시작한다. 〈괴물〉(2006)에서 '1번 블록(오프닝 이벤트)'는 주한미군 영안실에서 사용하는 독극물을 무단으로 방류하는 장면으로 채워져 있고, 〈7번방의 선물〉(2013)의 '3번 블록(주인공의 소개 2)'는 잔악무도한 경찰청장이 장애인 용구를 무시하고 폭행하는 장면으로 채워져 있다. 〈변호인〉(2013)은 누가 보더라도 군사 독재 정권을 연장하고 강화하려는 발악에 가까운 흉계를 스토리

← 캐릭터 퍼스트 스토리셋업

의 배경에 깔고 있음을 알 수 있다.

둘째, 주인공은 평균 또는 그 이하의 인물로 세팅한다. 세상의 악으로부터 가장 고통받고 희생당하는 계층의 일원이고, 순진무구하고 무능력해 보이며 결과적으로 감정의 힘으로 막무가내 달려가는 인물이다. 보통 평균 이하의 인물이 자신에게 덮친 재앙 같은 피해에 맞서 필사적인 자구노력을 펼치는 스토리이다. 특별한 예를 들지 않더라도, 천만 관객을 돌파한 한국 영화의 주인공 모두가 이와 같음을 알 수 있다. 로맨스를 메인으로 삼는 TV드라마의 경우에도 한편에 불쌍한 신데렐라를 세팅한다. 민중주의 사상과 문화의 깊은 울림이 차고 넘치는 스토리, 그것이 한국 스토리이다.

셋째, 한국 스토리가 추구하는 재미는 사회적 정의가 실현되는 카타르시스, 시대적 삶을 발견하고 성찰하는 즐거움에 두어져 있다. 사실 민중의 단결된 힘이 아무리 대단하다고 하더라도 권력(자)이란 두려움의 대상이다. 흥미롭게도 스토리의 주인공, 즉 민중 개인의 승리를 위해 필요한 게 무엇일까? 관객으로 앉아있는 민중의 단결과 연대의 에너지가 필요하다. 한국 스토리에서 가장 중요한 요체는 관객들의 관심과 몰입, 응원과 참여의 힘을 어떻게 끌어내는가에 있다. 한국 영화의 에너지는 그것이 관객들의 결핍을 위로하고 건강한 사회적·시대적 욕망을 응원하는 데서부터 비롯된다는 사실을 깨닫게 된다.

이에 비해 미국 할리우드의 스토리 셋업은 어떠한가?

첫째, 미국 할리우드의 스토리가 한국 스토리와 결정적으로 다른 점은

　　AI 시대, 스토리텔링의 재탄생

'특별한 능력을 가진 주인공'으로부터 시작한다는 것이다. 예를 들면 〈배트맨〉〈아이언맨〉 등 히어로스토리나 〈어바웃타임〉의 주인공처럼 천부적인 능력의 소유자라는 사실을 소개하는 데서부터 시작하거나, 수많은 미국드라마의 주인공들도 얼마나 특별한 능력을 가지고 있는지를 설명하는 것으로부터 시작한다. 〈스파이더 맨〉이나 〈킹스맨〉의 주인공은 평범한 인물이다. 그래서 '4번 블록(도입이벤트)'에서 특별한 능력을 부여받는다. 이렇듯 미국 할리우드 스토리는 주인공의 특별한 능력이 무엇인지를 설명하는 것으로 시작한다.

둘째, 특별한 능력의 주인공이 지금 자신의 능력을 발휘하지 못하거나 자신이 능력자라는 사실을 모르는 채 부질없는 삶을 살고 있다는 것을 '즉자적 결핍'의 핵심으로 세팅하고 있다. 〈아바타〉의 주인공은 군인 출신으로 정의감이 넘치는 인물이지만, 사소한 일에서조차 정의를 실현하지 못하는 신체적 장애로 인해 허우적대고 있다. 〈킹스맨〉의 임무를 수행하다 사망한 아버지의 정의감을 물려받았을 뿐인 에그시는 아무짝에도 쓸모없을 것 같은 루저로서의 소모적인 삶을 살고 있다. 〈다크 나이트〉의 배트맨 브루스 웨인은 어둠의 기사 역할에 지쳐있는데, 유일한 위안이 되는 사랑하는 여인을 앞에 두고도 고백하지 못한 채 전전긍긍하고 있으며, 〈아이언맨〉의 토니 스타크는 호화롭고 사치스러운 삶을 살고 있지만, 정작 심장에 근접해 있는 총탄으로 인해 언제 죽을지 모르는 운명의 소유자이다.

셋째, 주인공이 자신의 부질없는 삶을 청산할 기회를 얻게 되고, 모험과 도전을 통해 온전한 능력의 소유자로 성장한 주인공은 세상의 정의를 실현한다. 결국, 이를 통해 미국 스토리가 추구하는 재미는 개인적 정의가 실현되는 카타르시스, 누구든지 공정한 기회를 통해 풍요로운 세상을 채울 구성원으로 인정받고 자리 잡게 되는 과정을 즐겁게 지켜보도록 하게 만든다. 특히 미국 드라마의 절반 이상은 개인적 정의를 실현하는 스토리라는 사실을 주목할 필요가 있다.

한국 스토리와 미국 할리우드 스토리는 출발점에서부터 추구하는 가치(주제)에 이르기까지 달라도 너무 다르다. 무엇보다도 중요한 차이는 사회적 정의와 개인적 정의라는, 서로가 추구하는 가치가 다르다는 점이다. 아마도 두 사회의 역사와 문화, 사회를 떠받치는 사상과 정신문화 차이가 만든 것이 아닐까? 여기서 우리가 생각해 볼 이슈가 하나 있다. 무엇보다도 한국의 사상과 라이프스타일이 변화하는 추세 때문이다. 하나는 기존 민중주의 스토리에 대한 피로감이 커지고 있다. 다른 하나는 오늘의 시대적 변화로 인해 한국 스토리가 미국의 시민주의 스토리를 닮아간다는 사실이다. 문제가 있다고 말하는 게 아니다. 한국 스토리의 경쟁력이 고유의 민중주의 가치관으로부터 비롯된다는 점에서 보면, 기존 스토리의 끝없는 성장과 진화가 필요하다고 생각한다. 한국 스토리의 민중주의는 소중한 자산이고, 여전히 유의미한 가치이다. 다만, 여기에 덧붙여 꼭 미국화가 아니더라도 개인적 정의의 실현이라는, 시대의 새로운 가치와 콘셉트를 어떻게 대변하고 담아내느냐는 도전과제가 스토리 창작자들의 어깨에 지워져 있다는 생각을 깊게 새길 필요가 있다. 이 도전과제는 이미 시작되었다.

보통 '스토리셋업'이라고 말하면 다소 어렵게 이해할 수 있는데, 핵심은 주인공의 결핍을 세팅하는 일이라고 이해하면 된다. 기-승-전-결의 완결된 스토리의 출발점이자 원동력은 주인공의 결핍에 있다. 그래서 나는 플롯을 재정의하면서, '결핍과 욕망의 인과(因果)구조'라고 설명한 바 있다. 개념적으로 보여주면 다음과 같다.

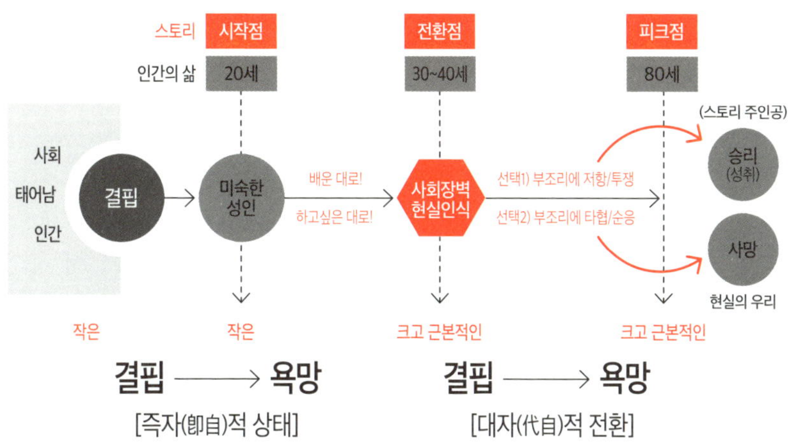

아티팩트 만들기의 예시

무릇 인간은 결핍을 안고 태어난다. 그래서 인간의 본질은 '결핍'에 있다고 말한다. 두 가지 차원의 결핍이다. 하나는 인간 본연의 부족함이자 한계이자 제약이다. 다른 하나는 사회적 존재로서의 개인이 맞닥뜨리는 결핍이다. 그러나 인간은 결핍에 무릎 꿇지 않는다. 누구나 절대선(善)과 절대정의(正義)의 가치를 믿고 그를 실현하는 세상을 위해서 애쓰기 마련이다. 물론 그 노력과 투쟁은 세상의 더 큰 벽에 부딪히며 좌절하고야 만다. 프랑스의 철학자 사르트르가 "욕망은 부질없는 고행(苦行)을 자초하는 일”이라고 말한 것처럼……. 그러나 기억해야 할 것은, 사르트르의 말은 '쓸데없이 고생하지 말고 욕망을 포기하고 살라'는 뜻이 아니다. 오히려 욕망을 추구하는 것, 다시 말해서 인간적·사회적 결핍을 해소하거나 개선하려는 노력이 아무리 큰 고행을 자초하더라도, 그것을 추구하는 것만이 인간으로서 스스로 인간임을 증명하는 일이라는 뜻으로 한 말이다.

이렇듯 한 개인은 '작은'－개인적이거나 실제로 사소할 수 있다는 뜻에서 작은'－결핍을 해소하기 위한 '작은' 욕망을 추구하다가, 가난이든 신분이든 비뚤어진 법률과 제도와 윤리의식이든 세상과 기성 권력의 공격 즉, '크고 근본적인' 결핍을 마주하면서 그에 맞서 사회적 존재로서 절대선과 절대정의를 실현하기 위한 투쟁에 나서고 결국 승리한다. 현실의 우리는 좌절하며 부조리한 세상에 타협하고 순응하는 선택을 하지만, 적어도 상상에서나마 '크고 근본적인' 욕망을 선택한다. 그것이 바로, 인류의 오랜 세월 동안 스토리가 함께 해왔던 이유이다. 인간의 삶이 인간적·사회적 결핍에 맞서고 그를 해소하려는 노력과 투쟁을 본질로 하고 있듯이, '결핍'은 스토리의 출발점이자 원동력이 된다고 말하는 것이다.

결국 '스토리셋업'은 주인공의 '결핍'을 세팅하는 것이 핵심이다. 이 '결핍'으로부터 주인공의 욕망이 출발하기 때문이다. '즉자적 결핍'을 해소하려는 주인공의 '즉자적 욕망'의 추구가 2막을 구성하고, 전환점을 통해 즉자적 결핍의 근본 원인인 '대자적 결핍'(사회와 세상을 고통 속에 몰아넣는 악(惡) 또는 인간 본연의 한계)을 드러나면서 그에 맞서는 주인공의 '대자적 욕망'의 추구가 3막과 4막을 구성한다.

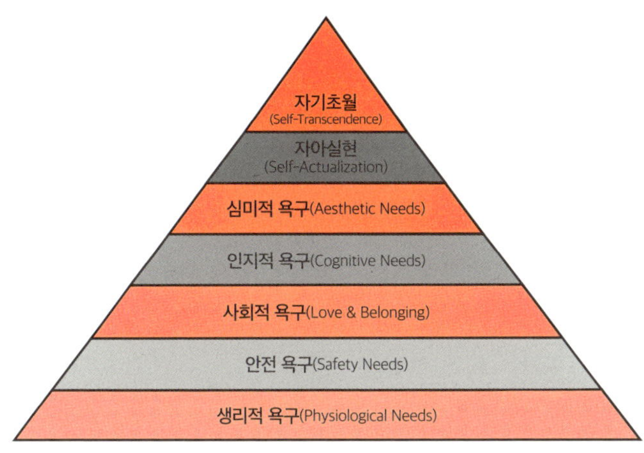

매슬로우 욕구이론

'결핍'을 세팅하는 일은, 적어도 이론적으로는 단순명쾌하다. 미국의 인본주의 철학자 매슬로우(1908~1970)가 주창했던 '5단계 욕구'이론을 들어본 적이 있을 것이다. ①생리적·원초적 욕구 ②안전 욕구 ③소속과 사랑의 욕구 ④존중·존경 욕구 ⑤자아실현 욕구가 그것이다. 매슬로우는 이후에 ⑤자아실현 욕구 아래에 인지적 욕구와 심미적 욕구를, ⑤자아실현 욕구 위에 초월적 욕구를 추가해 '8단계 욕구'이론으로 완성했다고 하는데, 이 또한 시사하는 바가 크다.

'결핍'이란 이 '욕구'가 충족되지 못하는 상태를 뜻한다. '생리적·원초적 욕구'에서부터 '초월적 욕구'에 이르기까지 특정 단계의 '욕구'가 충족되지 못하는 상태, 다시 말해서 결핍에 시달리는 주인공은 자신의 즉자적 결핍을 해소하기 위해 욕망의 공간으로 진입한다. 결핍이 어떤 단계에 있는 것이든, 즉자적 결핍은 다양한 근본 원인을 가질 수 있다. 이 근본 원인은 인간 본연의 한계와 제약으로부터 비롯되든 대개의 경우 사회적 부조리와 구조적 문제로부터 비롯되든 대자적 결핍으로 세팅된다. 이렇게 결핍과 욕망의 인과구조를 세팅하면, 4막 구조의 스토리라인은 세팅되고, 나머지는 디테일을 세팅하는 과제로 넘어간다. 24블록의 플롯구조를 구축하는 과제이다.

'스토리셋업'은 첫 번째 핵심요소인 '결핍'과 주인공의 '성격'('캐릭터셋업'의 과제)을 결합시키면, 스토리는 앞으로 뻗어나갈 수 있다.

예를 들어보자. 한국영화 박스오피스 1위에 빛나는 〈명량〉의 주인공 이순신은 왕으로부터 외면당하고 부하 장수들도 두려움에 떨며 따르지 않는 고립무원의 '결핍' 상태이다. 아무도 돕지 않고 누구도 함께 나서지 않는 고립무원의 상태에서도, 이순신은 백성을 지키고 나라를 구하려는 올곧은 성격의 소유자이다. '결핍' 상태를 해소하는 유일한 방법은 부하 장수들로 하여금 싸움에 나서도록 하는 것이다. 왕의 수군 해체 명령이 내려오고 하나 남은 거북선마저 불타 없어지자 이순신은 모든 병사를 불러 모아 진지를 불태우고 결사항전의 배수진을 친다. 병사들을 불퇴전의 의지로 모아내는 데 성공한 것이다. 그러나 아직 침략자 일본에 대한 두려움을 떨쳐내지는 못 했다. 모두를 두려움에 떨게 만들고 결국 이순신을 고립무원의 '결핍' 상태로 만든 근본 원인은, 바로 침략자 일본('대자적 결핍')을 물리쳐야 바로 잡을 수 있는 것이다. 스토리의 전환점은 침략자 일본과의 결전을 향해 진군하는 장면이다. 3막은 일본 수군과의 한판 승부이고, 4막은 최후의 결전이다.

TV/OTT 시리즈의 '스토리셋업'도 마찬가지이다. 김은숙 작가의 2022~2023년 〈더 글로리〉의 주인공 문동은의 '결핍'은 가혹한 학교폭력에 파탄난 정체성이다. 주인공은 오늘의 치욕에 좌절하지 않는다. 오직 가해자들에 대한 복수를 위해 절치부심하는 인물이다. 시리즈 1회의 오프닝부터 지나칠 정도로 잔혹하게 묘사되는 학교폭력과 주인공의 정체성 파괴의 근본 원인은 무엇인가? 계급과 신분의 차별로부터 비롯되는 것이다. 그러나 그 차별에 맞서서 안타고니스트의 계급과 신분을 추락시킨다고 해서 주인공의 파탄난 정체성이 회복되는 것은 아니다. 그래서 주인공에게는 또 다른 차원의 사랑과 신뢰가 필요하다.

'스토리셋업'은 자연스럽게 '캐릭터셋업'의 과제와 연결되어 있다. 그래서 때로는 '캐릭터셋업'으로부터도 스토리 창작은 시작된다.

후크의 완성(2) : 캐릭터셋업

'캐릭터셋업'은 세 가지 도전과제로 정리된다.

하나는 너무나 당연하게도 '주인공'의 캐릭터를 바로 세우는 과제이다. 보통 한국의 영화나 TV/OTT 시리즈는 주인공의 캐릭터에 대해서 너무 단순하고 모호하게 설정할 때가 많다. 역사가 없는 인간은 깊이가 없다. 한국인 대학생이 일본 동경의 지하철역에서, 철로에 떨어진 일본인을 구하고 정작 자신은 미처 피하지 못한 채 사망하고 말았다(2001년 1월 26일 당시 26세이던 이수현 님). 우리 모두 故 이수현 님을 그저 '의인'이라고 칭송하고 기억할 뿐이었다. 그의 이야기는 2008년 한일합작영화 〈너를 잊지 않을 거야〉로 만들어지기도 했다. 그의 대의적·영웅적 행동은 어디에서 비롯된 것일까? 故 이수현 님의 어머님 말씀처럼 "평범한 사람 누구라도 그 자리에 있었다면 내 아들과 똑같이 행동했을 것"일까? 그렇지 않을 것 같다. 故 이수현 님의 할아버지는 일제시대 일본 탄광에 끌려갔던 강제징집 피해자였다는 사실이 전해지면서 더 큰 충격과 감동을 주었다고 한다. 그의 어린 시절은 어땠을까? 그의 학교생활은, 유학의 동기와 과정은, 일본에서의 생활은……. 과연 무엇을 보고 느끼고 배우고, 그래서 어떻게 이런 특별한 의인으로서의 행동을 할 수 있었던 것일까? 참 많은 생각을 하게 된다.

미국 드라마 〈24〉의 주인공 잭 바우어에 관해, 영어판 위키백과에서 설명하는 내용을 아래에 옮겨 보았다.

잭 바우어Jack Bauer

영어판 위키백과는 이렇게 시작한다.

"Jack Bauer is a fictional character and the protagonist of the Fox television series 24."

아래는 내가 요약 발췌 번역한 내용이다. 전체 내용 중 약 1/10 분량이니, 나머지 내용은 참고하기 바란다.

잭 바우어는 1966년 2월 18일 캘리포니아주 산타모니카에서 필립 바우어Phillip Bauer 의 아들로 태어났다.

어머니의 이름은 알려져 있지 않다. 잭에게는 형제 그래엄 바우어Graem Bauer가 있다. 아버지 필립은 원래 잭에게 회사를 넘길 계획이었지만, 잭이 시즌 6에서 말했듯

　　AI 시대, 스토리텔링의 재탄생

이 "나는 내 길을 가야만 했다."

잭은 로스앤젤레스에 있는 캘리포니아 주립대학에서 영문학 학사 학위를, 버클리에 있는 캘리포니아주립대학에서 범죄학 및 법학 석사 학위를 받았다. 대학을 졸업한 후에 미군에 입대했고 나중에 장교 후보 학교를 졸업하기도 했다.

잭은 처음에 특수부대에서 복무했으며, 나중에는 보통 델타포스로 알려진 제1 특수부대 - 델타 1st SFOD-D의 일원이었다. 그가 군에서 받은 상과 훈장 중에는 Silver Star, Purple Heart, Legion of Merit가 있다. 특수부대 및 델타훈련 외에도 그는 공군특수훈련을 받았다. 잭은 12년 동안 복무한 후 대위로 육군을 떠났다.

육군에 있는 동안 그는 테리 바우어^{Teri Bauer}와 결혼하여 킴 바우어^{Kim Bauer}라는 딸을 두었다.

군 경력을 쌓은 후, 잭은 로스앤젤레스 경찰서의 특수 무기 및 전술 부서와 CIA에서 국가 비밀 서비스의 사건 담당관으로 근무했다. 그는 CTU의 현장 작전 책임자인 크리스토퍼 헨더슨^{Christopher Henderson}의 권유로 CTU로 옮겼다.

잭은 총기를 잘 다루었는데, 시즌 1과 시즌 2에서 개인화기로 SIG-P228을 사용하다가 USP-Compact로 바꾼 후 시즌 8에서 다시 P30으로 바꾸었다. 그는 또한 폭발물과 전자장치를 다룰 수 있고, 고문에 대한 높은 저항력을 가지고 있다(중국 요원에게 납치되어 거의 2년 동안 고문을 당하면서 그는 내내 한 마디도 하지 않은 것으로 밝혀진다). 그는 독일어에 능통하며 스페인어, 세르비아어, 러시아어 및 아랍어를 말하거나 이해할 수 있는 능력을 가지고 있다. 그는 또한 비행기와 헬리콥터를 조종할 수도 있다. 잭은 군대와 연방 요원으로 근무하면서 치열한 백병전을 치렀는데, 이 전투에서 여러 명의 적을 죽였다.

잭은 그저 평화롭고 겸손한 삶을 살기를 원하지만, 자신의 생명을 희생하더라도 기꺼이 앞으로 나아가고 국가와 국민을 지키려고 한다. 그러나 시리즈 전반에 걸친 그의 숭고한 목표와 뛰어난 리더십에도 불구하고 사랑하는 많은 사람들을 잃었다.

누구나 잭의 공로를 인정하지만, 그의 상관들은 합법적인 승인도 없이 취하는 악랄하고 극단적인 작전을 그에게 명령하는데, 잭은 이에 저항하고 충돌한다.

아무리 인기 있던 TV 시리즈 작품의 주인공이라고는 해도, 가상의 스토리 주인공에 대해서 백과사전에 실을 만큼 이렇게 자세히 정리가 되어 있다는 사실이 놀랍다. 물론 TV 시리즈가 연속되면서, 더 많은 역사와 성격과 능력이 덧붙여졌겠지만, 나는 지금껏 한국 영화나 TV/OTT 시리즈의 그 어떤 주인공에 대해서도 이런 식의 설명을 본 적이 없다. 부모라면 자신의 자식에 대해서 태어날 때부터 돌잔치, 유치원과 초중고등학교 입학과 졸업의 순간, 첫사랑의 기억과 힘들고 어려웠던 시절에 대한 기억까지……. 굳이 애써 떠올리지 않아도 술술 풀어낼 정도로 이야기할 수 있을 것이다. 창작자가 자신의 주인공에 대해서도 이래야 한다고, 나는 생각한다. 그러나 많은 창작자들이 주인공의 캐릭터를 세팅하는 데서 때로는 너무 어설프고 모호하며 성의없게 대하는 경우가 많다.

나는 캐릭터를 세팅할 때 3가지 요소를 강조한다.

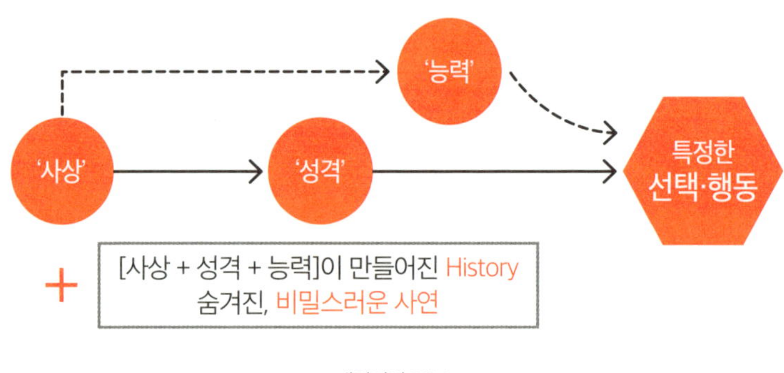

캐릭터의 3요소

캐릭터의 3가지 요소는 '사상'과 '성격'과 '능력'이다. 여기에 덧붙여 히

스토리. 자세한 내용은 바로 위에서 소개했던 잭 바우어에 관한 설명을 보면 충분히 이해할 수 있을 것이다. 최소한 주인공(프로타고니스트)과 안타고니스트(악마)에 대해서는 '3 요소 + 히스토리'가 완벽하고 자세하게 정리되어야 한다.

덧붙여서 설명하고 싶은 것은 '성격'이다. 'Character'라는 영어는 보통 성격이라고 번역한다. 그러나 '캐릭터'의 정확한 의미는 '사상과 성격'이다. 똑같은 사상의 소유자라도 그 사상을 구현하는 태도와 방법은 다양하기 때문에, 다른 선택과 행동으로 나타난다. 바로 사람의 태도와 방법을 결정짓는 요소가 성격이기 때문에, 캐릭터를 좁은 의미로 성격으로 생각하는 것이다. 성격을 분석하고 정의하는 도구이자 지표 중의 하나가 MBTI나 에니어그램 같은 성격분석도구들이다. MBTI도 괜찮지만, 에니어그램이 스토리창작에 더 큰 도움을 줄 것이다. 그런데 같은 유형의 소유자라고 해서 똑같은 선택과 행동을 하는 것은 아니지 않는가? 심지어 같은 유형의 소유자라고 생각할 수 없을 만큼, 다른 성격의 소유자처럼 느껴질 때도 있지 않은가? 여기에 특히 '히스토리'의 중요성이 있다. 심리학에서는 어린 시절에 겪었던 특정한 사건과 경험이 '내면아이'로 남아, 상처나 트라우마로 계속 작용한다고 한다. 내면아이도 중요하지만, 스토리의 복선과 반전을 만들 수 있도록 비밀스러운 사연을 세팅하는 것이 중요하다. 내가 주인공이나 안타고니스트의 '오늘'이 만들어진 '히스토리'가 중요하다고 말하는 것은, 바로 그 인물의 내면아이와 '비밀스러운 사연'을 세팅하라는 뜻이다.

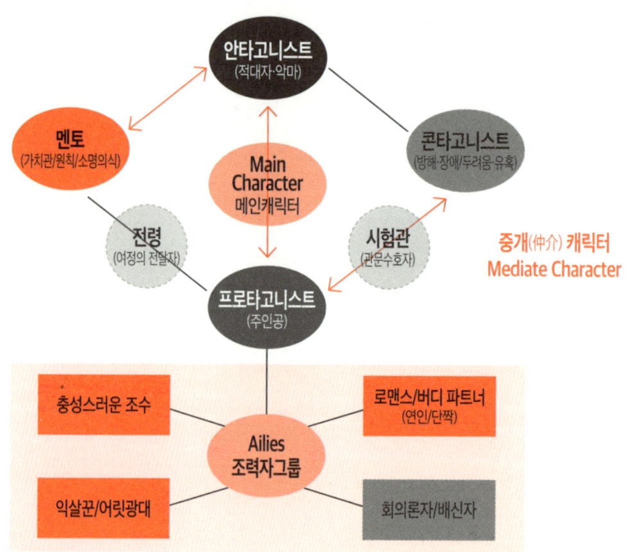

메인 캐릭터 그룹	
프로타고니스트 Protagonist	스토리의 주인공으로서, 세상의 선하고 정의로운 가치를 대변하고 구현한다. 시대의 심각한 결핍 또는 중대한 도전 과제를 위해 목숨을 건 투쟁에 나선다. 자신의 내적 갈등(두려움/유혹)을 해소하고, 외적갈등(악마와의 투쟁)을 해결한다.
안타고니스트 Antagonist	프로타고니스트가 결핍의 대변지이고 건강한 욕망의 추구자라면, 안타고니스트는 그 반대편, 즉 결핍의 근본 원인이자 욕망을 반대하는 적대자이다. 스토리의 극성(劇性)을 생각할 때 '악마(惡魔)'같은 인물로 상징된다.
멘토 Mentor/Principle	보통은 인물로 세팅하지만, 때로 인물이나 이벤트 조차 없이 주인공의 소명의식으로 표현되기도 한다. 중요한 것은 주인공이 추구해야 할 선하고 정의로운 가치나 원칙, 나침반이다.
콘타고니스트 Contagonist	'악마의 발톱'이라고도 표현한다. 악마(안타고니스트)의 부하나 흉악한 앞잡이(방해·장애물)로서, 때로는 주인공의 내적갈등(두려움·유혹)도 콘타고니스트가 될 수 있다.

주인공의 조력자 그룹	
충성스러운 조수 Sidekick	주인공을 위해 시종일관 충성하고 생명까지도 바치는 캐릭터이다. 처음부터 충성을 바친다는 점에서, 로맨스/버디 파트너와 다르다. 영화 [반지의 제왕]에서 프로도에게 충성하는 샘과 메리아독이 대표적이다.
로맨스/버디 파트너 Lover or Buddie	보통 8번 블록에서 등장해 주인공과 로맨스 또는 버디의 인연을 맺어나가는 캐릭터이다. 주인공과의 첫 만남은 불쾌하게 시작해, 사랑 또는 우정을 쌓아나가며, 22번 블록 클라이 맥스에서 핵심조력자로서의 역할을 수행한다. 영화 [아바타1]의 네이티리가 대표적이다.
익살꾼/어릿광대 Trickster	스토리의 유머 또는 코미디를 담당하는 캐릭터이다. 특히 드라마 장르에서 관객(독자/시청자)의 엄숙함과 긴장감을 잠깐 풀어주는 쉼표의 역할을 한다.
회의론자, 때로는 배신자 Skeptic	관객(독자/시청자)이 갖게 될 의문 또는 의혹을 대변해주는 캐릭터이다. 때로는 주인공을 배신/배반할 수도 있는, 그런 긴장감을 주는, 좌뇌형의 삐딱한 인물이다.

중개 캐릭터	전령 Herald	4번 도입 이벤트에 등장하는 인물 또는 이벤트이다. 주인공이 가진 결핍(즉자적 결핍)을 인식하게 만들어서, 결국 7번 블록 시작점에서 욕망의 공간으로 진입하게 만든다.
	시험관 Examiner	욕망의 공간에 진입한 주인공은 자신이 주인공임을, 사상과 능력으로 입증해야 한다. 8번 블록에서 주인공을 테스트하는 인물 또는 이벤트를 뜻한다.

캐릭터셋업 가이드

'캐릭터셋업'의 두 번째 도전과제는 주인공과 악마를 중심으로, 스토리의 정서적 역동성을 살려줄 인물들을 세팅하는 것이다. 총 10개의 캐릭터 원형archetype을 세팅하는데, 이에 관해서는 162쪽의 개념도로 대신해도 될 것이다.

'캐릭터셋업'의 세 번째 도전과제는, 캐릭터의 정체성을 일관되게 유지하는 일이다.

아리스토텔레스는 『시학』에서 다음과 같이 말한다.

주인공의 캐릭터(사상+성격)와 관련해서는, 다음의 네 가지를 목표로 삼아야 한다.

첫째, 인물(주인공)은 선해야 한다it must be good.

둘째, 인물에 걸맞은 적합성propriety이 있어야 한다.

예를 들면 남성에게 걸맞은 남성성을 여성에게 부여해서는 안 된다.

셋째, 인물은 사실적 또는 실재적이어야 한다true to life.

넷째, 인물은 일관성consistency이 있어야 한다.

일관성 없는 사람을 그릴 때에도, 그의 일관성 없음은 역시 일관되게 나타나야 한다.

플롯 구성과 마찬가지로, 인물 묘사에서도 시인은 언제나 개연성과 필연성을 추구해야 한다.

그래서 특정의 인물은 개연성과 필연성의 법칙에 따라, 특정의 말과 행동을 해야 한다.

- 아리스토텔레스의 『시학』 제15장

놀랍지 않은가? "일관성 없는 사람을 그릴 때에도, 그의 일관성 없음은 역시 일관되게 나타나야 한다."라고 말하는 대목에 이르면, 2300년 전이 아니라, 마치 지금 함께 사는 어느 천재 또는 노련한 창작자의 말을 듣는 느낌이다.

캐릭터의 정체성을 이해하고 그 일관성을 지키기 위해서, 우리에게 는 매우 유익한 도구가 있다. 앞서 잠깐 거론했던 MBTI나 에니어그램 Enneagram 등 성격분석도구들이다. 여기에서 정의하고 있는 각각의 유형들 은, 이미 과학적으로 검증된 이론이자 설명이니, 특히 주요 등장인물에 대 해서는 충분히 적용하고 활용할 필요가 있다. 이에 관해서는 『매혹적인 스토리텔링의 탄생』에서 자세히 설명하고 있으니, 참고하기 바란다.

장르의 세팅

장르란 사전적으로 특정한 플롯, 캐릭터, 톤 앤 매너, 아이콘 등을 유사 한 관습(컨벤션)으로 공유하는 스토리의 카테고리를 뜻한다. 알다시피 관 객이 기대하는 관습(컨벤션)은 존중되어야 하고, 창작자는 이에 적극 부응 해야 한다. 관습이 주는 기대감은 존중하되, 새로운 관점과 방법, 참신한 스타일로 구현되어야 한다.

그러나 장르와 관련한 어떤 개념 또는 방법론 이전에 중요한 것이 있다. 새롭거나 세련된 스타일을 구현하는 일도 중요하지만, 장르마다 담아내고 추구하는 핵심 가치, 핵심 정서가 무엇인지 이해하고 그를 지켜야 한다는 점이다. 드라마 장르의 핵심 가치는 오늘을 사는 사람들의 시대적 삶에 대한 사유와 성찰의 기회를 제공하는 것이고, 핵심 정서는 발견과 성찰의 즐거움이다. 코미디 장르의 핵심 가치와 정서는 관객들에게 다른 생각에 빠질 틈도 없이 웃겨야 한다는 것이고, 액션 장르는 치고받고 싸우는 것을 보여주는 것 이상으로 통쾌함을 선사해야 한다는 것이다. 모험(어드벤처) 장르는 성장통의 기억을 되새기게 해야 하고, 미스터리와 스릴러는 목숨을 걸어야 할 수준의 수수께끼를 제공해 주거나 숨 막히는 숨바꼭질을 함께 공감할 수 있어야 한다. 장르의 핵심 가치와 정서는 결국 '카타르시스'와 같은 뜻이다.

장르는 느낌과 스타일이기도 하다. 소비자가 한 편의 스토리를 찾을 때 많은 경우에는 '발견의 즐거움'과 '사유와 성찰의 즐거움'을 기대하지만, 그 못지않게 장르가 주는 '보고 느끼는 즐거움'도 만만치 않은 흡인력을 가지고 있다. 〈극한직업〉(2019)을 보러 영화관을 찾는 관객들은 이 영화가 던져줄 웃음(코미디)을 기대할 뿐이지 진지한 주제 의식이나 화려하고 정교한 액션을 기대하지는 않는다. 반대로 〈베테랑〉(2015)이나 〈어벤져스 시리즈〉에서는 호쾌한 액션이 빠질 수는 없는 일이고, 〈명량〉(2014)을 보면서 '왜 이 영화에는 그 흔한 유머나 코미디가 하나도 없느냐!'라고 불만을 드러내는 관객은 없을 것이다. 꼭 메인 장르가 아니더라도, 〈괴물〉(2006)이나 〈아바타〉 시리즈를 찾는 관객에게 허술한 컴퓨터 그래픽[CG]을 보여주고서 흥행 성공을 바라는 제작자는 없을 것이다.

원칙적으로 몇몇 장르는 고유의 스토리텔링 규칙을 가지고 있다.

스릴러 장르를 메인으로 삼는 스토리라면, 재난 또는 재앙 사건이 1막의 4번 블록 도입이벤트에서 주인공을 덮쳐야 한다. 2막에서는 동요와 혼란의 도주 또는 피신 속에서 죽음의 공포가 확산하는 가운데 사건의 실체에 접근하도록 해야 하며, 결국 13번 블록인 전환점을 전후해 재난 또는 재앙의 근본 원인(세상의 악)을 인식하고 3막의 대자적 욕망, 즉 세상과 악과 맞서 싸우는 투쟁이 전개되어야 한다. 18번 블록, 절망의 위기에서 주인공이 가장 소중하게 여겼던 가치나 인물을 상실한 주인공이 19번 블록 피크점에서 절정의 분노로 죽기를 각오하고 최후의 결전에 나서야 한다. 이 규칙을 원칙으로 삼지 않는 스릴러 장르의 스토리가 흥행에 성공하는 경우는 없다. 〈괴물〉, 〈부산행〉이 식인 괴수 또는 재난 스릴러의 스토리텔링 규칙을 충실히 따랐던 것이 성공의 기초가 되었음을 알 수 있다.

이렇게 고유의 스토리텔링 규칙을 가지고 있는 장르로는, 드라마를 비

장르/구분	도입이벤트(4번)	시작점(7번)	전환점(13번)	피크점(19번)	클라이맥스(22번)
드라마	왜 내게 이런 일이!	그래, 한번 해보자!	진실의 발견 /운명의 전환	죽기를 각오하고!	하늘은 스스로 돕는 자를 돕는다.
로맨스	유쾌하지 않은 첫 만남	원치 않는 동거/동행	사랑의 확인	불가피한 이별	재회와 영원한 사랑
스릴러	재앙(재난)이 덮치다!	도주/피신	진실의 발견	악마와의 최후 결전	재앙(재난)을 이기다!
미스터리	문제를 받다!	순조로운 문제풀이 시작	반전의 진실	악마와의 최후 결전	문제를 풀다!
어드벤처	꺼림칙한 제안을 받다!	가벼운 출발	갈등과 혼란을 겪다!	되돌아가기로 하다!	만인의 영웅이 되다!

장르별 스토리텔링 규칙

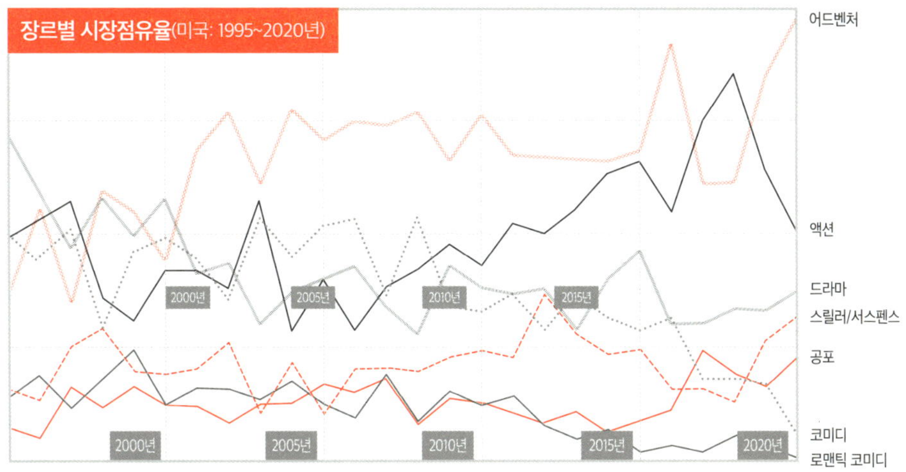

장르별 시장점유율 추이

롯해 로맨스, 스릴러, 미스터리, 어드벤처를 대표적으로 들 수 있다. 다만, 이 몇 개 장르가 가지고 있는 고유의 규칙은 '4막-24블록 스토리텔링'의 규칙과 본질적으로 다르지 않다. '4막-24블록'의 블록별 정의를 확대하고 변주하는 특수규칙이라고 볼 수 있다. 플롯 포인트를 중심으로 잠깐 살펴보면 166쪽 표와 같다. 참고로 모든 스토리의 가장 기초를 이루는 드라마 장르의 스토리텔링 규칙을 정의한 것이 '4막-24블록'이라고 생각하면 된다.

장르와 관련해서 우리가 살펴볼 대목이 또 하나 있다. 그것은 장르의 시대적 흐름이다. 이것은 앞으로 우리가 주목해야 할 장르적 지향성에 관한 것이다. 위의 그래프는 1995년부터 2020년까지 미국 박스오피스에서 '장르별 시장점유율 추이'이다.

지난 20년 동안 심각하고 진지한 드라마 장르를 비롯해 코미디 장르와 로맨틱 코미디 장르의 가파른 하락세에 비해 어드벤처와 액션, 스릴러·서스펜스 및 공포 장르의 상승세가 눈에 띄는 특징으로 요약될 수 있다. 미국의 스토리가 이런 추세로 흘러간다면 한국의 미래는 어떨까? 현실적으로 세계시장을 주도하는 미국 할리우드의 트렌드를 일정 부분 따라가지 않을까 하는 생각이 드는데, 그와 함께 미국과는 확연히 다른 한국의 정서나 취향으로 인해 상당 부분은 독자적인 트렌드가 여전한 대세를 유지하지 않을까 예측한다.

장르는 관객이 기대하는 느낌과 스타일이자 창작자로서는 관객에게 주는 정서적 선물이다. 장르에 관해 너무 집착하기보다는 '관객에게 어떤 정서적 카타르시스를 느끼게 해줄까?'에 관심을 집중하는 게 장르에 대한 올바른 이해이다.

플롯의 완성 : 4막 구조 스토리라인 세팅과 24블록 스토리구조 완성

벤치마크 작품을 분석할 때에도 그렇지만, 특히 MyStory를 창작하는 과정에서는 일정한 기준과 규칙이 필요하다. 창작자마다의 주관적인 감(感)으로 분석하거나 창작하다 보면, 혼선이 생기기 일쑤이다. 때로는 긴 시간을 공들여 내가 기댈 작품 하나를 분석해 놓고도 '도대체 내가 왜 이 짓을 한 거지?' 하는 후회와 자책이 들 때도 있고, MyStory를 창작하는 과정에서도 어떤 부분을 어떻게 풀어야 할지 헷갈려 하며 길을 잃어버리는 경우가 많다. 중요한 것은 객관적인 기준과 규칙을 기초로 풀어나갈 필요가 있다는 점이다.

   AI 시대, 스토리텔링의 재탄생

미국 할리우드에는 수많은 작법서들이 있다. 우리에게 많이 알려진 작법서, 예를 들면 크리스토퍼 보글러의 『영웅의 여정』(국내에서는 『신화, 영웅 그리고 시나리오 쓰기』로 출간), 로버트 맥키의 『스토리』(국내에서는 『시나리오, 어떻게 쓸 것인가』로 출간), 블레이크 스나이더의 『Save The Cat!』과 같은 이론서에서는 모두 스토리의 플롯구조를 핵심으로 다루고 있다.

바로 앞 꼭지에서 '벤치마크 창작 방법론'을 말했는데, 하나하나의 작품을 창작할 때마다 그에 걸맞은 벤치마크 작품을 일일이 찾아야 하는 작업은 만만치 않은 일이다. 이 작업은 당연히, 필수적으로 거쳐야 하는 작업이지만, 대중적이고 상업적인 스토리에 공통으로 적용되는 스토리 뼈대가 있다는 전제에서, 보편적인 플롯구조를 제안하고 있는 것이다. 마치 우리가 보는 수많은 주택과 빌딩의 외관(디자인)은 모두 다르지만, 건물을 짓는 기본 뼈대와 그를 세우는 원리는 하나같이 똑같다는 것과 마찬가지 이치이다. 기초공사 없이 건물이 올라설 수 없고, 메인 기둥이 없이 벽체나 상단의 구조물은 온전히 지탱하지 못한다. 스토리를 건물이라고 생각하면 쉽게 이해될 것이다.

4막 구조 정의	<1막> 도입과 설정					
	(1)	(2)	(3)	(4)	(5)	(6)
블록 정의	오프닝이벤트	주인공의 소개① 평온한 일상 속의 '결핍'	주인공의 소개② '결핍'을 해소하려는 소극적 노력	도입이벤트	이벤트의 후유증 (혼돈/딜레마)	후유증의 일시적 해소 → 시작점의 구성
스토리 (외적)사건	주인공의 일상(하이라이트) 소개	주인공이 가진 특별한 능력과 사연, '소극적 노력'은 반항, 자포자기도 포함		사건에 휘말리고 누군가와 엮임	딜레마(욕망의 추구와 상실의 두려움과의 충돌) 및 해소(일시적/즉흥적)	
주인공 (내적)정서	주인공의 특별한 능력 또는 가치관	결핍의 상황 또는 시작점을 구성하는 내적 동기: ①가난 ②질병/장애 ③고립무원 ④비밀 사연 ⑤특이성격: 중복 가능		"이런, 제기랄!" "하필 왜 내게 이런 일이!"	후유증 해소의 계기: ①멘토의 권유 ②상황의 악화 ③불가항력 ④호기심/자만심 발동의 계기: 앞 (2)번 블록의 '결핍'과 결합하여 시작점으로 넘어간다.	

4막 구조 정의	시작점	<2막> 즉자적 욕망의 추구				
	(7)	(8)	(9)	(10)	(11)	(12)
블록 정의	핵심행동의 시작 (결정)	주인공의 자격 시험 + B-Story의 시작	악마의 발톱(콘타고니스트 등장)	C-STORY의 조력자들 참여	콘타고니스트와의 투쟁 → 즉자적 욕망의 성취(착각/오판)	위기와 좌절
스토리 (외적)사건	욕망의 공간으로 진입	3~5곳의 메인 스토리 공간 활용				즉자적 욕망이 성취된 듯했지만, 그것은 착각일 뿐! 위기와 좌절이 찾아온다.
주인공 (내적)정서	"그래, 한번 해보자!" "나라고 못할 게 뭐 있어?"	평온하고 익숙했던 일상의 관점과 태도로, 외적 목표(욕망의 대상)를 향해 추구하고 이루어지는 듯 보이지만, 두려워하고 걱정했던 상황이 발생하면서 좌절과 위기가 초래된다.				

4막 구조 정의	전환점	<3막> 대자적 욕망의 추구				
	(13)	(14)	(15)	(16)	(17)	(18)
블록 정의	핵심행동의 전환 (결심)	악마 전면 등장 - 안타고니스트의 본색이 드러나다.	B - STORY 의 급진전	악마와의 총력 투쟁① - 의기투합, 승리 기대감, 준비 결행	악마와의 총력 투쟁② → 그러나 역부족(패배/좌절 예감)	더 큰 위기와 좌절
스토리 (외적)사건	진실의 발견·운명의 전환	1~2곳의 공간으로 메인 스토리 집결				가장 소중한 가치 또는 인물의 상실: 물러설 수 없다! - 안타고니스트의 잔혹무도함을 극대화시켜 주인공의 분노, 위기감 절정
주인공 (내적)정서	내적 갈등 해소에 일차적 주안점	욕망의 본질 또는 사건의 진실을 깨닫고, 이전(2막)과는 180도 바뀐(전환된) 관점과 태도로 근본적인 투쟁에 나서지만, 아직 미숙하고 훈련되지 못한 탓에 더 큰 좌절과 위기가 초래된다.				

4막 구조 정의	피크점	<4막> 최후의 결전				
	(19)	(20)	(21)	(22)	(23)	(24)
블록 정의	핵심행동의 상승 (결단)	악마와 최후의 결전	그러나 최악의 위기와 좌절	클라이맥스	(행복한) 결말	에필로그
스토리 (외적)사건	최후의 결단 - 안타고니스트는 없어져야 한다!	이판사판 정면 승부	'죽음의 위기'라고 할 만큼 최악의 위기와 좌절: 안타깝지만, 그래도 후회는 없다!	예기치 않았던 보상과 축복	대단원	에필로그 또는 속편의 암시
주인공 (내적)정서	"죽기를 각오하고 ……"	모든 것을 내려놓고 질주한다.		하늘은 스스로 돕는 자를 돕는다!	<대자적 + 즉자적 욕망>의 성취	

'4막-24블록 플롯구조' 1 상세 가이드 l 기본규칙

나의『욕망의 레시피』에서 '4막-24블록 플롯구조'가 핵심 내용이 되는 것도 마찬가지 이유에서다. 한 걸음 더 나아가 '4막-24블록 플롯구조'는 할리우드의 스토리작법보다 더 우수하다고 자부한다. 이 이론과 작법의 우수성은 한국 스토리산업의 집대성이기 때문이고, 수많은 'K-창의인재'들의 집단지성의 산물이기 때문이다. 보편적인 스토리의 '4막-24블록 플롯구조'는 앞서의 표와 같다.

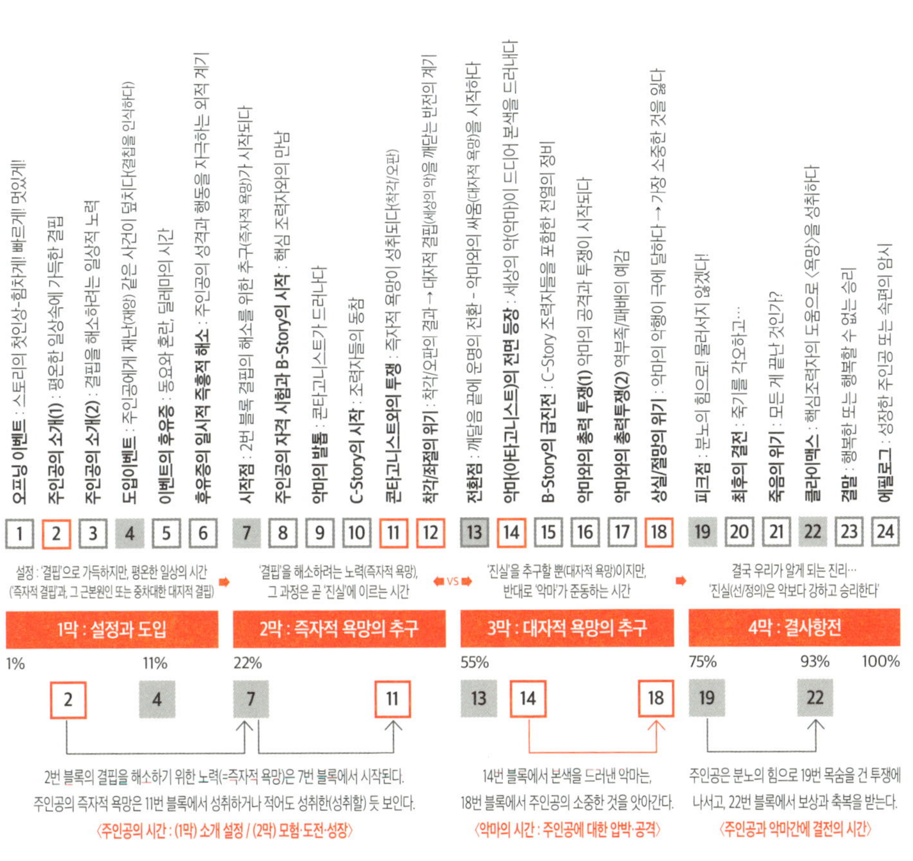

'4막-24블록 플롯구조' 3 간단 가이드

1단계 '브레인스토밍'의 '벤치마크 분석'에서부터 시작해, 2단계 '원천스토리'의 '스토리셋업'과 '캐릭터셋업'을 거쳐 이제 MyStory의 창작결과를 구체적으로 정리할 시점이 되었다. '4막 구조 스토리라인'을 최종 확정하고, '24블록의 스토리구조'를 완성하는 작업이다. 다만, 사용자(창작자)가 해야 할 작업이 '원천스토리' 단계에 있음을 잊지 않기 바란다. 전체의 스토리구조를 축조하는 일이자 핵심적인 이벤트(사건)를 중심으로 스토리라인을 완성하는 일이 핵심이다.

'4막-24블록 플롯구조'가 모든 스토리의 '기본규칙'이자 드라마 장르의 규칙이라면, '장르별 가이드라인', 즉 장르의 플롯규칙은 '기본규칙'이 장르별로 어떻게 구현되는지를 보여주는 '특수규칙'에 해당한다고 볼 수 있다. 현대의 모든 스토리는 드라마 장르를 기본에 깔고 있다. 다만, 드라마 장르를 단일 장르로 삼는 스토리도 있지만, 많은 경우 로맨스/버디, 스릴러, 어드벤처, 미스터리 등 다른 장르와 접목한 복합장르의 스토리로 정착되었다. 다시 말해서, 드라마 장르를 기본으로 삼되, 여기에 다양한 취향과 스타일을 반영하고 표현하는 장르의 플롯을 중층으로 쌓는 방법이다. 예를 들어 '액션' '코미디' '판타지' 등의 장르는 그 자체로서 스토리(콘텐츠)의 분위기와 스타일을 좌우하는 것으로 역할이 끝나지만, '스릴러' '어드벤처' '미스터리' 등의 장르는 고유한 플롯의 규칙으로 표현되는 것이 바람직하다. 왜냐하면 이들 장르는 단지 분위기와 스타일의 문제뿐만 아니라, 장르가 추구하는 핵심가치를 표현해 주어야 하기 때문이고, 또한 그것이 '규칙'으로 정리될 만큼 성공의 사례들이 쌓여있기 때문이다.

블록 정의	(1) 오프닝 이벤트	(2) 주인공의 소개(1) [평온한 일상속의 '결핍']	(3) 주인공의 소개(2) '결핍'을 해소하려는 일상적 노력	(4) 도입 이벤트 [2번블록 '결핍'이 드러나다]	(5) 이벤트의 후유증 (혼란/딜레마)	(6) 후유증의 일시적/즉흥적 해소 →시작점의 구성
로맨스/버디장르	제1주인공의 일상(하이라이트) 소개 제2주인공의 결핍 가득한 일상 오버랩	제1주인공 소개 - '자존감이 강한' 남자 (욕망을 상징) - 신분이 높고 능력이 출중하다.	제2주인공 소개 - '자존심만 강한' 여자 (결핍을 상징) - 신분이 낮고 능력은 보잘 것 없다.	두 주인공의 유쾌하지 않은 첫 만남 - 보통 제2주인공의 일상적 공간에서 두 사람이 만난다.	첫 만남의 후유증. -혼란: 평온했던 일상이 동요한다.	제1주인공에게서 제2주인공을 만나 뭔가 부탁해야 할 필요가 생긴다.
스릴러장르 미스터리장르	[스] 프롤로그: 재난(재앙)의 원인은 나쁜 인간들 [미] 의문의 사건이 발생한다.	[스] 주인공은 재난(재앙)의 피해자 [미] 주인공의 사건의 해결사		[스] 재난(재앙)이 덮친다. [미] 사건해결의 미션이 떨어진다. - 주인공이 휘말리고 엮인다.	[스] 재난(재앙)에 따른 혼란과 딜레마 [미] 사건에 대한 분석과 연구	[스] 혼란과 딜레마를 즉흥적으로 또 는 생각할 겨를 없이 일단 벗어나려 한 다. [미] 해결의 실마리(단서)를 얻다.
어드벤처장르		[어드벤처장르]의 핵심가치는 성장통 - 주인공은 보통 철이 없거나 장난(호 기)스럽거나 가볍게 그려진다.		주인공을 모험(도전)으로 이끄는 제안 - 제안은 '유혹' 또는 '충동'이거나, 주 인공으로부터 발생한 심각한 사건이 다.	혼란 또는 딜레마	모험(도전)에 나설 수밖에 없는, 또 다 른 사정=외적 계기의 발생. - 누군가의 거듭되는 권유 등

블록 정의	(7) 핵심행동의 시작(결정) [2번블록 '결핍'의 해소=즉자적 욕망]	(8) 주인공의 자격 시험 + B-Story의 시작	(9) 악마의 발톱 ('콘타고니스트' 등장)	(10) C-STORY의 조력자들 참여	(11) 콘타고니스트와의 투쟁 →[즉자적 욕망의 성취] (착각/오판)	(12) 좌절의 위기 [대자적 결핍을 깨닫는 계기]
로맨스/버디장르	두 주인공의 원치 않았던 동행(동거) 이 시작된다.	두 주인공의 티격태격 동행(동거) 사랑의 가교 역할을 할 핵심 조력자가 등장한다.	악마의 발톱은 사랑의 반대(방해)자이 다. 제2주인공에 대한 불길한 예감을 갖는다.	서로에 대해 이해하며 측은지심의 감 정이 된다.	서로에 대한 감정이 호감(사랑의 감 정)으로 변화했음을 인지한다. - 악마의 발톱이 공격을 시작한다.	악마의 발톱의 공격으로, 제2주인공이 흔들리고, 결국 이별을 선택한다.
스릴러장르 미스터리장르	출발 -도피: 안전지대를 찾아 떠난다. -추격/수사 시작: 무작정! 어설픈!	문제해결을 도울 핵심조력자의 합류 - 주인공은 독단적이고 호기롭게 풀어 나갈 것이라고 스스로 자만한다.	재난(재앙)/사건을 초래했던 나쁜 인 간들의 일면이 드러난다. : 그러나 이 것이 전부는 아니다.	주인공의 계획에 몇몇 사람(조력자)이 합류한다. : 그에 힘을 얻은 주인공은 힘차게 앞으로 나아간다.	악마의 발톱과의 싸움 : 승기(勝機)를 잡았다고 착각한 주인공의 과감한 전 진	그러나 주인공은 가장 큰 도움을 주던 인물(보통 멘토)를 잃거나, 사건이 원 점으로 돌아가는...좌절의 늪에 빠진 다.
어드벤처장르	모험이지만, 도전의 느낌이 강하다. 도전의 길을 나서다. 새로운(특별한) 세상의 문턱을 넘다.	주인공이 혼자 나섰다면, 핵심 조력자 가 될 사람을 만난다. (유쾌하지 않다) 누군가 함께 나섰다면, 재정비를 한다.	도전의 첫번째 시련과 장애물 또는 첫 번째 미션이 등장한다.	주인공의 조력자 관계가 확장된다. 어수선한 분위기이지만, 들뜨고 즐거 운 분위기이다.	도전이 성공적인 분위기이다. 모든 것이 잘 풀려서, 희망에 찬다.	그러나 착각과 오판일 뿐, 근본적인 문 제(내적 혼란과 딜레마)의 해결이 없 는 상태에서, 좌절의 위기가 찾아온다.

블록 정의	(13) 핵심행동의 전환(결심)	(14) 악마의 전면 등장 [악마가 자신의 본색을 드러내다]	(15) B-STORY의 급진전 - 전열의 정비 -	(16) 악마와의 총력 투쟁(1) - 의기투합 / 승리 기대감 / 준비결행 -	(17) 악마와의 총력 투쟁(2) → 그러나, 역부족(패배/좌절 예감)	(18) 절망/상실의 위기 [악마의 악행이 극에 달하다]
로맨스/버디장르	제1주인공이 용기를 발휘해, 사랑을 선언한다. : 제2주인공이 감동하고 사랑을 수락한다.	두 주인공의 알콩달콩 사랑 시작 - 제1주인공을 파멸시키기 위한 악마의 본색이 드러난다.	핵심 조력자가 두 주인공을 위해 사랑의 가교 역할에 본격적으로 나선다.	악마의 공격으로 인해, 제1주인공의 파멸 위기가 본격화된다.	제1주인공의 파멸이 심각하게 흘러가면서, 제2주인공은 자기 탓인 것같아 괴로워한다.	제1주인공의 파멸이 기정사실로 되고, 제2주인공의 괴로움이 극대화된다.
스릴러장르 미스터리장르	[스] 좌절의 끝에서 핵심행동의 전환 [미] 좌절의 끝에서 새로운 단서를 발견하고, 범인의 정체가 드러난다.	재난(재앙)/사건의 진짜 몸통이 등장 - 비양심/비인간/부도덕하기 이를 데 없는 악마의 본색	핵심 조력자가 (주인공을 대신해) 재난(재앙)/사건에 대처하는 열쇠를, 주인공에게 건네준다.	주인공과 조력자들이 힘을 합쳐 악마와의 결전에 나선다.	악마와의 총력 투쟁 : 밀고 당기는 싸움, 그러나 주인공측이 역부족이다.	주인공이 구하고자(돕고자) 했던 '무언가(누군가)'를 잃는다. : 악마의 잔인무도함은 한도 끝도 없다.
어드벤처장르	[내안의 적]을 찾아 나서다. [내안의 적]이란, [내적 갈등]이라고 볼 수 있다.	[내안의 적]이 본색을 드러내다. - 주인공을 괴롭혀 왔던 혼란과 회의, 동요와 유혹이 머리를 치켜든다.	핵심 조력자가 도움을 주고자 하지만, 주인공은 도움을 거절하고, [내안의 적]이 시키는 대로 행동하려고 한다.	주인공이 혼란과 동요에 빠진 틈을 타, [외부의 적=악마]의 공격이 주인공 주변에 퍼부어진다.	[악마=외부의 적]가 주인공 주변을 초토화시킨다. 주인공의 [내안의 적]을 물리친다.	악마의 공격으로 주인공은 가장 중요한 '무언가(누군가)'를 잃는다. 주인공의 상실감과 절망감이 하늘을 찌른다.

블록 정의	(19) 핵심행동의 상승(결단)	(20) 악마와 최후의 결전	(21) 죽음의 위기	(22) 클라이맥스(Climax) [하늘은 스스로 돕는 자를 돕는다]	(23) (행복한) 결말	(24) 에필로그
로맨스/버디장르	제2주인공이 이별을 결심하고 떠난다. (제2주인공의 결단에 주안점!!!)	두 주인공이 서로를 잊지못해 괴로워한다.	제1주인공의 파멸이 눈앞에 왔다. 제2주인공의 괴로움도 극대화된다.	핵심 조력자(B-Story의 인물)의 도움으로, 두 주인공이 반갑게 재회한다.	두 주인공이 영원한 사랑을 쟁취한다.	
스릴러장르 미스터리장르	분노와 적개심으로 악마와의 최후결전에 나서는 주인공 : 주인공 곁에 여럿이 있을 수 있지만, 결국 혼자이다.	악마는 막강하지만, 주인공의 결기 또한 만만치 않다. 그러나 역부족이다.	주인공마저 악마의 공격에 곧 죽을 지경에 이른다. - 모든 것을 포기하는 주인공	핵심 조력자(B-Story의 인물)의 도움으로 악마를 물리친다.	악마를 물리치고 재난(재앙)은 해결했지만, 그리 유쾌하거나 행복한 결말은 아니다.	(1)오프닝 이벤트에서 주인공이 살던 일상의 공간에 다시 돌아와 있다. 물론 예전의 모습은 아니다.
어드벤처장르	분노와 적개심으로 악마와의 최후결전에 나서는 주인공 : 주인공 곁에 여럿이 있을 수 있지만, 결국 혼자이다.	악마는 막강하지만, 주인공의 결기 또한 만만치 않다. 그러나 역부족이다.	주인공마저 악마의 공격에 곧 죽을 지경에 이른다. - 모든 것을 포기하는 주인공	핵심 조력자(B-Story의 인물)의 도움으로 악마를 물리친다.	주인공의 세상이 새로운 발견과 도약, 평화를 찾는다.	주인공의 평온하지만 활기찬 새 세상: 새로운 시작을 선포한다.

앞 169~170쪽에서 보여준 '4막-24블록 플롯구조'의 '상세 가이드 I 기본규칙'에 장르별 플롯의 가이드라인을 추가한 가이드를 정리한 것이 173~174쪽의 표다. '상세 가이드 II 장르의 플롯'이다.

앞에서 보여준 '4막-24블록 플롯구조'의 '②간단 가이드'까지 함께 참고하면 좋겠다. 결국 간단명료한 콘셉트 스토리('간단 시놉시스'라고 표현해도 된다)에서 시작해, 상세한 시놉시스 또는 트리트먼트로 발전시켜 나갈 때, 이 가이드에 기초해서 구체적인 스토리라인을 작성하고 수정하면서 완성해 나가면, 도움이 될 것이다.

'원천스토리 개발 단계'에서의 AI 활용 TIP

스토리 창작의 '규칙'이 있으면 너무나 편하고 쉬운 AI 스토리텔링

생성형 AI를 이용하는 전 세계 스토리 창작자는 얼마나 될까? 2025년 상반기 기준, [챗GPT]의 활성 사용자 수는 3~5억 명, [제미나이]가 약 3억 명, 그리고 [클로드]는 5백만 명 정도로 추정된다고 한다. 지금 2026년 시점에서는 최소한 1.5~2배에 이르는 숫자로 성장했을 것이다. 물론 중복 사용자를 어느 정도 감안하더라도, 글작가나 프로듀서 또는 감독 등 스토리 창작자를 보수적으로 추정하면, 약 100~150만 명으로 볼 수 있지 않을까? 이런 말을 하는 까닭은, 이미 많은 창작자들이 생성형 AI를 활용하고 있기 때문에, 생성형 AI가 스토리 창작을 위한 표준화된 '규칙'을 충분히 학습해 놓은 수준에 이르렀음을 알려주고 싶어서이다. 사용자가 다양한 스토리이론과 작법서를 새롭게 공부하고 이해하며, 그것을 실전에 적용해 갈고 닦은 노하우까지 포함해서……. 그렇게 사용자가 오랜 시간과 노력을 들여 체득한 '규칙'과 '스킬'보다도, 생성형 AI는 훨씬 정교한 '규칙'과 효과적인 '스킬'을 제공할 준비가 되어 있다. 남은 것은, 사용자가 그의 도움을 받기로 결정하고 함께 협업에 나서겠다고 결심하고 행동에 나서는 일이다.

앞에도 몇 가지 예시를 들었다시피, 생성형 AI에게 무작정 "이러저러한 아이디어 또는 콘셉트를 가지고 스토리 시놉시스를 정리해 줘."라고 주문해도 어렵지 않게 그럴듯한 결과를 얻을 수 있다. 그러나 대다수는 뻔하거나 식상하거나 만족스럽지 않은 결과물일 것이다. 그러나 생성형 AI를 탓하면 안 된다. 이렇게 주문(질문)을 바꿔보면 어떨까? "크리스토퍼 보글러의 『영웅의 여정』 12개 시퀀스 플롯구조에 기초해서 스토리 시놉시스를 정리해 줘." 또는 '장르의 규칙' 가이드라인을 첨부하고 "스릴러 장르의 보편적인 플롯에 기초해서……."라고 주문하면, 사용자는 훨씬 그럴듯한 결과를 얻을 수 있을 것이다. 어떤 사용자는 '구체적으로 질문하라.'는 지침을 따르겠다는 생각에, '주인공은 이렇고 저렇고, 시공간 배경은 이렇고 저렇고, 사건은 이렇고 저렇고…….' 주문하는 경우가 있다. 글쎄, 나는 그다지 바람직하지 않다는 생각이다. 오히려 단계적으로 접근해서 처음에는 모호하고 추상적이어도 '큰 덩어리'의 스토리로부터 시작해서, 조금 더 상세하게 들어가고, 나아가 하나둘 디테일을 파고드는 방법을 추천하고 싶다. 생성형 AI의 답변(결과)이 신통치 않다면, 대개의 경우 사용자의 질문(주문)이 신통치 않았기 때문일 가능성이 높다. 다시 수정하거나 보완한 질문(주문)을 던져주면 된다.

만일 "(김태원의)『욕망의 레시피』 또는 '4막-24블록 플롯구조'에 기초해서……."라고 주문하면 어떤 결과가 나올까? 그때그때 다른 결과가 나올 것이다. 어떤 경우에는 생성형 AI가 그럴듯한 거짓말로 답변할 수도 있고, 다른 경우에는 '욕망의 레시피(4막-24블록 플롯구조)'에 관한 정보를 찾을 수 없다'라고 답할 수도 있다. 이유는 뻔하다. 생성형 AI가 의존하는 데이터의 절대다수가 미국 할리우드 등 서양이기 때문에 그렇고, 나의 스토리이론이 그만한 저변을 충분히 가지고 있지 않기 때문에 그런 결과가 나온다. 물론 크리스토퍼 보글러의 『영웅의 여정』이나 블레이크 스나이더의 『Save The Cat!』에 대해서도 '찾을 수 없다'라거나 예상 밖의 거짓말로 답변할 가능성도 있다.

이에 대한 사전/사후 조치가 필요하다. 생성형 AI가 알고 있는 스토리 창작의 '규칙'과 '스킬'이 너무 보편적이고 광범위한 것이기 때문에, 사용자가 꼭 필요하다고 생각하거나 주안점을 두고 싶은 것을 지침으로 학습시키는 일이다. 이럴 때 몇몇 생성형 AI의 '프로젝트' 기능을 활성화하면 자동적으로 학습시키는 효과가 있으므로, 잘 활용하면 도움이 된다. 예를 들면, 크리스토퍼 보글러의 『영웅의 여정』이나 블레이크 스나이더의 『Save The Cat!』의 플롯구조 또는 '캐릭터셋업'의 개념을 파일로 등록해 놓는 것이다. 앞에서 내가 보여준 『욕망의 레시피』 '플롯구조'와 '캐릭터셋업'의 개념도를 참고하면 된다. 나처럼 다이어그램이나 이미지형식이 아니어도 상관없다. 내가 강조하는 지침을 글로 정리한 파일도 상관없다. '나만의 스토리 창작 규칙 10가지'처럼 정리한 지침도 괜찮다. 하나 더, 정식으로 질문(주문)에 들어가기 전에 학습시켜 놓는 게 바람직하지만, 채팅을 진행하는 중에 참고하거나 지침으로 삼도록 학습시키는 방법도 괜찮다.

스토리 창작, 개발 작업을 진행하는 과정에서, 생성형 AI가 너무 뻔한 답변을 내놓거나, 안이하고 느슨한 태도로 임하고 있다는 판단이 들면, 따끔하게 "내가 생각하는 핵심은……. 이를 명심해서 의견(답변)을 줘!"와 같은 식으로 사용자의 생각을 환기시켜 주면 도움이 된다.

되짚어 생각해 보자. 스토리는 인간의 보편적 정서와 상식에 부합하는 과제뿐만 아니라, '새로움' '또 다른 즐거움'을 만드는 과제도 안고 있다. 전자의 과제는 생성형 AI에게 어느 정도 맡겨도 된다. 물론 여기에도 사용자의 지침과 지도 편달, 그리고 사용자만의 선택과 결정이 필요하다. 이에 덧붙여 '새로움' '또 다른 즐거움'의 과제는 사용자만의 안목과 스타일 그리고 상상력과 창의력으로 승부해야 한다. 그렇다고 해서 사용자 혼자만의 고독한 '싸움'은 아닐 것이다. 사용자의 생각과 아이디어 때로는 가치관을 생성형 AI에게 던져주고 스토리를 완성하는 데 반영시켜야 한다. 생성형 AI가 사용자의 시간과 에너지를 절반 또는 그 이상 절감시켜 줄 수 있을 것이다. 절감된 시간을 어떻게 활용하느냐는 사용자의 선택에 달려 있다. 나는 사용자의 상상력과 창의력을 발휘할 시간으로 채우기를 바란다. 그래도 적당한 여유와 휴식을 즐길 시간이 사용자에게 주어질 것이다.

장르, 캐릭터, 버디/로맨스의 케미…: 어디에 주안점을 두고 창작할 것인가?

앞에서 보여준, '4막-24블록 플롯구조' '①상세 가이드'를 다시 한 번 봐 주기 바란다. 4막 구조의 아랫단에 '장르의 규칙'을 붙여놓았다. '4막-24블록 플롯구조'가 모든 스토리에 보편적으로 적용하는 '기본규칙'이라면, '장르의 규칙'은 장르라는 프리즘으로 구현된 현실의 스토리에 변주된다는 차원에서 '특수규칙'이라고 정의할 수 있다.

[클로드]나 [챗GPT]처럼 '프로젝트'의 파일 업로드 기능을 기본으로

제공하는 생성형 AI에서는 앞에서 보여준 3개의 이미지 파일(PDF파일 포함)을 기본 장착해 놓으면, '프로젝트' 안에서 진행되는 어떤 채팅(방)에서든지 AI를 따로 학습시킬 필요 없이 편하게 소통하면 된다. 스토리 창작과 관련한 어떤 질문(주문)을 던지든지, AI는 "'4막-24블록 플롯구조'에 기초해 말씀드리면……." "『욕망의 레시피』의 '캐릭터셋업'에 따르면……." 이라고 답변을 해줄 것이다. MyStory에 고유하게 필요한 자료들도 마찬가지로 활용하면 된다. 그러나 '프로젝트'의 파일 업로드 기능을 제공하지 않는 생성형 AI, [제미나이] [코파일럿] 등에서는 하나의 채팅(방)을 열 때마다 일일이 '4막-24블록 플롯구조'나 '캐릭터셋업'에 관해 학습시키는 작업부터 시작해야 하고, MyStory에 고유한 자료파일도 그때그때 올려서 학습시켜주어야 한다. 다소 불편한 작업이다.

'벤치마크'에 관한 장에서 예시를 들어 설명한 바 있듯이, 사용자가 만족스러운 결과물을 얻기 위해서는, 다양한 접근법이 필요하다. 하나의 스토리 아이디어일지라도, 장르별로 풀어낼 때 장르에 고유한 사건과 규칙이 생성형 AI로부터 튀어나올 수 있다. 한 묶음으로 질문(주문)을 던져도 된다. 예를 들면, "이러저러한 콘셉트/아이디어 또는 특정한 4막 구조 스토리라인을 스릴러 장르/미스터리 장르/어드벤처 장르로 풀었을 때 어떤 스토리가 나올 수 있는지 정리해 줘." "각 장르별로 3개씩 제안해 줘."라는 주문을 던지면, AI는 각 장르별로 고유한 스토리라인을 제시해 줄 것이다. 그리고 한 마디 질문을 덧붙일 것이다. "세 가지 장르의 스토리 중 어느 것이 마음에 드시나요?" 또는 "어떤 장르 스토리를 좀 더 구체화시킬

까요?” 그러면, 하나의 장르 스토리를 선택하되, 사용자가 수정하거나 보완할 내용을 추가해서 주문하는 방식으로 진행해 보면 도움이 될 것이다.

어쨌든 이제 사용자의 간단한 주문(질문)에 AI는 장문의 답변을 제공해 줄 것이다. 세세한 대목에 들어가면, 좀 더 신중하게 검토하고, 수정 주문을 해주어야 한다. 구체적이고 상세한 대목으로 들어갈수록, 사용자의 주문은 최대한 구체적이고 명확한 게 좋다. 그러나 사용자의 아이디어가 별로 없거나 신통치 않다면 어떻게 해야 할까? 나라면, 새로운 채팅(방)을 별도로 만들어, 필요한 벤치마크를 찾을 것이다. 예를 들면, 캐릭터 세팅에 어려움이 있다면, “기존의 영화(드라마)에서 나의 주인공과 가장 비슷한 인물이 있다면, 누구일까?” 묻고, 답변을 기초로 나만의 주인공을 세팅하는 데 도움이 되는 상상의 나래를 펼쳐볼 수 있겠다. 특별한 이벤트(사건)나 장면을 만들 때도 마찬가지이다. 다만, 자주 말하지만, 생성형 AI의 첫 번째 답변에서 너무 큰 기대를 하지 않는 게 좋겠다. 그래도 답변의 결과를 보면, 다음의 질문을 조금 더 명료하게 다듬을 수 있으니, 그 자체로 심층적인 단계로 넘어갈 수 있다.

이제 사용자가 만족할 수 있는 결과물을 얻을 시간

스토리의 창작 결과물을 얻기 위한 주문(질문)에서, 일단 스토리의 기본 개념을 이해하면 도움이 되겠다.

좁은 의미의 영화 ‘트리트먼트’나 ‘회별 시놉시스’의 형식이 영화 TV/OTT시리즈 등 제작을 희망하는 콘텐츠에 맞춘 줄거리형식, 즉 ‘콘텐츠스토리’를 뜻한다면, ‘원천스토리’는 시놉시스와 트리트먼트의 사이에 있는

	로그라인 Log-Line	시놉시스 Synopsis	트리트먼트 Treatment	스크립트 Script
기본 개념 -영화가 표준형식-	2~10줄	A4 기준, 3~5쪽 안팎	30쪽 안팎	2시간 러닝타임 80~100쪽 안팎
	- 4막 구조 네 줄 로 그라인 또는 - 주인공의 핵심 결 핍과 욕망의 인과 구조	- 기획단계 줄거리 - 주인공의 핵심 결 핍과 욕망의 인과 구조를 따라, 4막 구조의 주요 사건 과 인물로 펼쳐지 는 스토리라인	- 스크립트 전 단계 줄거리 - 시퀀스 및 주요 씬 정리(소설 형식에 가 까움) - 24블록 스토리라 인	**시나리오** - 지문과 대사로 작 성 - 2시간 러닝타임 80~110씬
긴 호흡의 **스토리** ① TV/OTT시리즈	상동	- 기획단계 줄거리 - 결핍과 욕망의 인 과구조 - 4막-24블록 스토 리라인 - A4 기준, 5쪽 내외	'회별 시놉시스'로 표 현 - 에피소드 중심 회 별 줄거리 - 한 회 60분 30줄 안팎	**대본** - 지문과 대사로 작 성 - 러닝타임 60분 60~70씬, 35~40 쪽
긴 호흡의 **스토리** ② 웹소설/웹툰	상동	- 기획단계 줄거리 - 결핍과 욕망의 인 과구조 - 4막-24블록 스토 리라인 - A4 기준, 5쪽 내외	워낙 회당 짧은 분량 에 긴 호흡의 스토리 라서, 4막 - 24블록 스토리라 인으로 충분	**원고** - 소설 형식 - 1화 당 5쪽 내외 웹 툰은 글 콘티+그림

개념으로, 아직 영화나 TV/OTT시리즈 또는 웹소설/웹툰 등의 콘텐츠를 정해놓지 않고 작성되는 줄거리라고 정의된다.

'원천스토리'는 특히 요즘처럼 IP가 중요한 전략 자산이자 핵심가치로 부각되는 시대에 꼭 필요한 형식이다. 지금은 그 어느 때보다도 'One Source - Multi Use'OSMU가 활발한 시대이다. 과거에 OSMU란 개념의 'Source'란 캐릭터(애니메이션)가 중심이었고, 따라서 주로 어린이들을 대상으로 하는 상품 머천다이징이 'Use'의 중심이 되었다. 그러나 지금의 IP 개념은 캐릭터를 넘어서서 스토리 자체를 출발점으로 삼는다. 한 편의

     AI 시대, 스토리텔링의 재탄생

(원천) 스토리가 영화나 TV/OTT시리즈나 연극, 뮤지컬, 웹툰/웹소설 등 다양한 콘텐츠로 파생되면서, 머천다이징 시장의 파이도 훨씬 키우고 있는 상황인 것이다. 그런 점에서 〈신과 함께〉나 〈D.P〉 〈전지적 독자시점〉처럼 특정한 콘텐츠가 Multi Use의 출발점이 될 수도 있지만, 아직 특정한 콘텐츠를 예정하지 않은 상태에서도 '원천스토리' 그 자체가 가치를 갖는다. 다만, 현실의 저작권법이나 저작권제도에서는 현재의 상황을 적절히 반영하지 못하고 있다. 예를 들어 내가 아직 콘텐츠를 특정하지 않은 '원천스토리'를 창작했더라도, 이 스토리를 한국저작권위원회에 등록할 때에는 반드시 영화이든 TV/OTT시리즈이든 소설이든 연극이든 특정해야만 한다. 내 의지나 OSMU 전략과는 상관없이 특정한 콘텐츠에 국한해 저작권을 등록하는 현실은 많이 아쉽다.

'4막-24블록 플롯구조'에 기초한 전체 스토리가 확정된 상태라면, 이제 '원천스토리'를 작성하는 단계로 들어가 보자. 다시 「갑신정변 3일 천하」를 예로 들어 진행해 보자. [클로드]에게 아래와 같이 주문했다.

[갑신3일]의 원천스토리를 정리해 볼까?

- "원천스토리"는 일종의 '영화의 트리트먼트'라고 생각하면 돼.

- 분량 : 총 30쪽 정도면 좋겠어.

- 갑신정변을 일으킨 게 1884년 12월4일 저녁 7시 우정국 개국축하연회이니, 스토리의 시작은 12월 4일 오후 5시부터였으면 해. 그리고 김옥균을 비롯해 주동세력이 제물포항에서 일본으로 망명을 떠난 시간이 12월 6일 오후 5시경이라고 보고

스토리의 끝으로 삼으면, 총 48시간이 되네. 12간지 시간으로 총 24개의 챕터로 나눠서 정리하면 되겠다. 하나의 챕터 당 20줄 내외로 정리해 주기를 바래.

- 형식: [4막-24블록의 플롯구조]와 [[캐릭터셋업] 가이드]를 기초로 하되, 소설형식이어야 하겠지? 중간중간 중요한 내용은 대사로 살짝 표현해 주면 좋겠다. 다만, 줄거리를 정리하는 목적이니까, 전체 분량(챕터 당 20줄 내외)에서 대사의 비중은 20%이내로 해줘.

- [4막-24블록 플롯구조]에 기초한다고 해서, "1간지 시간=1개 블록"의 공식으로 풀면 안 돼. 그러면 1막이 너무 길어져서 스토리 초반이 너무 지루해 지거든. 내가 전체 스토리구조를 좀 더 명확히 해주면, 아래와 같아.

  *1막(블록1~블록6) : 챕터1 ~ 챕터2 (즉, 2개 간지 시간)

  *2막(블록7~블록12) : 챕터3 ~ 챕터12 (즉, 10개 간지)

  *3막(블록13~블록18) : 챕터13 ~ 챕터20 (즉, 8개 간지)

  *4막(블록19~블록24) : 챕터21 ~ 챕터24 (즉, 4개 간지)

- 참고로, 각 챕터의 마지막에는 다음 챕터가 기대되도록 클리프행어를 넣어줘야 해.

수정 보완을 위해 몇 차례 [클로드]와 치고받음이 있다가, 전체 24개의 챕터를 한꺼번에 스토리를 검토하는 방법은 바람직하지 않다는 결론에 이르렀다. 검토를 위해 내가 쏟아부어야 할 시간과 에너지가 만만치 않고, 수정 보완할 내용도 적지 않았기 때문이다. [클로드](아마도 모든 생성형 AI)가 자율적으로 정의한 구성과 형식, 그에 담겨지는 내용이 그다지 매력적이지 않다는 판단도 있었다.

소통의 방법을 바꾸기로 했다. 일단 시범적으로 챕터1의 스토리 구성과 형식을 먼저 정립하는 데 집중했다. 챕터1의 구성과 형식, 내용을 정립하면, 그것을 기준(포맷)으로 삼아 모든 챕터에 적용할 수 있다고 판단했다. 나의 판단은 효과가 있었다. 이렇게 [클로드]와 주고받았던 중간과정을 생략하고, 챕터1의 최종 결과물을 보면 아래와 같다.

2개의 결과물을 보여줄 텐데, 첫 번째는 내가 지침을 준, 5개의 인물그룹별 스토리라인을 정리한 결과물이다.

챕터 1. 유시(酉時, 오후 5-7시) **- 1884년 12월 4일**
소제목: "천천(天天) **- 하늘의 뜻을 따르며 천천히"**

[개화당 라인]

오후 5시. 김옥균의 사랑채에서 최종 점검이 끝났다. 박영효, 서광범, 홍영식이 각자의 임무지로 흩어진다. 김옥균은 석이에게 밀명을 내린다. 개화당 동지들에게 마음의 준비를 촉구하라고, 그리고 일본공사관에 가서 다케조에를 확인하라고. 석이가 북촌과 남촌을 누비며 사관생도와 행동대원들에게 밀명을 전한다. 6시, 홍영식이 우정국 연회장에서 최종 점검을 한다. 음식을 천천히 올리라는 지시, 8시 반까지 손님들을 묶어두어야 한다. 6시 30분, 박제경이 별궁 방화 준비를 하다가 포도청에 발각될 뻔한다. 긴박한 순간, 간신히 빠져나온다.

[고종과 민씨 척족 라인]

창덕궁 편전. 고종이 오늘 저녁 우정국 연회 참석 여부를 고민한다. 민비가 설득한다. "조선의 위상을 보여줄 기회입니다." 민영익이 연회복으로 갈아입으며 거울을 본다. 오늘 밤 외국 공사들 앞에서 자신의 권세를 과시할 생각에 들떠있다. 민영목이 민영익의 저택을 방문해 술잔을 기울인다. "개화당 놈들이 최근 수상하다던데?" "별거 아니겠지. 겨우 200명으로 뭘 하겠나." 환관 유재현이 궁녀들을 독촉한다. 중전 마마를 모실 준비를 서두르라고.

[청나라 라인]

청군 주둔지 식당. 원세개가 부하 장교들과 저녁 식사를 한다. 오늘 우정국 연회에 청나라 대표로 누가 갈 것인가를 논의한다. 오조유가 나서겠다고 한다. 원세개는 고개를 끄덕이며 "조선 놈들이 청을 얼마나 우러러보는지 확인하고 오게" 웃는다. 청군 병영은 여전히 느슨하다. 병사들이 저녁 배식을 받으며 떠든다. 조선 따위는 안중에도 없다.

[일본 라인]

오후 5시 30분. 석이가 일본공사관에 도착한다. 다케조에를 만나 확인한다. "오늘 밤 약속을 지키시겠습니까?" 다케조에가 웃으며 답한다. "명령대로 하겠네." 하지만 석이가 떠난 직후, 다케조에는 시마무라에게 다른 지시를 내린다. "홍영식에게 전갈을 보내라. 몸이 아파 연회에 참석하지 못한다고." 시마무라가 놀란다. "공사님, 그럼 계획이…" 다케조에의 차가운 눈빛. "상황을 보는 거야. 김옥균이 정말 해낼 수 있는지." 6시, 홍영식이 이 전갈을 받는다. 당황한다. 급히 사람을 김옥균에게 보낸다.

[주인공 라인]

석이가 일본공사관을 나와 우정국으로 향한다. 거리에는 저녁 장사 준비하는 사람들로 붐빈다. 평온하다. 우물가에서 다시 윤씨 궁녀를 만난다. 그녀가 물동이를 이고 가는데, 석이와 눈이 마주친다. "조심하세요." 그녀가 작은 목소리로 말한다. 석이가 멈춰 선다. "무슨…" 하지만 그녀는 이미 사라졌다. 석이는 불길한 예감을 느낀다. 6시 30분, 김옥균의 저택으로 돌아온 석이에게 급보가 전해진다. 다케조에가 연회 불참한다고. 석이와 김옥균이 당황한다. 일본군 없이는 청군을 막을 수 없다. 박영효가 헐떡이며 달려온다. "형님, 어찌하시겠습니까?!"

[클리프행어]

7시. 한성의 하늘이 어두워진다. 우정국의 등불이 하나둘 켜진다. 개화당은 최대 위기에 빠졌다. 하지만 물러설 수 없다. 석이가 형님에게 말한다. "제가 다시 가보겠습니다." 운명의 2시간이 시작된다.

이 결과물을 기초로 먼저 수정 보완하는 게 효과적이다. 예를 들면, 위에서 [클로드]의 결과물을 보면, '고종과 민씨 라인'이나 '청나라(원세개) 라인'까지도, 개화당의 거사계획을 이미 미루어 짐작하고 있는 것으로 정리되어 있다. 이것은 개연성이 부족할 뿐더러, 별로 재미도 없다. 5개의 스토리라인에 대해서 개별적으로 수정 보완의 지침을 제시해 준다. 이렇게 챕터1의 스토리를 정리하는 과정을 선행한 후, "챕터1의 정리를 기준으로 삼아, 챕터2~챕터24의 스토리를 정리해 달라."고 주문하면 된다. 혹시라도 함께 정한 스토리의 구성과 형식에 대해 100% 확신이 들지 않는다면, 1~2개의 챕터를 추가적으로 정리하면서 가다듬고 난 후 나머지 챕터의 스토리를 진행해도 좋다.

다음 두 번째는 5개의 스토리라인을 시간순서에 따라 구성한 시놉시스이다.

챕터 1. 유시(酉時, 오후 5-7시) - 1884년 12월 4일

소제목: "천천(天天) - 하늘의 뜻을 따르며 천천히"

오후 5시. 김옥균의 사랑채에서 최종 점검이 끝났다. 박영효, 서광범, 홍영식이 각자의 임무지로 흩어진다. 김옥균은 석이에게 밀명을 내린다. 개화당 동지들에게 마음의 준비를 촉구하고, 일본공사관에 가서 다케조에를 확인하라고. 같은 시각, 창덕궁 편전에서는 고종이 오늘 저녁 우정국 연회 참석 여부를 고민하고 있다. 민비가 설득한다. "조선의 위상을 보여줄 기회입니다." 청군 주둔지 식당에서는 원세개가 부하 장교들과 저녁 식사를 하며 "조선 놈들이 청을 얼마나 우러러보는지 확인하고 오게"

웃고 있다.

5시 30분. 석이가 일본공사관에 도착한다. 다케조에를 만나 확인한다. "오늘 밤 약속을 지키시겠습니까?" 다케조에가 웃으며 답한다. "명령대로 하겠네." 민영익은 자신의 저택에서 연회복으로 갈아입으며 거울을 본다. 오늘 밤 외국 공사들 앞에서 자신의 권세를 과시할 생각에 들떠있다. 민영목이 찾아와 술잔을 기울인다. "개화당 놈들이 최근 수상하다던데?" "별거 아니겠지. 겨우 200명으로 뭘 하겠나." 석이가 일본공사관을 떠나자마자, 다케조에는 시마무라에게 다른 지시를 내린다. "홍영식 에게 전갈을 보내라. 몸이 아파 연회에 참석하지 못한다고." 시마무라가 놀란다. "공사님, 그럼 계획이…" 다케조에의 차가운 눈빛. "상황을 보는 거야."

6시. 홍영식이 우정국 연회장에서 최종 점검을 하던 중, 일본공사관의 전갈을 받는다. 다케조에가 불참한다고. 당황한 그가 급히 사람을 김옥균에게 보낸다. 석이는 우정국으로 향하던 길에 우물가에서 다시 윤씨 궁녀를 만난다. "조심하세요." 그녀가 작은 목소리로 말하고 사라진다. 석이는 불길한 예감을 느낀다. 환관 유재현이 궁녀들을 독촉한다. 중전마마를 모실 준비를 서두르라고. 청군 병영에서는 병사들이 저녁 배식을 받으며 느긋하게 떠든다. 조선 따위는 안중에도 없다.

6시 30분. 박제경이 별궁 방화 준비를 하다가 포도청에 발각될 뻔한다. 간신히 빠져나온다. 김옥균의 저택으로 돌아온 석이에게 급보가 전해진다. 다케조에가 연회 불참한다고. 석이와 김옥균이 당황한다. 일본군 없이는 청군을 막을 수 없다. 박영효가 헐떡이며 달려온다. "형님, 어찌하시겠습니까?!" 김옥균의 얼굴이 창백해진다. 하지만 그는 이내 결심한다. "석이, 자네가 직접 다케조에를 만나라. 약속을 어기면 안 된다고, 맹세를 저버리면 어떻게 되는지 똑똑히 일러주라."

7시. 한성의 하늘이 어두워진다. 우정국의 등불이 하나둘 켜진다. 석이가 다시 일본공사관을 향해 달린다. 원세개는 느긋하게 저녁을 마치고 일어선다. 민영익은 가마에 올라 우정국으로 향한다. 홍영식은 연회장 입구에서 손님들을 맞을 준비를 한다. 떨리는 손. 김옥균은 사랑채에서 혼자 개혁안을 응시한다. 구겨진 종이들. 그가 눈을 감는다. 운명의 2시간이 시작된다.

물론 첫 번째 주문("20줄 내외의 챕터별 시놉시스 작성")에 따른 첫 번째 답변의 결과물이 만족스럽다면 다행이지만, 100% 만족할 수는 없다. 이제 디테일의 시간이다. 생성형 AI가 내놓은 결과물에 대해 사용자의 신중한 검토와 상세한 수정 보완 주문이 계속 이어져야 한다. 디테일로 들어갈수록 생성형 AI보다 사용자의 역할과 노력이 많아질 수밖에 없다.

AI가 내놓은 결과물을 복사해서 당신의 노트북에서 옮겨놓고 수정, 보완 작업 및 편집을 한 후, 생성형 AI에게 다시 첨부 파일로 업로드해서 "문맥과 문장을 다듬어달라."는 주문도 가능하다. 추가적으로 첨부 파일로 업로드한 해당 '원천스토리'가 사용자가 지침으로 제공한 '플롯구조'나 '캐릭터셋업'에 맞게 작성되었는지 점검해 달라고 요청하는 것도 가능하다. "'4막-24블록 플롯구조'에 기초해 분석해 줘. 혹시 오류나 문제가 있다면 지적해 줘. 수정 보완의 대안을 제시해 줘."라거나 "『욕망의 레시피』의의 '캐릭터셋업' 가이드에 기초해 분석해 줘."라고 주문하는 식이다. 이 작업까지 어느 정도 만족스럽게 되었다면, 나의 스토리는 드디어 세상과 만날 준비가 되었다고 생각하면 된다. 여기까지 수고 많으셨다.

'원천스토리 개발 단계'에서의 실습 체크리스트

기본 원칙

- 스토리 개발의 순서는 4줄 로그라인 중심으로 전체 스토리의 아웃라인 결정 (향후 변경 가능)

→ 4막-24블록을 기준으로 할 때, 한 막 또는 그보다 작은 단위(3개 블록)로 작업하는 게 바람직하다.

특히 초반 작업에 집중할 필요가 있다. 이때의 작업결과가 전체의 톤앤매너나 스타일을 좌우한다.

- AI 답변에 100% 만족하지 말고 최소 3번은 수정 요청

이때 AI가 만든 플롯을 그대로 쓰지 말고, 최소 30% 이상은 내 손으로 수정하시라.

- 24블록 모두 완성 후 전체를 한 번에 읽어보기

→ 친구나 동료에게 읽어주고 반응 확인하기

- 긴 호흡의 스토리에서 AI가 앞 내용을 잊어버릴 수 있으니, 전체 맥락을 직접 점검해야 한다.

STEP 1 : 기본 세팅 (AI내 '프로젝트' 만들고 기본파일 올리기)

- AI 프로젝트 생성 (제목: "내 작품명_원천스토리")
- [4막-24블록 플롯구조] 파일 업로드 (또는 설명 제공)
- [캐릭터 셋업 가이드] 파일 업로드 (또는 설명 제공)
- 자료 조사 및 취재과정에서 얻은 중요/기본 파일 업로드 (또는 설명 제공)
- 이전 단계(브레인스토밍)의 콘셉트 정리 내용 제공

STEP 2 : 주인공과 갈등 설정

- 주인공의 결핍 5가지 중 핵심 결핍 포함 최소 2가지 이상 설정

("가난/장애/고립/비밀/트라우마" 또는 매슬로우 5단계 욕구에 대응하는 결핍)

- 주인공의 즉자적 욕망 정하기 (표면적 목표와 습관적·즉흥적 태도)
- 주인공의 대자적 욕망 정하기 (근본적 목표와 전략적·사활적 태도)
- 안타고니스트(악마) 정하기

STEP 3: 24블록 플롯 구성

- AI에게 1막(1~6블록) 시놉시스 요청

- 받은 내용 검토 후 수정 요청 (예: "2번 블록의 결핍이 너무 약해. 더 심각하게 만들어줘")

- 만족스러우면 2막(7~12블록) 진행

- 각 막마다 최소 3회 이상 수정·보완 반복

STEP 4: 캐릭터 10개 셋업

- 주인공과 안타고니스트(악마) 세팅하기

주인공과 안타고니스트(악마)에 대해서는 ①에니어그램 또는 MBTI 테스트를 통해 어떤 성격유형인지 판단 및 확인하고 충분히 이해할 필요가 있고, ②출생에서부터 성장과정에 관해 History와 비밀스러운 사연을 세팅해 주어야 한다.

- 전체 10개 캐릭터를 실제적인 등장인물로 세팅하기

STEP 5: 일관성 점검 (직접 하기)

- 1막의 설정이 4막까지 일관되는가?

- 주인공과 안타고니스트(악마)의 성격이 중간에 바뀌지 않았는가?

- 인물 관계가 중간에 바뀌지 않았는가?

STEP 6: 안전 점검

- 기존 유명 작품과 너무 비슷하지 않은가?

- AI가 제시한 사실 정보 확인했는가?

- 윤리적으로 문제될 내용은 없는가?

Prompt: 4. 콘텐츠스토리 개발 단계의
AI 스토리텔링

스토리가 이전부터 있던 것이거나 작가 자신이 창작한 것이거나 간에, 작가는 자기 스토리의 핵심 플롯을 세운 후에 그것에 에피소드를 채우고, 디테일로 풍성하게 다듬어야 한다.

- 아리스토텔레스의 『시학』 제17장

스토리 기획창작 FLOW

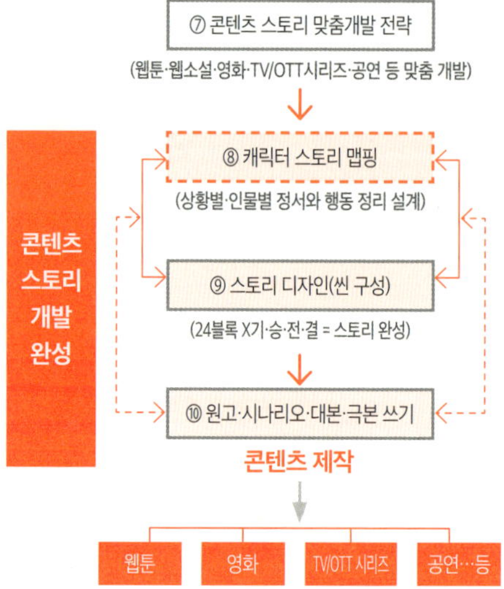

스토리 기획창작 FLOW

AI 활용 TIP

콘텐츠 스토리 개발 완성 단계

- 콘첸츠의 형식(예: "TV시리즈 8부작 드라마…" 등)을 지정해 주고, 그에 맞춰 시놉시스-Script의 세부 단계로 심화해 나간다. 처음부터 바로 Script로 나가지 말고, 큰 덩어리에서 시작해 디테일로 나가는 방식이 바람직하다.

- 어떤 생성형 AI도 이 단계에서 높은 완성도를 기대해서는 안 된다. 따라서 AI의 답을 초안으로 삼아 내가 수정 마무리한 후, AI에게는 모니터링을 시키는 방법으로, 즉 AI를 보조수단으로 삼아 나의 주도적인 작업으로 진행하는 게 바람직하다.

- 모니터링의 방법은 간단하다. 내가 작성한 파일을 PDF로 전환시킨 후에, AI에게 올리고 의견을 묻는다. 두루뭉실하게 "어때?"라고 묻기보다, 모니터링의 특정한 기준(예: "캐릭터의 역동적 정서곡선")을 제시하는 방법이 바람직하다.

　AI 시대, 스토리텔링의 재탄생

'콘텐츠스토리 개발 단계'의 도전과제

앞의 173쪽에 있는 '트리트먼트' 형식을 다시 떠올려주기 바란다. 영화에서는 그냥 트리트먼트라고 부르고, TV/OTT시리즈를 비롯해 웹툰/웹소설 등 '회별 연속성을 갖는 긴 호흡의 스토리'에서는 '회별 시놉시스'라고 부른다. 보통 트리트먼트라고 통칭하지만, '콘텐츠스토리 개발 단계'에서는 구분해서 부르는 게 이해하기에 편할 것 같다. 왜냐하면 이제부터는 사용자(창작자)가 겨냥한 콘텐츠가 영화냐 시리즈냐 아니면 웹툰 또는 웹소설이냐, 더 나아가서 숏폼이냐에 따라서 그에 맞춤하는 형식을 갖추어야 하기 때문이다.

콘텐츠 맞춤형 스토리텔링 전략

영화 〈부산행〉의 연상호 감독이 TV시리즈의 메인작가로 데뷔한 작품이, tvN에서 2020년 초 방영한 〈방법〉(訪法)이라는 작품이다. 오컬트 장르의 드라마가 성공하지 못할 것이라는 비관적 전망을 넘어서 의외의 호의적 반응을 불러일으키면서, TV 방영이 끝나면서 기자간담회가 열렸다. 그 자리에서 연상호 작가가 말한 몇 가지가 매우 인상적이었다. 대표적으로 TV시리즈 '스토리텔링의 전략이 효과가 있었다.'라고 말하는 대목이 있다. 옮겨보면 아래와 같다.

> "아무래도 영화와 드라마의 가장 큰 차이점은 사건 전개의 호흡이었던 것 같아요. 하나의 이야기가 전개되는 방식, 시청자에게 도달하는 호흡이 영화와는 매우 다르기 때문에 전체적인 에피소드의 배치를 어떻게 할 것인지가 가장 큰 숙제였죠. 초반의 전개를 빠르게 배치하고, 뒷부분을 앞에 깔아둔 퍼즐 형태의 에피소드를 맞춰가는 재미를 주는 것이 이번 스토리텔링의 전략이었어요."
>
> 연상호 작가는 "〈방법〉을 쓸 때 여러 작품에서 모티브를 받았다. 만화 「20세기 소년」의 퍼즐 형식에 영향을 받았고, 영화 〈곡성〉의 분위기와 소설 『보기왕이 온다』에서도 영향을 많이 받았다."고 말하기도 했다.

드라마 〈방법〉의 작가로서 임했던, 연상호 감독의 창작전략을 말하는 대목에서, 영화나 TV/OTT시리즈 또는 웹툰/웹소설 등 콘텐츠의 형식(포맷)과 표현방법에 맞춘 스토리텔링의 전략이 갖는 중요성을 충분히 이해할 수 있을 것이다. 더불어 '콘텐츠 맞춤형 스토리텔링 전략'의 출발점이 다름 아니라 다양한 작품의 벤치마크를 통해서 얻어졌다는 사실도 밝히고 있다. MyStory가 추구하는 새로움 또는 참신함이나 신선함은, 새로운 소재의 발굴에서부터 시작되지만 그것으로 만족될 수는 없다. 소재가 기본요소라면, 똑같은 소재라도 그것을 스토리로 옮기고 다루는 관점과 방법, 즉 스토리텔링의 전략에서의 차별성과 독창성을 갖추어야 만족스러운 스토리가 만들어질 수 있는 것이다. 그렇다면, 개성 있고 완성도 높으며 그래서 매혹적인 스토리란 내가 구분하는 단계 중에서 '브레인스토밍' 단계 때, 특히 '벤치마크 분석' 작업 때 이미 결정된다고 해도 과언이 아니다. 그 이후 '원천스토리' 단계와 여기 '콘텐츠스토리' 단계에서의 작업은, 그때 정의하고 확정한 스토리텔링의 전략을 구현하는 과정이라고 할 수 있다.

스토리디자인 또는 콘텐츠 맞춤형 스토리 설계 작업

모든 스토리의 표준이 되는 콘텐츠는 소설과 영화이다. 인류의 가장 오래된 수공업적 창작물인 소설이 가장 근본적인 표준이라면, 자본주의시대의 상업적인 콘텐츠의 표준은 영화이다. 따라서 영화에 맞춘 스토리 디자인 또는 스토리 설계 작업은 '4막-24블록 플롯구조'에 기초해서 작업하면 된다. 예를 들면 영화의 스토리 디자인은 다음 200~201쪽과 같이 표현된다.

TV/OTT시리즈 또는 웹툰/웹소설처럼 '회별 연속성을 갖는 긴 호흡의 스토리콘텐츠'에서의 스토리디자인은, 당연히 영화의 그것보다 훨씬 복잡성을 띤다. 영화를 '멀티플롯의 스토리'라고 말하지만, 현실적으로 120분의 러닝타임을 감안할 때 2개 이상의 플롯을 쌓아 올리기는 힘들다. 그러나 반대로 TV/OTT 시리즈 등 '회별 연속성을 갖는 긴 호흡의 콘텐츠'에서는 2개 정도의 플롯만으로는 긴 호흡의 스토리가 적절한 긴장감을 가지고 진행되기에는 턱없이 부족하다. 그래서 보통 4~5개의 플롯을 쌓아올리는데, 그럴 경우 자칫 스토리가 너무 산만해질 염려가 크고 시청자의 정서적 몰입을 이끌어내기가 어렵기 때문에, '포맷'Format이라는 개념에 기초해 매회 스토리를 구성하는 게 일반적이다. 그 전형을 만든 게 바로 2000

<table>
<tr><th colspan="6">〈1막〉 설정과 도입</th><th>시작점</th><th colspan="5">〈2막〉 즉자적 욕망의 추구</th></tr>
<tr><th>(1)</th><th>(2)</th><th>(3)</th><th>(4)</th><th>(5)</th><th>(6)</th><th>(7)</th><th>(8)</th><th>(9)</th><th>(10)</th><th>(11)</th><th>(12)</th></tr>
<tr>
<td>오프닝 이벤트
[프롤로그/주인공 일상]</td>
<td>주인공의 소개(1)
[평온한 일상속의 '결핍']</td>
<td>주인공의 소개(2)
'결핍'을 해소하려는 일상적 노력</td>
<td>도입 이벤트
[2번블록 '결핍'과 맞닥뜨리다]</td>
<td>이벤트의 후유증
(혼란/딜레마)</td>
<td>후유증의 일시적/즉흥적 해소
→시작점의 구성</td>
<td>핵심행동의 시작(결정)
[2번블록 '결핍'의 해소=즉자적 욕망]</td>
<td>주인공의 자격 시험
+ B-Story의 시작</td>
<td>악마의 발톱
('콘타고니스트' 등장)</td>
<td>C-STORY의 조력자들 참여</td>
<td>콘타고니스트와의 투쟁
→[즉자적 욕망의 성취] (착각/오판)</td>
<td>좌절의 위기
[대자적 결핍을 깨닫는 계기]</td>
</tr>
<tr>
<td>주인공의 일상 소개
주인공의 특별한 능력 또는 가치관</td>
<td>주인공이 가진 특별한 능력과 사연, "소극적 노력"은 반항/자포자기도 포함 ※ 로맨스(버디)스토리: 각각 남녀(버디) 주인공의 소개로 구성
'평온한/익숙한 일상 속 결핍': 2막의 시작점을 구성하는 '내적 동기/상황' (결핍: ①가난 ②질병/장애 ③고립무원 ④비밀사연 ⑤특이성격: 중복 가능)</td>
<td></td>
<td>사건에 휘말리고 누군가의 역임
"어떤, 계기랄!" "하필 왜 내게 이런 일이!"</td>
<td>딜레마(욕망의 추구와 상실의 두려움의 충돌) 및 그 해소(일시적/즉흥적)
(앞 ②~⑤블록의) 내적 동기 + (지금 블록의) 상황적 계기</td>
<td></td>
<td>욕망의 공간으로 진입(이동)
"그래, 한번 해보자!" "나라고 못할 게 뭐 있어?"</td>
<td colspan="3">3~5곳의 메인스토리 공간 활용
평온하고 익숙했던 일상의 관점과 태도로, 외적 목표(욕망의 대상)를 향해 추구하고 이루어지는 듯 보이지만, 두려워 하고 걱정했던 상황이 발생하면서 좌절과 위기가 초래된다.</td>
<td></td>
<td>즉자적 욕망이 성취된 듯 했지만, 그것은 착각일 뿐! 좌절과 위기!!</td>
</tr>
<tr>
<td></td><td></td><td></td><td></td><td></td><td></td><td></td>
<td>B-Story 인물과의 관계 시작 (유쾌하지 않은 동거의 시작)</td>
<td></td><td></td>
<td>주인공에 대한 감정이 호감으로 변화</td><td></td>
</tr>
<tr>
<td></td><td></td><td></td>
<td>전령 (전령적 이벤트)</td><td></td>
<td>멘트 (2막을 여는 상황적 계기 제공)</td><td></td>
<td>시험관 (시험 이벤트)</td><td></td>
<td>C-Story 조력자들의 합류 시작</td><td></td>
<td>멘토가 있을 경우, 퇴장(죽음/이별)</td>
</tr>
<tr>
<td colspan="3">1~12%</td>
<td>12%   15.84</td>
<td colspan="2">12~25%</td>
<td>25%   33.0</td>
<td colspan="4">25~50%</td>
<td></td>
</tr>
<tr>
<td></td><td></td>
<td colspan="2">러닝타임 가이드   0:15:50</td>
<td></td><td></td>
<td>러닝타임 가이드   0:33:00</td>
<td></td><td></td><td></td><td></td><td></td>
</tr>
<tr>
<td>0:00:01 ~ 0:03:40</td>
<td>~ 0:07:31</td>
<td>~ 0:10:55</td>
<td>~ 0:17:34 (14분 내외 터닝포인트)</td>
<td>~ 0:21:24</td>
<td>~ 0:22:56</td>
<td>~ 0:27:51</td>
<td>~ 0:32:56</td>
<td>~ 0:34:50</td>
<td>~ 0:37:45</td>
<td>~ 0:49:31</td>
<td>~ 0:56:31</td>
</tr>
<tr>
<td>1979.10.26. 절대권력의 빈 자리</td>
<td>스타배우가 된 듯 행동하는 전두광. 그를 견제하기 위해 정상호가 이태신에게 수경사령관을 제안하지만, 거절당한다</td>
<td>전두광의 전횡과 폭주가 도를 넘어서다.</td>
<td>반대편인 이태신과 정상호가 손을 잡다. 치명적 대결로 치닫는 전두광·하나회 vs 이태신·非하나회</td>
<td>정상호를 회유하기 위해 노력하지만, 오히려 면박과 수모만 당하는 전두광. 정상호 수사를 지시한다.</td>
<td>전두광·하나회를 몰살시키려는 정상호. (전두광의 선택은 무엇이 될까?)</td>
<td>정상호체포작전(12.12.쿠데타)에 착수 하나회 비밀회동에서 거사일을 정하다.</td>
<td>꼬장꼬장한 이태신. 우선 과제; 그의 발을 묶어놓아야 한다.</td>
<td>하나회 반란군들이 집결하다. 12.12쿠데타가 본격 시작되다!</td>
<td>충격전이 난무하는 혼란과 소란속에서 정상호총장의 강제연행이 성공하다. (주인공의 즉자적 욕망 성취)</td>
<td></td>
<td>정총장 강제연행 소식을 들은 이태신의 주도아래 전두광을 체포하려고 움직인다.</td>
</tr>
<tr>
<td>(주요 크레딧 타이틀)

이태신이 지하 벙커로 들어서며 "무슨 상황이냐?"고 묻지만, 누구도 답하지 못한다. (~0:01:42)

곧 이어 등장한 국무총리(최한규)가 박정희대통령의 서거사실을 알리고, 비상국무회의에서 육군참모총장이자 계엄사령관 정상호는 계엄법에 따라 보안사령관 전두광을 합동수사본부장으로 임명한다. (~0:02:25)

전두광은 서빙고 분실에서 대통령 살해범 김동규를 취조한다. "세상은 바뀐 것 없어 그대로"라고 말한다. (~0:03:02)

18년간 집권했던 절대권력은 사라졌지만, 희망찬 새 시대는 오지 않았고, 권력의 빈 자리를 탐내는 자들은 더 짙은 야욕을 끌고 왔다. 이 영화는 그해 겨울 철저히 감춰졌던 그 이야기다. (~0:03:35)

(타이틀 인)</td>
<td>※이 영화의 주인공은 누구인가?
- '주인공은 선(善)하다'는 철칙을 생각하면, 주인공은 이태신이다
- 그러나 〈서울의 봄〉은 제목과는 반어적으로, "서울의 봄을 궤멸시키고 무너뜨린 나쁜 놈" 전두광이 주인공인 영화이다.
- 또는 역설적으로, 악한 전두광과 선한 이태신의 기묘한(?) 버디스토리로 해석해도 된다. 물론 그렇더라도 전체 스토리를 주도하는 제1주인공은 악한 전두광이다
※따라서 메인플롯은 전두광의 결핍과 욕망을 중심으로 스토리가 구성되어 있다. 해석과 분석도 그렇게 보면 된다.

대통령 살해사건 수사결과 발표 기자회견을 준비하는 전두광 : 마치 연극배우처럼 현 상황에서의 캐릭터를 세팅하는 치밀한 악마의 모습으로 비쳐진다. (~0:04:33)

11월6일, 전두광의 기자회견 발표가 흐르는 가운데, 한남동 공관촌에 도착한 이태신(육군본부 교육참모부 차장)이 정상호를 만난다. TV를 통해 전두광이 "정상호장군은 이번 사건에 아무 관련이 없다"고 말하는 것을 듣는 정상호 (~0:05:30)

정상호는 이태신에게 하나회에 대한 생각을 묻는다. "군대내 사조직이 활개치게 놔둬서는 안된다"고 단호하게 답하는 이태신. 정상호는 이태신이 전두광과의 불편한 관계에 있다는 사실을 짚고, 보안사 해체축소의견을 담은 충령 시절 논문을 거론하며, 사심없이 일하기로 소문난 이태신에게 수도경비사령관을 맡기기로 봤다고 말한다. 그러나 이태신은 과분한 자리라며 단박에 거절한다. 당황하는 정상호. (~0:07:20)

집에서 아내와 식사를 하는 이태신. 불편한 심기를 눈치챈 아내가 "무슨 일 있나?"고 묻지만, 아무 일 아니라고 답한다. (~0:07:31)</td>
<td>각 부처 차관들을 소집해 국무회의하듯 보고를 받는 전두광. 이로 인해 심기가 불편한 정상호. 기자들에 둘러싸여 답변하는 전두광을 걱정스럽게 바라본다. 전두광 옆을 지나 청사에 들어서는 이태신 (~0:09:04)

11월9일, 전군지휘관회의에서, 정상호는 정치군인을 경계하고 자중하려는 지시를 내리고, 하나회 멤버들은 "누구 들으라며 하는 말이냐?!"며 불관스러워 한다. (~0:09:42)

회의가 끝나고, 전두광은 정상호에게 "갑종 출신의 딱딱한 이태신"을 수경사령관에 앉히는 것을 반대하며, "서친된 육사출신의 노태건"을 추천한다. 정상호는 발끈하며 "인사권을 간섭하지 말라"고 경고한다. 월권을 일삼는 전두광과 대립각을 세우는 정상호 (~0:10:55)</td>
<td>청사 복도에서 무리지어 걸어가는 전두광과 하나회를 마주친 이태신. 전두광은 이태신과 따로 이야기한다. 보안사의 폭주와 하나회의 패거리 모습을 비판하는 이태신. "우리 둘이 같은 편하면 힘이 될텐데." 하는 전두광에게 "대한민국 국군은 모두 같은 편"이라고 응수하는 이태신. (~0:13:28)

정상호는 역정을 내듯 이태신의 수경사령관 직을 수락하라고 독촉하지만, 완강하게 거절하는 이태신. 급기야 정상호는 전두광·하나회의 견제를 위해 맡아달라고 간청을 한다. 마지못해 수락하는 이태신. (~0:15:01)

11월16일, 이태신의 수경사령관 취임식. 이태신은 천인기 등 수경사나 하나회 멤버들을 확인한다. 하나회의 멤버로 가입시키는 전두광의 권력욕과 카리스마를 보여준다. (~0:17:10)

11월23일, 이태신을 찾아온 육본 헌병감 김준엽준장여. 워싱톤에서 미대사관으로 "전두광을 조심하라"는 전문이 왔다는 소식을 전한다. (~0:17:34)

※ 시작점(7번 블록)에 자세히 적혀 있지만, 이 영화의 프로타고니스트는 分 전두광이다. 전두광에게 이태신과 비원과 정상호총의 견제, 나아가 미국의 경계 등은 재앙(재난)처럼 덮치는 도입이벤트이다.</td>
<td>보안사령관실에서 전두광은 군의 인사를 좌지우지하려 한다. 하나회를 군의 중심에 세우려는 의도이다. 문일평대령은 전두광에게 정상호와의 관계를 좀더 협조적으로 만들 것을 건의한다. 11월27일, 전두광은 청와대 궁고에서 나온 9억원의 현금 중 2억원을 들고와 정상호에게 건넨다. 그러나 오히려 전두광의 전횡과 폭주를 꾸짖는 정상호. 합수부의 일들을 매일 계엄사령관인 자신에게 사전 보고하라고 지시한다. 분노에 이를 악무는 전두광. (~0:20:13)

보안사 서빙고분실. 전두광은 수사책임자 엄학주중령에게, 자신의 기존 입장을 뒤집고, 대통령 살해에 김동규와 정상호의 공모혐의를 수사하라고 명령한다. (~0:21:24)</td>
<td>국무총리 공관에서 회의에 들어가는 국방부장관에게, 정상호는 합수부 해체를 건의하지만, 미적대기만 하는 국방부장관. 정상호가 "전두광에게 돈을 받았나?"여 추궁하자, 고백하며 마지못해 "계엄사령관 뜻대로 하라."고 승인한다. 정상호는 곧 있을 군인사개편끼 전두광을 동해안방어사령부로 전출시키겠다는 뜻을 밝힌다. (~22:56)</td>
<td>집에서 바둑을 두고 있는 전두광을 노태건이 찾아온다. 하나회 멤버들을 한직으로 전출시키려는 정상호의 계획에 안절부절 못한다. 전두광은 동해안방어사령부로, 노태건은 방위사단으로 전출될 여경이다. 전두광은 정상호를 김동규와 엮으려는 계획으로 반격하겠다는 속내를 밝힌다. 우유부단한 성격에 머뭇거리는 노태건의 안색이 새파라진다. (~0:25:30)

그날 저녁, 통일주체국민회의에서 국무총리였던 최한규가 대통령에 당선되었다는 TV 뉴스가 나온다. 전두광은 혼잣말로, "거지말 염병을 하고 있네!" 독설을 내뱉는다. (~0:25:56)

12월8일, 〈계엄사령관 정상호 연행 요구서〉 문건을 놓고, 전두광과 노태건이 마주하고 있다. 불안감에 안절부절 못하는 노태건에게, 전두광은 박정희 쿠데타 때 육사생도들의 축하 퍼레이드를 조직했던 영웅담을 떠벌이며, 강압적인 카리스마로 노태건의 입을 막고, 강행의 뜻을 굳힌다. (~0:27:51)

※ 이 영화 스토리는 악인(惡人)대 슴(선인)...이라는, 일종에 악인견(惡人犬)이라고 할 수 있다.
프로타고니스트, 즉 욕망의 주체는 전두광이다. 따라서 전두광의 결핍과 욕망의 인과구조에 기초해서 스토리가 전개되어야 한다. 그렇다면 이 스토리에서 안타고니스트는 누구인가? 그 반대편에 서 있는 이태신이다. 이를 헷갈리면 안된다.
보통의 상업영화는 정반대의 스토리 텔링이어서 낯설 수도 있지만, 이 영화의 창작자는 악인이 승리하는 스토리를 통해, 오히려 그 악인의 더러운 욕망을 격나라하게 드러낼 수 있다고 판단했던 것 같다.
영화에서 정의는 패배하지만, 결과적으로 영화를 관람한 사람들의 혐오와 분노를 불러일으키는 데에는 성공했다. '이런 소재를 이렇게 스토리텔링하면 되겠구나!' 많은 것을 생각하게 하고 배우게 되는 탁월한 도전적인 스토리이다.</td>
<td>12월9일, 전두광 집에서 하나회 비밀회동이 열렸다. 정상호 체포(연행)이 실패하면 쿠데타로 다 몰살당한다는 걱정에, "이왕이면 혁명이라고 말하라!"며 독기어린 웅변으로 전체를 몰아부치는 전두광. 혁명의 영광을 혼자서만 독식하지는 않을 거라고 전두광이 말하자, 선배 장성들부터 시작해 하나둘 해볼 안 하다고 찬동한다. 결국 관건은 대통령의 재가라고 말하며, 12월12일을 거사일로 정한다. 일부의 참석자는, 수경사 이태신이 거사의 걸림돌이 될 것이라고 걱정한다. (~0:32:56)

※ 주인공의 자격시험 : 강렬한 카리스마로 주변 인물들을 압도하며 자기 생각대로 받아들이는 전두광의 능력
- 전두광의 악랄하고 비열한 카리스마는 황정민배우를 통해 빛을 발한다.
※ B-Story의 인물 : B-Story, 즉 핵심 조력자는 노태건이다. 그 외의 하나회 멤버들이 주인공 전두광의 조력자들, 즉 C-Story의 인물들이다.
※ 더 블록의 마지막에서 일부 참석자가 수경사 이태신을 경계하는 말을 한다. 마치 드라마의 회별 엔딩처럼, 다음 블록을 궁금하도록 만드는 후크이다. 안타고니스트 이태신은 무엇을 하고 있고 어떻게 대응할 것인가? 이런 후크는 드라마 뿐만 아니라 영화의 내러티브에서 무척 중요하다. 이 영화를 통해, 우리는 가장 모범적인 블록 구성을 배울 수 있다.</td>
<td>12월10일. 수경사 야포단 포 사격장. 훈련에 참관한 이태신에게 하나회 문일평대령이 찾아와, 전두광의 생일 겸 송별회 식사자리에 이태신을 초대한다. 특전사령관과 헌병감까지 참석한다는 말에, 이태신은 잠시 고민한다. (~0:34:04)

한편 문일평대령의 보고를 받은 전두광은 이태신을 무조건 참석시켜 불잡아둬야 한다고 명령하고, 노태건에게 12.12 작전계획을 주입시킨다. (~0:34:50)

※ 꼬장꼬장한 이태신.
주인공(전두광)이 넘어서야 할 첫번째 과제는, 12.12 거사에 장애가 될 인물들의 발을 묶어두는 것이다. 그 중심 인물이 이태신이다. 즉, 이태신이 안타고니스트로 설정되어 있다.</td>
<td>12월12일 16시.
경복궁 소재 30경비단으로 반란군들이 집결한다. 반란군은 30경비단 내에 통신감청실을 구축한다. (~0:35:12)

수경사로 이태신의 속옷 등을 챙겨들고 아내가 방문한다. (~0:36:04)

30경비단 작전실.
이태신이 식사자리 참석이 확인되었다. "작전명: 생일잔치"
노태건이 반란군 수뇌들에게 작전계획을 설명한다. 정총장의 연행과 동시에 대통령의 재가를 통해 합법성을 갖춰야 한다. 반란군 수뇌들은 아직 거사의 성공에 대해 반신반의이다.
재가 문건을 들고 비장한 표정으로 대통령에게 향하는 전두광. 마침 정총장의 갑작스러운 호출을 받는다. (~0:37:15)

17시30분. 정상호총장은 전두광의 동해안 발령을 위로하며, 김동규 최후진술 때 용공분자를 경계하는 발언이 있으면 좋겠다는 의견을 표한다.
12.12 거사가 들통났을까 봐 긴장했던 전두광은 한숨을 돌리며, 번뜩이는 아이디어를 내놓는다. 재판관련 보고사항이 있어서, 이따 저녁에 부하들을 공관으로 방문하게 하겠다고 말한다. 체포조에 대한 경계를 미연에 방지할 모책이다.
정총장 면담을 마치고 나온 전두광은 국무총리 공관(대통령 임시 집무실)으로 향하여, 노태건에게 "예정대로 진행한다"고 전한다. (~0:37:45)</td>
<td>18시10분. 정상호참모총장 체포조가 세종로를 통과한다. (~0:40:00)

18시20분. 연회동 요정에 이태신과 특전사령관이 도착한다. (~0:40:51)

18시28분. 국무총리 공관 위병소를 통과하는 전두광. (~0:41:08)

18시30분. 한남동 총장 공관촌에 도착한 반란군 체포조. 국무총리 공관(대통령 임시 집무실) 청사에 들어서는 전두광. (~0:41:22)

18시40분. 체포조 지원병력이 공관촌에 도착한다. 의상하는 경비대를 무력으로 제압한다. 한편 보고 면담을 빙자해 체포조가 청사로 들어건다. (~0:42:29)

18시50분. 연회동 요정. 전두광이 왜 오지 않나며 독촉하는 이태신. (~0:42:57)

대통령의 결재를 요구하는 전두광. (~0:43:36)

참모총장의 수사실 동행을 요구하는 정보처장. 김간의 실랑이끝에 결국 총격전이 시작된다. (~0:46:04)

대통령과 전두광의 대치.
연회동 요정에서의 소란.
참모총장 공관에서의 총격전.
연회동 요정에서의 소란.
참모총장 공관에서의 격렬한 총격전.
19시07분. 총격전을 보고받는 반란군 수뇌들이 불안해 한다.
대통령을 압박하는 전두광과 결재문건을 잃는 대통령.
19시13분. 총성을 듣고 출동한 헌병경비대. 그러나 체포조는 총격전끝에 참모총장을 차에 싣고 끌고 간다. (~0:48:36)

총성을 듣고 발벌 떠는 국방장관. 19시15분. 정상호총장의 강제연행이 성공한다. (~0:49:03)

19시17분. 육군본부(삼각지)에서 참모차장이 총격전을 보고받는다. (~0:49:18)

19시18분. 국방장관이 공관촌 밖으로 피신해 택시를 탄다. (~0:49:31)</td>
<td>연회동 요정에서 드디어 참모총장 공관의 총격전을 보고받는 이태신. (~0:50:11)

대통령은 전두광에게, 절차를 밟아서 내일 국방장관과 같이 다시 오라고 결론짓는다. 당혹스러운 전두광. (~0:50:46)

19시30분. 육군본부 B2벙커에서 대통령의 안위를 확인하는 전화. (~0:50:57)

19시33분. 이태신이 수경사령부로 복귀해, 보안사의 공격이 있었음을 보고받는다. 이태신은 헌병감에게 전두광 체포를 요청한다. (~0:51:47)

30경비단에서 대통령 재가소식을 기다리며 안절부절하는 반란군. (~0:51:58)

19시38분. 국무총리 공관 위병소에 전화를 건 헌병감이 전두광 체포를 명령한다.
여를 감청한 반란군 수뇌들이 긴장한다. (~0:53:01)

노태건은 국무총리 공관으로 전화를 걸어, 부하에게 당장 철수하라고 육박지른다. 대통령과 전두광의 치열한 공방 중에, 보안사에서 전두광을 찾는다는 전갈여 보고된다. 화를 내는 전두광. (~0:54:25)

19시50분. 총장 공관촌 입구에서 아군끼리 총격전이 벌어지는데, 이태신이 도착해 상황을 파악한다. (~0:55:03)

19시55분. 총력공관 경비대가 전두광의 체포를 시도한다. 차에서 내릴 것을 명령한다. 차 안에서 전독 불어있는 전두광. 전두광 부하들이 차에서 내린다. (~0:56:31)</td>
</tr>
<tr>
<td colspan="7">근대나 사조직 하나회를 사실상 이끌고 있는 전두광은, 박정희라는 절대권력이 사라진 빈틈을 노려 권세를 누리려 한다. 전두광·하나회를 견제하려는 정상호총장(계엄사령관)이 눈에 가시이다. 정상호총장은 전두광·하나회에게 비판적인 이태신소장을 수경사령관에 임명하고, 하나회 멤버들을 한직으로 발령내리려 한다. 전두광은 더 이상 물러설 수 없다는 생각으로 정상호총장에 대한 검거(대통령살해사건에 연루된 공범)를 계획한다.</td>
<td colspan="5">정상호총장 체포작전에 돌입한 전두광은 하나회에 비판적이던 서 군단(이태신수경사령관/특전사령관/헌병감)을 저녁식사에 초대해 발목을 잡아놓고, 정상호총장 체포와 대통령 재가를 시도한다. 정상호총장의 체포에는 성공했지만, 대통령 재가를 받지 못한 채, 역으로 이태신과 헌병감에 의해 체포당할 위기에 처한다.</td>
</tr>
</table>

전환점	〈3막〉 대자적 욕망의 추구					피크점	〈4막〉 최후의 결전				
(13)	(14)	(15)	(16)	(17)	(18)	(19)	(20)	(21)	(22)	(23)	(24)
핵심행동의 전환(결심) [세상의 악과 맞서기 시작하다]	악마의 전면 등장 [세상의 악이 본색을 드러내다]	B-STORY의 급진전 - 전열의 정비 -	악마와의 총력 투쟁(1) - 의기투합 / 승리 기대감 / 준비결행 -	악마와의 총력 투쟁(2) → 그러나, 역부족(패배/좌절 예감)	절망/상실의 위기 [악마의 악행이 극에 달하다]	핵심행동의 상승(결단) [분노의 힘으로 위겨 오르다]	악마와 최후의 결전	죽음의 위기	클라이맥스(Climax) [하늘은 스스로 돕는 자를 돕는다]	(행복한) 결말	에필로그
진실의 발견/운명의 전환	1~2곳의 공간으로 메인스토리 집결				가장 소중한 가치 또는 인물의 상실 : 물러설 수 없다!	최후의 결단 - "악마'는 없어져야 한다!!! -	이판사판 정면 승부	주인공은 '죽음의 위기'에 빠진다.	예기치 않았던 보상과 축복	대단원	에필로그 또는 속편의 암시
내적 갈등 해소에 일차적 주안점	결핍(욕망)의 본질 또는 사건의 진실을 깨닫고, 이전(2막)과는 180도 바뀐(전환된) 관점과 태도로 근본적인 투쟁에 나서지만, 아직 성숙하고 혼련되지 못한 탓에 더 큰 좌절과 위기가 초래된다.				악마'의 잔인무도함 극대화를 통한, 주인공의 절망/분노와 위기 절정	"물러설 수 없다, 죽기를 각오하고..!"	모든 것을 내려놓고 질주한다	죽음에 이르는 최악의 위기 : 안타깝지만, 그래도 후회는 없다!	"하늘은 스스로 돕는 자를 돕는다"	〈대자적+즉자적 욕망〉의 성취	속편의 암시
주인공을 향한 사랑에 확신을 갖다		B-Story 인물과의 관계 급진전	주인공과 함께 하다	주인공과 함께 하다		(주인공 "홀로" 나서야 한다!)			B-Story 인물의 마지막 조력 (하늘의 뜻을 대신 전하다)		
		주인공에게 큰 힘을 보태다	주인공과 함께 하다	주인공과 함께 하다		(주인공 "홀로" 나서야 한다!)					
50% / 66	50-75%					75% / 99	75-91%		93% / 122.76	97-100%	100% / 132
러닝타임 가이드 1:06:00						러닝타임 가이드 1:39:00			러닝타임 가이드 2:02:00		2:12:00
~ 0:59:55	~ 1:01:05	~ 1:02:41	~ 1:06:09	~ 1:20:28	~ 1:25:41	~ 1:29:26	~ 1:52:04	~ 1:59:55	~ 2:11:00	~ 2:15:32	~ 2:12:03
체포의 위기에서 죽기 살기로 탈출하는 전두광. 이제부터 전면전이다!!!	전두광·하나회의 총장 연행을 군사반란으로 규정하고 전닷게 하나를 발령한 육본.	전두광의 카리스마+노태건이 앞장서면서 여수선하던 반란군 수뇌부가 진정된다.	"오늘의 승부는 누가 먼저 서울에 진입하느냐에 달려있다." 두 진영의 각축전.	반란군의 전방위 공격 대통령 재가를 얻기 위한 노력	이태신의 반격 2공수가 철수하고, 대통령 2차 재가도 실패한다.	전두광의 최후 결전 하나회 조직망으로 진압군의 발목을 잡고, 2공수를 둘러세운다.	전두광의 기만전술이 통하다. 특전사령관과 헌병감을 체포한다.	이태신의 마지막 승부 진압을 위해 출동하고, 반란군 지휘본부에 대한 야포사격을 명령한다.	국방장관까지 돌려세운 반란군. 이태신을 수경사령관에서 직위해제시키고, 결국 체포한다.	대통령의 사후 재가를 받아낸다. 축하연을 벌이는 반란군과 처참한 수사를 받는 이태신 등이 대비된다.	관련됐던 '서울의 봄'을 짓밟고 대한민국을 송두리째 집어삼킨 '신군부'...
참모차장이 전두광의 체포를 제지한다. 이태신과 헌병감이 항의하지만, 참모차장은 물을 묵박지르며, 어정쩡한 태도이다. (~0:58:05) 참모차장의 대기명령 전화를 받고 우물쭈물하는 국무총리 공관 경비대. 바짝 좁아있던 전두광은 이때다 싶어, 죽기 살기로 공관 정문을 뚫고 탈출한다. (~0:59:55) ▶ 시작점(7번 블록)에서부터 여기 전환점(13번 블록)과 피크점(19번 블록)에 이르기까지, 매우 빠르게 전개되며, 마지막 4막에 상대적으로 긴 분량을 할여하고 있다. 여기에 덧붙여 짧은 장면들의 교차 편집까지 매우 속도감있는 스토리 전개를 통해, 긴장감을 불어넣고 있다. 매우 모범적인 구성 편집이 돋보인다.	전두광의 탈출에 난감해하는 헌병감과 분노하는 이태신. 잔뜩 화가 난 이태신은 수경사 내외 하나회 멤버들을 체포하라고 명령한다. (~1:00:33) 육군본부 B2벙커. 참모차장이 참모총장의 강제연행을, 보안사 주도의 군사반란으로 규정하고, '진돗개 하나'를 발령한다. (~1:01:05) ※ 이 블록은 〈악마의 전면 등장〉이다. 그러나 8人 전두광을 주인공으로 삼은 이 영화의 성격 상, 안타고니스트는 이태신과 反하나회 군인들이다. 이태신과 反하나회 군인들이 전두광·하나회의 반대편으로 통했다. 역설적이지만, 〈악마의 전면등장〉에 정확히 맞다 말어진다	육군본부의 '진돗개 하나' 발령에 당혹해 하는 반란군 수뇌부. '반역죄로 다 죽게 생겼다'며 전두광을 원망한다. 전두광은 독기서런 표정으로 "실패하면 반역, 성공하면 혁명 아닙니까?!!!" 어수선한 분위기를 일시에 제압한다. 부하에게 빨리 국방장관을 찾아서 데려오라고 명령하는 전두광. (~1:02:41) 20시30분, 용산 한미연합사령부로 피신한 국방장관에게 퇴거를 요청하는 미 대사와 사령관. 난감한 국방장관. (~1:03:25) 이태신이 30경비단 작전실로 전화해, 반란군 수뇌부에게 탱크 몰고 쳐들어가겠다고 선전포고를 한다. 전두광과 통화하려는데, 비겁하게 회피하는 전두광. (~1:05:15) 전두광이 2공수여단의 출동을 지시한다. "최전방부대를 출동시키는 것은 어니 될 일"이라고 주저하자, "오늘은 여기가 최전방!"이라고 강변하는 전두광. (~1:06:53) 21시10분, 수경사령부에서 이태신 지휘아래 반란군 대응전략회의가 열린다. 자신과 같은 갑종 출신인 8공수여단의 출동을 요청하기로 한다. [하나회 대 反하나회의 전면 대결이 본격화되는 분위기] (~1:07:50) 전두광은 이서 초조함을 감추며, 우물쭈물하는 노태건에게 한계 앞에 나서라고 육박지른다 (~1:09:10) 노태건이 자신이 지휘하는 9사단의 2개 연대를 출동시키겠다고 밝히며, 지휘부를 독려한다. 뒤따라 전두광은 선택을 압박한다. 1군단장 한영구중장이 나서서 경리하며, "우리가 무엇을 하면 되나?"고 전두광에게 묻는다. 대통령의 재가를 받으러 가자고 나서는 전두광. 9사단 출동을 명령하는 노태건. (~1:10:25) 우물쭈물하며 군 출동을 결단하지 못하는 참모차장과 육본 지휘부. (~1:11:22) 2공수의 출동(목적지: 삼각지 육군본부)을 명령하는 노태건. (~1:11:50)	21시25분, 특전사령관에게 8공수의 출동을 요청하는 이태신. 2공수의 서울 출동을 보고받고 놀라는 특전사령관. (~1:12:33) 2공수의 서울 출동 (~1:12:39) 특전사령관 부관인 오진호소령이 2공수여단장에게 사령관의 부대복귀명령을 전한다. 난처해하는 여단장. (~1:13:24) 2공수의 서울출동에 놀라는 참모차장. 공세적인 대응을 건의하는 헌병감. 그러나 모두들 안절부절 못할 뿐이다. (~1:13:24) 제30야전사령관에게 수기사와 26사단 출동을 요청하는 이태신. 그러나 거리와 속도에서 2공수보다 늦을 수밖에 없다. 이태신은 한강다리들을 봉쇄해 교통체증이 일어나서 2공수가 한강을 건널 수 없도록 하자고 명령한다 (~1:14:48) 12시45분, 교통체증으로 길이 막힌 2공수. 노태건은 수경사 관할이 아닌 행주대교로 경로를 바꾸라고 명령한다 (~1:15:28) 행주대교를 관할하는 30사단장에게 통행통색를 요청하는 이태신. 이들 모두 감청하는 반란군 통신감청실. (~1:15:51) 통신감청실장은 30사단에 아는 장교들에게 전화로바를 지시한다. (~1:16:03) "오늘의 승부는 누가 먼저 서울로 진입하느냐에 달려있다!"고 말하는 이태신. (~1:16:09)	전두광의 비서실장이 30사단장을 갑박한다. (~1:17:02) 9사단이 파주-문산간 국도를 통해 서울로 출동한다. (~1:17:10) 반란군(33헌병대)이 총리공관 위병소를 폭력으로 장악한다. 22시00분, 2차 대통령 재가를 시도한다. 한영구중장은 내전 운운하며 대통령을 갑박한다. (~1:18:37) 2공수가 행주대교로 경로를 변경한다. 22시20분, 행주대교 강북검문소에 도착한 이태신. 교통봉쇄가 해제된 상태에 당황한다. (~1:19:19) 한영구장군의 오만불손 발언. 전두광은 "우리가 깡패 아니잖습니까?!" 대통령에게 마음에도 없는 사과를 한다. 그래도 뜻을 굽히지 않는 대통령. 둘 간에 팽팽한 긴장이 감돈다. (~1:20:28)	30사단장을 설득하는데 실패한 이태신. 반란군의 통신감청을 역이용해서, 반란군 수뇌부에 대한 사실명령을 내리는 이태신. 노태건을 비롯해 반란군 수뇌부가 동요한다. (~1:21:50) 참모차장이 2공수여단장에게 부대복귀를 명령하지만, 그대로 행주대교에 진입하는 2공수 홀로 막아서는 이태신. 안절부절 못하는 2공수여단장. 특전사령관까지 전화로 부대복귀를 명령한다. 당황하는 반란군 수뇌부 (~1:24:26) 결국 행주대교에서 철군하는 2공수. 당혹스러워 하는 반란군 수뇌부. 환호하는 육근본부 지휘부(82벙커) (~1:25:20) 22시50분, 대통령의 2차 재가에 실패하고 돌아오면 전두광이, 2공수 철수 소식을 보고받고 격분한다. (~1:25:41)	반란군 지휘부에 도착한 전두광은 도회철준장을 몰아부쳐, 직접 가서 2공수를 다시 출동시키라고 강압한다. 주저하는 도회철에게 권총을 건네주고, "가지 않을 거면, 내 심장을 쏘라!"고 육박지른다. (~1:26:48) 23시15분, 노태건이 하나회 조직망을 총 가동시킨다. "저쪽의 발목을 붙잡지 못하면, 우리가 죽는다." 이 때문에 혼란에 빠진 진압군 지휘부와 장교들. (~1:27:22) 도회철이 철수한 2공수에게 달려간다. 이태신이 수경사 복귀중 차를 돌려 3군사령부로 향한다. 도회철이 전두광이 자신한테 강압했던 방법 그대로 2공수 여단장을 압박한다. (~1:28:15) 노태건으로부터 2공수 재출동 소식을 들은 전두광이 껄껄 웃는다. "인간이 명령 내리는 것을 좋아하는 것 같지? 인간이라는 동물은, 강력한 누군가가 자기를 리드해주는 것을 바란다." (~1:29:11) 2사단이 다시 출동하고, 9사단도 서울로 진격중이다. (~1:29:26)	30여단장이 지원병력을 철회한다. 26사단이 출동을 중지한다. 수기사단이 출동을 중지한다. 8공수여단도 출동을 중지한다 (~1:30:20) 8공수여단장에게 읍소하는 이태신. "싸워야 할 때 어 악물고 싸워야 하는 게 군인 아닙니까?!!!" 마음이 움직이는 8공수여단장. (~1:32:57) 23시50분, 8공수의 서울진입이 좀 더 빠르다. 반란군이 위기감을 느끼며 다시 동요와 분열 조짐을 보인다. 전두광의 고활한 눈빛이 번뜩인다. (~1:33:51) 참모차장에게 전화를 건 전두광이, 2공수와 8공수를 함께 몰리자며 신사협정을 제안하고, 이를 참모차장이 수락한다. 12월13일 0시, 2사단의 철수를 확인한 참모차장이 8사단의 부대복귀를 명령한다. (~1:36:22) 낙담하는 이태신. 공수혁 특전사령관이 82벙커 지휘부에게 신사협정은 개소리라며 항의하지만, 소용이 없다. (~1:37:17) 2공수가 장북대기하다가 다시 출동한다. 이태신의 설득에도 복귀하는 8공수. 0시40분, 결국 2공수가 행주대교를 장악한다. (~1:38:16) 01시05분, 국방장관이 육본 B2벙커에 도착한다. 너스레와 허풍을 떨던 중에, 2공수의 서울진입소식에 당황한다. 결사적 응전을 호소하는 이태신. 육본 지휘부가 수경사로 옮기기로 결정한다. 헌병감이 막아서지만, 01시25분, 결국 B2벙커를 포기하고 수경사로 향한다. 국방장관이 보이지 않는다. (~1:42:21) 01시27분, 환호하는 반란군 지휘부. 01시30분, 반란군의 특전사령관 체포작전이 시작된다. 특전사령관과 부관 오진호소령이 격렬히 저항하지만, 오소령이 사살되고, 부상당한 특전사령관이 끌려나간다. (~1:49:00) 01시40분, 2공수가 국방부를 공격하고, 숨어있던 국방장관을 체포한다. 01시48분, B2벙커에서 조민범병장이	01시52분, 이태신이 반란군을 진압하겠다며 출동을 명령한다. 아내에게 마지막 전화를 나눈다. 그러나 고작해야 백여명에 불과하다. 권총을 들이대며 만류하는 부관에게. "내 조국이 반란군에게 무너지고 있는데, 끝까지 항전하는 군인 하나 없다는 게.. 그게 군대냐?!!!" 말하며, 연병장을 나서는 이태신 (~1:56:11) 02시15분, 이태신이 수경사 잔여병력 104명을 이끌고 출동한다. (~1:57:37) 이 소식을 듣고, 대응방침을 지시하는 전두광. (~1:57:53) 전투대형으로 이동하는 수경사 군인들. 광화문 바리케이드를 만난다. 투항하라고 소리치는 이태신. 9사단의 출동을 독촉하는 전두광. (~1:59:17) 수경사 예하 도병부대에게 30경비단(반란군 지휘본부)을 향해 야포사격을 명령하는 이태신. (~1:59:55)	일순 당혹스러워 하는 반란군 지휘부. 전두광은 노태건에게 지휘부를 맡기고, 이태신을 막겠다며 나간다. (~2:00:57) 30경비단에 대한 정밀타격을 확인하는 이태신. (~2:01:19) 바리케이드를 사이에 두고 이태신과 마주 선 전두광. 야포사격태에는 모두 섬멸하겠다고 엄포를 놓는다. 5분후 타격실시를 명령하는 이태신. 전두광과 이태신간에 팽팽한 대립. (~2:03:02) 시간이 일촉즉발로 흐르는 가운데, 야포사격 18초를 남기고, 반란군 지휘부에서 국방장관이 이태신을 수경사령관의 자리를 직위해제시킨다고 방송으로 말한다. 수경사 군인들의 동요. (~2:05:42) 대침 조명탄이 터지며 반란군의 2공수가 세종로에 진입한다. 야포부대장은 직승하다며 이태신의 명령을 거절한다. (~2:06:50) 수경사 병사들에게 마지막 인사를 하고, 혼자 바리케이드를 타고 넘어가는 이태신. "전두광 이 개자식, 내 기안 두지 않는다!" 그러나 아무 가망이 없어 보인다. 2공수가 수경사 병사들을 무장해제시킨다. (~2:10:00) 전두광과 마주 선 이태신. "넌 대한민국의 군인으로도, 인간으로도 자격이 없어!" 체포되는 이태신. (~2:11:00)	마티를 벌이는 반란군 지휘부. 전두광의 어깨를 감싸며 노태건이 한 마디 건넨다. "우리 아직, 친구 맞지?" 전두광, "그걸 말이라고 하냐 이 시키!" 서로 껄껄 웃는다. (~2:12:16) 수사실로 끌려가는 이태신. 혼자 화장실에 간 전두광. 옷이 벗겨지는 이태신. 괴물처럼 껄껄 웃는 전두광. "총장님 여기 계십니까?" 이태신. (~2:13:07) 대통령앞에 우리지어 선 반란군. 정상호총장 체포동의안의 재가를 받아내는 전두광. 대통령은 사후 재가와 체포동의안의 일시를 기록해 놓는다. (~2:13:07) 한강다리와 광화문의 바리케이드가 철거되고, 하나회의 축하연이 열린다. "대한민국을 위해서, 우리는 하나다!!!" 흥겹게 축하연을 벌이는 반란군과, 반대편에 섰던 특전사령관, 이태신, 헌병감 그리고 정상호총장의 처참한 모습이 교차된다. (~2:15:32)	12월14일, 보안사령부에서 반란군 지휘부가 기념사진을 찍는다. 그들 하나하나가 5공~6공 시절 어떤 직위에 있었는지 알게 해준다. (2:12:03)

(시나리오) 이영종 김성수 외 (감독) 김성수 〈서울의 봄〉의 시나리오 분석파일, 스토리디자인도 마찬가지로 작업하면 된다.

년대 이후의 시즌제 미국 드라마(미니시리즈)이다. 한국 (TV) 드라마에서는 '포맷'이라는 개념을 쓰지 않는다. 그렇다고 해서 내용적으로 포맷의 형식을 갖추지 않는 것은 아니다. 포맷이라고 인식하고 창작한 것은 아니지만, 사실상 포맷으로 스토리를 구성하고 있다는 뜻이다. 회차가 긴, 장편의 시리즈일수록 당연히 포맷의 구성 없이 스토리를 진행시키기는 어렵다. 반대의 예를 들어 넷플릭스 시리즈 〈D.P.〉처럼 두 개의 시즌(2021/2023) 모두 6부작 시리즈의 경우에는, 영화의 스토리구조와 별 차이가 없다. "조금 긴 영화"의 스토리라고 생각해도 상관없을 정도이다. 그러나 그를 넘어서는 회차의 분량일 경우 메인플롯A-Story과 서브플롯 I B-Story, 서브플롯 II C-Story, 서브플롯 III D-Story까지 균형감있는 구성과 원활한 전개가 필수적인데, 회차마다 들쑥날쑥이면 창작하는 입장에서나 시청하는 입장에서도 뒤죽박죽처럼 느껴질 가능성이 크기 때문에, 보통 3~5개 정도의 플롯을 매회 균형감 있게 구성해야 한다.

2000년대 미국 드라마(미니시리즈) 중에서 가장 긴 회차를 가진 작품이 〈24〉(2001년부터 2014년까지 시즌 9개가 FOX-TV에서 방영: 시즌9는 12부작이지만, 시즌1~8은 모두 24부작으로 제작)이다. 한 시즌 당 회차가 24부작에 이를 정도로 길기 때문인지, 플롯의 구성, 즉 포맷이 가장 복잡하다. 'TV/OTT시리즈에 예능프로그램에서나 사용하는 포맷 개념을 쓴다고?' 익숙하지 않은 분들이 있겠다. 203쪽의 개념도를 참고하기 바란다.

내 나름대로 그럴듯하게 정리했지만, 이 정도의 포맷 개념으로 TV/OTT시리즈의 회별 스토리 구성이 제대로 이해될지 걱정이다. 설명을 덧

 AI 시대, 스토리텔링의 재탄생

미국드라마 〈24〉의 포맷 구성표

전체 플롯구조	1막	2막	3막	4막
회차	1 2 3 4 5 6 7 8 9 10 11	12 13 14 15 16 17 18 19 20	21 22 23 24	

에피소드플롯 Episodes	안타고니스트(암살집단)는, Main Event에서 맞서는 잭 바우어의 발목을 붙잡기 위해, (Sub1) 가족을 위협하고 (Sub2) 협력을 차단시킨다.
메인플롯 (A1) 잭 바우어	주인공 잭 바우어 앞에는 네 가지 도전과제(장애물)가 있다. ①Main: 대통령 암살 또는 국가재난 ②Sub1: 가족(딸)의 위험 ③Sub2: CTU 내부의 불신(배신자) ④Extra: 플러스 알파(우정/사랑 등)
메인플롯 (A2) 안타고니스트	안타고니스트(암살집단)는, Main Event에서 맞서는 잭 바우어의 발목을 붙잡기 위해, (Sub1) 가족을 위협하고 (Sub2) 협력을 차단시킨다.
서브플롯 (B1) 대통령	대통령은 암살의 위협 및 국가재난에 대응하려 하지만, 그를 괴롭히는 또 다른 내부문제(가족/백악관비서실 등)도 해결해야 한다.
서브플롯 (B2) 가족/딸	잭 바우어의 가족(딸)은 안타고니스트의 함정에 빠지거나 안타까운 사고를 당하며, 잭 바우어의 도움을 절실히 필요로 한다.
서브플롯 (B3) CTU	CTU 내부는 다양한 구성원들이 있다. ①충실한 조수 ②로맨스/버디 파트너 ③어릿광대… 그리고 ④회의론자/배신자 등이다.
서브플롯 (C1) 양념그룹①善	각 스토리라인에 양념같은 캐릭터의 조력자 인물이 있다. 스토리의 긴장감을 풀어주거나 높여줄 때, 이 인물들을 등장시킨다.
서브플롯 (C2) 양념그룹②惡	각 스토리라인에 양념같은 캐릭터의 적대적 인물이 있다. 스토리의 긴장감을 풀어주거나 높여줄 때, 이 인물들을 등장시킨다.

회차	1 2 3 4 5 6 7 8 9 10 11	12 13 14 15 16 17 18 19 20	21 22 23 24	
전체 플롯구조	1막	2막	3막	4막

미국드라마 [24]의 포맷 구성표

붙이면, 아래와 같은 작업을 뜻한다.

첫째, 고유한 스토리라인을 완결적으로 가지고 있는 인물그룹(플롯)은 안타고니스트의 메인플롯(A2)과 그 공격에 맞서는 잭 바우어의 메인플롯(A1), 그리고 주인공의 스토리라인과 '따로 또 같이' 흘러가는 플롯이 대통령 중심으로 펼쳐지는 서브플롯(B1)과 가족/딸의 서브플롯(B2)이다. 나머지 인물그룹들은 사실상 스토리의 긴장감을 높이거나 풀어주고자 할 때 양념처럼 쳐주는 역할이기 때문에, 이따금 그 자체 맥락에 때때로 맞지 않을 때가 있다.

둘째, 고유한 스토리라인을 가진 인물그룹(플롯)의 스토리를 먼저 정해야 한다. 당연히 메인플롯(A1 vs A2)을 중심으로 24블록 스토리를 구축해주어야 한다. 중요한 서브플롯(B1과 B2)의 전체 스토리까지 구축하면, 이 4개의 플롯을 병렬적으로 쌓은 후에, 메인플롯을 중심으로 전체적인 맥락과 중첩해서 쌓은 행렬을 맞춰, 회별 구분을 염두에 두고 정리한다. 나머지 양념격의 인물그룹들에 대해서는, 이 시점까지 그다지 중요하게 고려할 필요는 없다.

셋째, 회별 스토리를 창작할 때 가장 중요하게 고려해야 할 도전과제가 바로 '에피소드'이다. 에피소드와 이벤트를 헷갈릴 수 있다. 이벤트는 특정한 목적을 추구하는 행동 또는 그로부터 비롯되거나 귀결되는 사건을 뜻하고, 에피소드는 기 - 승 - 전 - 결의 시작과 끝이 있는 스토리의 덩어리이자 하나의 단위를 뜻한다. 에피소드는 몇 개의 이벤트를 포함한다. 그래서 한국 드라마에서는 '12부작'이라고 부르는 것처럼 회(回)나 화(話) 또는 부(部)라고 부르지만, 미국 드라마에서는 매 회를 에피소드라고 부르고

'에피소드의 연속'을 기초로 하는 완결된 스토리라는 차원에서 '시리즈'라는 용어를 사용하는 것이다. 완결된 스토리라는 차원에서 하나의 에피소드는 하나의 소주제를 담고 드러내는 것이 원칙이다. 한국에서도 매 회마다 작은 주제로 회별 제목을 붙이는 것을 떠올리면 이해할 수 있을 것이다. 따라서 수사물에서 대표적으로 보듯이 매 회 주제를 담고 드러내는 사건을 에피소드와 같은 뜻으로 이해하는 경우가 많은데, 결과적으로 '에피소드≒사건'으로 생각하면 되지만, 하나의 에피소드는 하나의 소주제를 담고 드러내야 한다는 원칙을 지켜야 한다. TV/OTT시리즈의 경우 매 회마다 소주제에 해당하는 회별 제목을 달아야 한다고 생각하면 된다. 더 쉬운 이해는 '4막-24블록 플롯구조'에서 '24블록'의 블록별 정의에 충실하게 제목을 다는 것이다.

넷째, 이제 마무리할 시간이다. 앞에서 무관심했던, 양념 격의 인물그룹의 스토리가 이제 제 역할을 발휘할 때이다. 우선 전체 스토리의 맥락에서 긴장감 또는 재미를 위해 양념을 치는 게 먼저이겠지만, 때로 각 회마다 적절한 분량(러닝타임)을 채우기 위해서 써먹을 때도 있다.

TV/OTT시리즈의 창작은 원칙적으로 병렬식·중첩식, 다시 말해서 Non-Linear 방식으로 회별 스토리를 설계하는 작업이다. 언뜻 보면 흥미롭고 재미있게까지 보이는 작업이다. 실제로 재미있다. 그러나 많이 복잡하고 어려운 작업이기도 하다. 시청자의 눈으로 볼 때 미국 드라마는 회별 에피소드의 몰입도에 따라 아주 쉽고 단순하게 보이지만, 그 간단명료함을 만들기 위한 작업은 무척 복잡다단하다.

한 회의 분량은 짧고 회수는 긴 웹소설/웹툰 작업은 어떨까? 창작의 기본 원칙에서는 TV/OTT 시리즈와 같다고 생각한다. "회별 연속성을 가진 긴 호흡의 스토리"라는 점에서는 같은 속성을 가진 콘텐츠이기 때문이다. 그러나 거의 한 회에 A4 기준 5장 분량의 스토리 또는 콘티로, 다음 회를 이어볼 수밖에 없도록 엔딩 포인트를 만들어야 한다는 점에서, 웹소설/웹툰 스토리 창작에 가해지는 스트레스는 상상 이상의 크기일 것 같다. 또한 첫 1회에서부터 독자와의 최대 접점을 만들지 않으면 결국 흐지부지 상태로 계획한 연재도 제대로 진행하기 힘들다는 점에서 보더라도, '브레인스토밍 단계'에서부터 스토리텔링의 전략과 계획을 고민하는 것이 어떤 콘텐츠보다 중요하고 또 중요하다.

현실적으로 가장 중요한 도전과제는 스크립트(Script) 만들기

영화의 '시나리오', 드라마의 '대본', 연극/뮤지컬의 '극본'……. 콘텐츠에 따라 부르는 이름은 다르지만, 결국 가장 중요한 도전과제는 최종적인 '스크립트'를 완성하는 일이다. (웹)소설/웹툰의 경우 콘텐츠의 형식에서 스크립트를 필요로 하지 않기 때문에, 여기에서는 생략하고 넘어가겠다.

내가 아는 한 투자자는 영화와 TV드라마(시리즈) 등의 (영상) 콘텐츠를 'Scripted Content'라고 정의했다. 이 표현의 뜻인즉, 점점 대세로 정착되는 예능 콘텐츠는 '스크립트', 다시 말해서 명확하고 정밀하게 정해진 규칙이 없기 때문에, 연예인 개인의 순발력과 임기응변에 기초해 현장에서 즉흥적인 재미를 만들기도 하고, 마치 예측불가능한 스포츠 경기에서

처럼 모험과 성장의 드라마가 빛나기도 하는데, 영화와 드라마 같은 영상 콘텐츠는 철저히 계산된 규칙에 따라야 하는 까닭에, 창작자-특히 전문적으로 양성되고 경험적으로 숙련된 창작자에 대한 의존도가 너무 높은데다가, 가상의 공간을 진짜 현실 세상처럼 보여주기 위해서 투입해야 할 시간과 돈이 너무 많이 든다는 것이다. 그만큼 리스크가 높다는 뜻이다. 그래서 투자자는 자신의 리스크를 최소화하고 투자수익을 극대화하기 위해, 어쩔 수 없이 이름난 - 소위 '검증되었다'고 믿는 작가와 감독과 배우를 중심으로 프로젝트(작품)을 선택할 수밖에 없다고 고백하였다. 이 일화는 20년 전에 있었지만, 지금이라고 해서 바뀌었을까? 20년 세월의 변화를 느낄 만큼 투자의 판단기준이 정교해지거나 세련되어졌을까? CJ EnM에서의 개선노력이 돋보이기는 하지만, 본질적으로 바뀌지는 못한 것 같다.

나는 여전히 "Story is Everything!"이라는 격언의 힘을 믿는다. 물론 스토리를 만드는 주체는 작가와 감독과 프로듀서이고, 그 스토리를 실제 상황처럼 표현해주는 배우도 포함시킬 수 있지만, 내가 믿는 것은 창작의 주체인 개인들이 아니라, 오직 그들이 만들어낸 시놉시스와 트리트먼트와 대본(스크립트)일 뿐이다. 스토리의 마지막 결과물은 '대본=스크립트'이다. 사람은 누구나 실수할 수 있고, 착각과 오판으로 잘못된 결과를 만들 수 있는 존재이다. 그러나 스크립트는 거짓말을 하지 않는다. 다만, 스크립트의 진실, 즉 좋고 나쁨을 판별할 수 있는 객관적인 안목과 기준을 갖고 있느냐 아니냐의 문제만 남을 뿐이다. 내가 미국 할리우드의 스토리이론들이 주창하는 플롯구조와 '캐릭터셋업', 내가 제안한 『욕망의 레시피』의 '4막-24블록 플롯구조'와 'Character First-Story Setup 가이드'를 신뢰하는 이유이자, 그것을 끊임없이 다듬고 업그레이드하는 이유이다.

'스크립트'의 초석이자 출발점은 플롯구조이고 '캐릭터-스토리셋업'이다. 마치 어떤 멋지고 아름다운 건축물도 설계도가 없이 만들어질 수 없는 이치와 마찬가지이다. 다만, 건축물 자체의 매력과 미학은 건축가(창작자)의 고유한 감성의 결과물이다. 스페인 가우디의 여러 건축물들, 특히 그가 하늘나라로 떠난 지 벌써 100년이 되었음에도 아직 건축 중인 성가족 성당을 보면서 감탄하지 않을 사람이 어디 있는가? 가우디에 비하면 훨씬 이성적이고 논리적인 건축가들, 대표적으로는 프랑스 르코르뷔지에를 비롯해 현대의 건축 거장들의 탁월한 감성과 창의성은 일일이 말하기 힘들 정도이다. 그처럼 스토리의 최종 외양을 그려낸 스크립트는 작가 개인의 감성과 창의성의 결과물이라고 보기 때문에, 그에 대해서 왈가왈부하기는 어려운 일이다.

한국의 소설에서부터 영화나 TV/OTT시리즈에서도 정말 주옥같은 작품들이 많다. 대다수 명작으로 칭송받는 스크립트의 핵심요소는 무엇일까? 스토리의 구성과 관련한 것이라면, 그것은 플롯의 힘과 '캐릭터-스토리셋업'의 매력을 뜻하는 것일 게다. 많은 경우 명작의 핵심요소는 첫째가 스토리 콘셉트이고, 둘째가 스크립트의 대사가 아닐까 싶다. 그런 점에서 스크립트에 국한해서 보면 인물들의 대사가 핵심요소라고 말할 수 있겠다. 이것은 내가 논할 성질의 도전과제가 아니다. 이런 요소는 시쳇말로

'타고나는' 능력이기 때문이다. '타고난' 능력에 대해서, "어떻게 하면 타고날 수 있을까?"를 말하는 일 자체가 불가능하다. 따라서 천부적이라고 할 만한 작가의 능력(재능)에 관해서는 여기서 다루지는 않겠다.

그러나 나의 경험에 따르면, 한 가지는 말할 수 있다. 그것은 작가가 글로 뿜어내는 에너지에 관한 것이다. 내가 경험한 것은 두 개의 상반된 사례이다. 내가 스크립트를 읽으면서 눈물을 펑펑 흘렸던 작품이 있었다. 작가의 글이 너무나 자연스럽게 나의 감정을 흔들었고, 나는 대본을 읽으면서 눈물을 흘렸다. 대개 이런 경우라면 대박의 흥행을 거둬야 하는 일 아닐까? 그런데 참담하게 실패했다. 나는 지금도 불가사의한 미스터리라고 생각하지만, 이 사례는 스토리 콘셉트가 왜 중요한지 그리고 글에서 뿜어나오는 에너지의 성격과 역할이 어떠해야 하는지를 진지하게 생각해 볼 기회가 되었다. 반대의 사례가 있었다. 코칭을 맡아 진행된 프로젝트의 작가는 이제 막 걸음을 떼고 뛸까 말까 하는 신진 작가였다. 심각한 우여곡절을 겪었다. "작가는 글로 승부하는 법"이라며 스크립트를 반복해서 썼지만, 스토리의 인물들은 살아 움직이지를 못했다. 예를 들어 1시간 분량으로 쓴 스크립트였지만, 인물들은 묘사될 뿐 행동으로 움직이며 이벤트(사건)를 만들 수 있는 장면은 몇 개 되지 않았다. 그렇게 우여곡절을 겪다가 스토리의 밀도를 획기적으로 높일 수 있는 방법을 찾았고, 이를 통해 몇 차례 회의 끝에 스토리 구성을 마쳤다. 스토리의 밀도가 너무 높아 오히려 몇 개의 이벤트를 빼야 할 상황에까지 이르렀다. 고민은 어떤 이벤트를 빼야 할지 판단이 쉽지 않았다는 점이었다. 작가와 나는 압축의 해법을 찾았고, 그래서 만들어진 스크립트는 그야말로 대박이었다. 중견 프로듀서와 감독들에게 읽혀 본 결과, 그들이 공통적으로 평가하는 내용은 '에너지'였다. "이름도 들어보지 못한 신진 작가가 어떻게 이런 에너지 넘치는 스크립트를 쓸 수 있느냐?" 신기해했다. 내가 말하고 싶은 것은, '스크립트의 밀도'와 그로부터 발산되는 '에너지'는 천부적인 재능으로 만들어지는 것은 아니라는 사실이다. 그것은 약간의 창의적인 지혜와 인내심 있게 채워나가는 노력으로 충분히 가능한 일이다.

천부적 재능을 가진 중견 작가의 실패담과 이제 갓 걸음마를 뗀 신진 작가의 성공담을 충분히 설명하지 못해 미안한 마음이다. 해당 작가들에 대한 예의가 아니라는 생각에서 말하지 못함을 양해해 주기 바란다.

    AI 시대, 스토리텔링의 재탄생

'콘텐츠스토리 개발 단계'에서의 AI 활용 TIP

생성형 AI에게서, 과연 인간과 같은 스크립트를 기대할 수 있을까? 결론을 말하면, 아직 그 수준까지는 아닌 것으로 판단된다.

나의 프로젝트 「갑신정변 3일 천하」의 1회 대본을 주문했다. 1회 시놉시스를 첨부파일로 제공하고, 아래와 같이 주문했다.

- 1회가 다룰 시간 : 1884년 12월 4일 유시酉時(17:00~19:00)

- 러닝타임 : 60분 (A4 문서 기준으로 35쪽 내외, 씬 번호로는 60씬 내외)

- 벤치마크/레퍼런스 : 미국 드라마 〈24〉의 리얼타임 포맷

어떤 결과를 내놓았을까?

실망스럽게도, 도무지 갈피를 잡지 못한 채 우왕좌왕이다. 유시(酉時)를 한참 벗어난 시간까지 다루지를 않나, 35쪽의 기준을 까먹었는지 20쪽도 안 되는 분량을 내놓길래 내가 혼을 냈더니, 마치 '두고 봐라'는 듯이 약 120씬의 씬 번호까지 만들어냈다. 몇 차례에 걸친 주문과 응답, 수정 보완의 지침과 결과를 주고받다가 얼추 내 생각과 비슷한 수준의 형식은 만

들었지만, 내용이 영 미덥지 않았다. 물론 씬 구성과 지문 대사의 몇 부분은 참고가 될 만한 내용이 있었다. 아무래도 맨땅에서 출발하는 것보다는 나았다고 할까? 아래는 [제미나이]와 [클로드]의 결과물 일부(앞부분)를 옮긴 것이다.

Gemini

Episode 1 / ACT I. 칼날과 결단 (17:00 ~ 17:30)

S#1. 김옥균 자택 사랑채 - 마당 (오후 4:55)

늦가을의 어둠이 드리우는 시간. 바람 소리만 고요하다.

김옥균　　　　　(갓을 고쳐 쓰고, 심호흡한다. 손이 미세하게 떨린다.) 시간이 되었네.

석이　　　　　　(마당과 담장 너머를 예리하게 살핀다.)

S#2. 자객 습격 및 격투

김옥균이 막 문을 열고 나오려던 찰나, 담장 위에서 검은 그림자가 휙! 내려와 칼을 휘두른다.

석이　　　　　　(탄식할 틈 없이) 형님! (몸을 던져 칼날을 막는다. 챙!)

격투. 짧고 격렬하다. 자객은 민첩하나, 석이의 검술은 간결하고 치명적이다.

석이의 칼이 자객의 오른팔을 정확히 베어낸다. 자객이 고통스러운 신음과 함께 뒤로 물러나 담을 넘어 도주한다.

석이　　　　　　(칼을 겨눈 채, 쫓으려 한다.) 놓칠 수 없습니다!

김옥균　　　　　(숨을 고르며 제지한다.) 됐네, 석이. 쫓지 마.

석이가 멈춘다. 자객이 도망간 방향을 본다. 그곳은 민영익 저택 쪽이다.

김옥균　　　　　(떨리는 눈빛. 칼집에 손을 얹는다.) 오늘이… 그날이야.

S#3. 사랑채 내부 - 개화파 동지 집결 (오후 5:00)

박영효, 서광범, 홍영식이 차례로 도착한다. 긴장감이 실내를 가득 채운다.

박영효   (가장 자신만만하다.) 형님, 시간이 되었습니다. 최종 점검을 시작하
시지요.

김옥균   (목소리가 잠겨 있다.) 그래…

S#4. 최종 점검 - 계획

서광범   별궁 방화는 오후 여덟 시 반. 반드시 성공해야 할 신호탄.

박영효   동시에 민영익 습격으로 척족 세력의 머리를 제거하고.

홍영식   우정국 연회는… 제가 맡아 외국 공사들을 묶어두겠습니다.

김옥균   (숨을 들이킨다.) 마지막은 고종 확보 후, 일본군 투입.

S#5. 김옥균의 고뇌

박영효는 성공에 대한 확신으로 얼굴이 상기되어 있지만, 김옥균의 눈은 흔들린다.

김옥균   (작게 읊조린다.) 이제… 돌이킬 수 없는 길을 걷는다.

S#6. 홍영식의 불안

홍영식은 안절부절못하며 손에 쥔 부채를 만지작거린다. 그는 가장 소심하고 불안
한 인물이다.

S#7. 사랑채 마당 - 밀명 (오후 5:10)

회의가 끝나고 동지들이 흩어진다. 김옥균이 석이를 따로 부른다.

김옥균   석이. 이것은 밀명이네.

석이   분부하십시오.

김옥균   개화당 동지들에게… 마음의 준비를 촉구하게.
그리고, 박영효 대감을 따라가 일본공사 다케조에를 확인하게.
그자의 진심이… 걸려있다.

석이

김옥균   석이. 이것은 밀명이네.

석이   (결의에 찬 눈빛) 알겠습니다.

S#8. 미국 공사관 집무실 (오후 5:15)

푸트 공사가 비서에게 지시한다.

푸트   우정국 연회 준비는 됐나? 조선의 첫 근대식 우체국이니 축하해줘야지.

비서   만전을 기했습니다.

푸트가 창밖을 본다. 그의 표정이 무겁다.

대본에서의 촬영씬의 의미를 제대로 이해하지 못한 것과 12월 4일을 '늦가을'이라고 표현한 것에서부터 고개를 갸우뚱했는데, 특히 대사를 쓰는 수준이 기대한 것에 너무 못 미쳤다. 여기에 다 옮기지 않았지만, 제목에서는 '60씬'이라고 써놓았지만, 정작 나에게 준 결과물은 20씬밖에 되지 않았고, 분량도 고작 7쪽에 불과했다. [제미나이]와는 씬 구성에 관한 아이디어를 얻는 것으로 만족하는 게 좋겠다.

[클로드]는 어떨까? [제미나이]보다는 한결 낫다. 그러나 여전히 대사의 수준에서는 만족스럽지는 않다. [클로드]의 응답 결과물을 일부 옮겨 보면 다음과 같다.

※ **Claude**

제1회 "천천(天天) – 하늘의 뜻을 따르며 천천히"
[1884년 12월 4일 / 음력 10월 17일 / 유시(酉時, 17:00-19:00)**]**

[오프닝 시퀀스]

검은 화면.

자막: "1884년 12월 4일, 조선 한성"

자막: "48시간 후, 이 나라의 운명이 결정된다"

빠른 몽타주:

- 불타는 건물과 비명소리

- 칼이 부딪치는 소리와 총소리

- 피 묻은 땅을 달리는 발

- 도망가는 사람들의 뒷모습

화면 전환.

S#1. 한성 전경 - 석양 (저녁 5시 00분)

[자막: 1884년 12월 4일 목요일]

[자막: 오후 5시 00분]

[자막: 유시(酉時) 시작]

한성의 전경. 석양이 붉게 물들어간다.

창덕궁, 경우궁, 북촌의 기와지붕들이 붉은 빛에 물든다.

S#2. 김옥균의 저택 - 사랑채 (5시 00분)

김옥균(33세)이 탁자 앞에 앉아 한성 지도를 보고 있다.

우정국, 창덕궁, 경우궁, 일본공사관에 붉은 표시.

박영효(23세), 서광범(25세), 홍영식(28세)이 막 도착한 참이다.

네 사람이 탁자를 둘러싼다.

김옥균의 손이 떨린다.

[타이틀 시퀀스]

빠른 몽타주로 한성의 주요 장소들

- 창덕궁의 웅장한 지붕

- 우정국의 새 건물

- 일본공사관의 깃발이 바람에 펄럭인다

- 청군 주둔지의 군사들

- 북촌의 좁은 골목길

타이틀: "갑신3일(甲申三日)"

부제: "제1회 천천(天天)"

S#3. 김옥균의 저택 - 사랑채 (5시 02분)

[자막: 오후 5시 02분]

박영효(23세), 서광범(25세), 홍영식(28세)이 도착해 탁자를 둘러싼다.

네 사람 모두 긴장된 표정.

박영효	(자신만만하게) 형님, 모든 준비가 끝났습니다. 별궁 방화는 8시 반, 그때 민영익을 제거하고 전하를 확보합니다.
서광범	일본군은 준비되었습니까?
박영효	다케조에 공사가 약속했습니다. 전하의 어명이 떨어지는 즉시 움직일 것입니다.
홍영식	(불안하게) 하지만… 일본을 정말 믿을 수 있겠습니까?
김옥균	(단호하게) 다른 선택이 없네. 청군은 1500명, 우리는 고작 200명. 일본군 없이는 불가능해.
박영효	(열정적으로) 내일 이맘때면 새로운 조선이 시작됩니다! 대원군을

모셔오고,

14개 개혁안을 발표하고…

김옥균   (박영효를 보며) 박 대감… (잠시 침묵) 자네는 두렵지 않은가?

박영효   (잠시 멈칫하다가) … 두렵습니다. 하지만 가만히 있는 것이 더 두렵

습니다.

청나라가 조선을 집어삼키는 것을 보고만 있을 수는 없습니다.

김옥균   (고개 끄덕이며) 그래…

(일어서며) 각자 맡은 바를 하게.

(세 사람을 보며) 천천(天天)이네.

홍영식   천천(天天)?

김옥균   (미소지으며) 하늘의 뜻을 따르되, 천천히 가는 거지. 서두르면 실수

하는 법이네.

세 사람이 고개를 끄덕이고 일어선다. 홍영식이 나가다 뒤돌아본다.

홍영식   형님… 성공할 수 있겠지요?

김옥균   (잠시 침묵하다가) … 해야 하네.

세 사람이 나간다. 김옥균 혼자 남아 창밖을 본다.

김옥균   (혼잣말) 성공할 수 있을까…

석이가 들어온다.

김옥균   석이, 자네는 개화당 동지들을 찾아가 밀명을 전하게.

마음의 준비를 단단히 하라고. 그리고…

(박영효가 나간 쪽을 보며) 박 대감을 따라가서 일본공사관의 움직임

을 살피게.

석이   형님께서는 일본을 믿지 못하시는 겁니까?

김옥균   (쓸쓸히) 믿음이란 게… 확인해야 하는 거 아닌가.

석이가 고개를 숙이고 나간다.

S#4. 정동 - 미국공사관 집무실 (5시 12분)

[자막: 정동 미국공사관 / 오후 5시 12분]

[분할화면 시작 – 3개 화면]

[왼쪽 상단: 미국공사관]

푸트 공사(40대)가 비서와 대화한다.

푸트   우정국 연회 준비는 됐나?

비서   예, 6시에 출발하시면 됩니다.

비서가 나가고, 푸트가 책상 위 문서를 본다. '김옥균 면담록'

푸트   (한숨 쉬며) 신중하라고 했는데… 젊은이들은 왜 이렇게 서두르는 걸까.

[오른쪽 상단: 민영익의 저택]

민영익   (24세)이 동생 민영목(22세)과 술을 마신다.

민영목   형님, 요즘 개화당 놈들이 수상하다던데요.

민영익   (웃으며) 걱정 마라. 김옥균이가 일본 차관도 못 얻고 초상집 개 신세잖아.

뭘 하겠어? (술잔 들며) 오늘 우정국 연회나 즐기자!

[아래 중앙: 청군 주둔지]

원세개   (25세)가 부하들과 저녁 식사 중.

원세개   (거들먹거리며) 조선 놈들이 청국 천자를 얼마나 우러러보는지... 오늘 확인하도록.

(부하들이 웃는다) 일본 놈들이 아무리 설쳐봐야 소용없어.

이 땅은 황제 폐하의 것이다!

[분할화면 종료]

S#5. 창덕궁 - 편전 (5시 18분)

[자막: 창덕궁 / 오후 5시 18분]

고종(32세)이 대신들과 이야기를 나눈다. 민비(33세)가 옆에서 부채질을 한다.

대신   전하, 오늘 우정국 개청 연회가 있사옵니다.

고종   (피곤하게) 경들이 알아서 하시오. 과인은 궁에 있겠소.

대신들이 물러간다. 민비와 고종만 남는다.

민비   (부채를 내려놓으며) 전하, 요즘 김옥균 일파의 움직임이 심상치 않습

                 니다.

고종   (한숨) 중전도 알다시피, 증거가 없지 않소.

민비   전하, 청국에 미리 알려야…

고종   (손 내저으며) 아니오! 김옥균은 과인이 총애하던 신하요. 함부로 단정

                 할 수 없소

민비   (불만스럽게) 전하께서 그리 우유부단하시니…

고종   (일어서며) 중전! (잠시 침묵. 창밖을 보며) … 과인도 알고 있소.

                 하지만 아직은 아니오. 오늘 밤… 하늘이 뜻을 보일 것이오.

약간의 우여곡절은 있었지만, [클로드]는 내가 주문한 대로 적절한 씬과 분량을 내놓았다. 무엇보다도 미드 〈24〉의 리얼타임 형식을 충분히 이해하고 있는 점에 대해서는 놀랍고 감탄스럽다. 씬 구성에 관해서도 이 정도라면 믿고 맡겨도 좋겠다는 판단이 들었다. 그래도 여전히 대사의 수준은 충분하지 않다. 이것을 어떻게 개선할 수 있을까? 나름 재미난 아이디어가 떠올랐다.

어떤 결과가 나올까? 바로 위의 [클로드] 자체 버전과 [클로드]가 만든 김은숙 작가 버전이 어떻게 다른지 비교해 보면 재미있을 것이다.

✳ Claude

김은숙작가 스타일 버전 (샘플)

제1회 "천천(天天) – 하늘의 뜻을 따르며 천천히"
[1884년 12월 4일 / 음력 10월 17일 / 유시(酉時, 17:00-19:00)]

[오프닝 시퀀스]
검은 화면.

김옥균   (V.O., 시적으로) 사람은… 때때로 죽을 운명을 알면서도 길을 떠나야
                할 때가 있습니다.
                그것이 사랑이든, 의로움이든, 혹은… 나라를 향한 마음이든.
화면이 서서히 밝아진다.
석양빛에 물든 한성의 지붕들.
붉은 빛이 마치 피처럼 번져간다.
김옥균   (V.O., 계속) 1884년 12월 4일. 우리는… 죽을 것을 알면서도 길을 나
                섰습니다.

빠른 몽타주:

- 슬로우 모션으로 칼이 허공을 가른다

- 불길이 아름답게 타오른다

- 누군가의 눈물

- 피가 눈 위에 떨어진다

- 두 손이 마지막으로 잡는다

자막: "사랑하는 것은… 언젠가 잃을 것을 안다는 뜻입니다"

화면 전환.

S#1. 한성 전경 – 석양 (저녁 5시 00분)

[자막: 1884년 12월 4일 목요일]

[자막: 오후 5시 00분]

[자막: 유시(酉時) – 해가 지는 시간]

한성의 전경. 석양이 장엄하게 물들어간다.

김옥균　　　　　(V.O.) 해가 지고 있었습니다.

　　　　　　　　조선이라는 나라의 해가… 지고 있었습니다.

카메라가 천천히 창덕궁 지붕을 지나, 북촌 기와들을 스치고,

한 저택의 사랑채 창문으로 들어간다.

S#2. 김옥균의 저택 – 사랑채 (5시 00분)

창문으로 들어오는 석양빛이 방 안을 붉게 물들인다.

김옥균(33세)이 탁자 앞에 앉아 한성 지도를 보고 있다.

그의 얼굴 반쪽은 빛에, 반쪽은 그림자에 가려져 있다.

김옥균의 손이 떨린다.

그가 붓을 들어 지도 위에 천천히 원을 그린다.

우정국, 창덕궁, 경우궁, 일본공사관.

김옥균   (혼잣말처럼) 시작은… 언제나 끝을 품고 있습니다.

그가 눈을 감는다. 깊게 숨을 들이쉰다.

김옥균   (눈을 뜨며) 하지만 시작하지 않으면… 끝도 없습니다.

문이 조용히 열린다.

박영효(23세), 서광범(25세), 홍영식(28세)이 들어온다.

세 사람 모두 비장한 표정.

네 사람이 탁자를 둘러싼다.

잠시 침묵.

석양빛이 네 사람의 얼굴을 비춘다.

박영효   (천천히, 무게있게) 형님… 모든 준비가 끝났습니다.

김옥균은 대답 없이 창밖을 본다.

김옥균   석양이… 아름답군요.

세 사람이 창밖을 본다.

서광범   …예.

김옥균   (여전히 창밖을 보며) 어쩌면 우리가 보는 마지막 석양일지도 모릅니다.

홍영식   형님…

김옥균   (돌아보며, 미소) 농담입니다. (지도를 가리키며) 말해보시오, 박 대감.

박영효   (지도를 보며) 별궁 방화는 8시 반. 그때 민영익을 제거하고, 전하를
              확보합니다.

              (김옥균을 보며) 그리고… 새로운 조선이 시작됩니다.

김옥균   새로운 조선… (쓸쓸히 웃으며) 아름다운 말입니다. 마치… 사랑 고
              백처럼.

서광범   (진지하게) 일본군은 준비되었습니까?

박영효   다케조에공사가 약속했습니다. 고종전하의 어명이 떨어지는 즉
              시… 움직일 것입니다.

홍영식   (불안하게, 떨리는 목소리로) 하지만 형님… 일본을… 정말 믿을 수 있

겠습니까?

김옥균이 홍영식을 본다. 오래.

김옥균   (부드럽게) 홍 총판. (잠시 침묵)

                이 세상에서 믿을 수 있는 것이 무엇이라 생각하십니까?

홍영식   …

김옥균   사람은… 믿을 수 없습니다. 약속도… 믿을 수 없습니다.

                (창밖을 보며) 믿을 수 있는 건… 오직 하늘뿐입니다.

서광범   하늘…

김옥균   (고개 끄덕이며) 하늘이 우리를 도울지, 버릴지는… 모르는 일입니다.

                (세 사람을 보며) 하지만 우리가 할 수 있는 건…

                하늘이 보시기에 부끄럽지 않은 일을 하는 것뿐입니다.

박영효   (열정적으로, 하지만 떨림이 있다) 형님, 우리는… 성공할 것입니다.

                내일이면 대원군을 모셔오고, 14개 개혁안을 발표하고…

김옥균   (손을 들어 막으며) 박 대감.

박영효   …예.

김옥균이 일어나 창가로 간다. 석양을 본다.

김옥균   (등을 보이며) 성공… 실패… (돌아보며) 그런 것은 중요하지 않습니다.

세 사람이 놀란 표정.

김옥균   (천천히 다가오며) 중요한 건…

                (박영효의 어깨에 손을 올리며) 우리가 옳은 일을 했느냐입니다.

                (서광범을 보며) 우리가 떳떳한 사람이었느냐입니다.

                (홍영식을 보며) 그리고… 우리가 사랑했느냐입니다.

홍영식   …사랑?

김옥균   (미소지으며) 예. 사랑입니다.

                (창밖을 보며) 이 나라를… 이 백성을… 이 땅을… 사랑했느냐.

잠시 침묵.

석양빛이 더욱 짙어진다.

김옥균   (돌아서며) 박 대감.

박영효   (자세를 바로잡으며) 예, 형님.

김옥균   자네는… 두렵습니까?

박영효가 멈칫한다. 거짓말을 하려다가... 멈춘다.

박영효   (떨리는 목소리로, 정직하게) … 예. 두렵습니다.

김옥균   (부드럽게) 무엇이 두렵습니까?

박영효   (잠시 생각하다가) … 실패가 두렵습니다. 아니… (고개를 젓는다)

                   실패보다 더 두려운 건...

                   (김옥균을 보며) 가만히 있는 것입니다.

김옥균이 박영효를 보며 천천히 고개를 끄덕인다.

김옥균   그렇습니다. (세 사람을 보며) 우리가 여기 서 있는 이유는…

                   두려워도 가만히 있을 수 없기 때문입니다.

서광범   (진지하게) 청나라가… 조선을 집어삼키는 것을 보고만 있을 수는

                   없습니다.

홍영식   (떨리지만 단호하게) 우리 아이들이… 노예로 사는 것을 보고만 있을

                   수는 없습니다.

김옥균이 세 사람을 본다. 오래.

김옥균   (천천히, 무게있게) 그렇습니다. (잠시 침묵) 그러니…

                   우리는 갑니다.

세 사람이 고개를 끄덕인다.

김옥균   (일어서며) 각자… 맡은 바를 하십시오.

세 사람이 일어선다.

김옥균   (세 사람을 보며) 천천(天天)입니다.

홍영식   …천천(天天)?

김옥균   (미소지으며, 시적으로) 하늘 천(天)자 두 개.

(하늘을 보며) 하늘의 뜻을 따르되…

(세 사람을 보며) 천천히 가는 겁니다.

박영효   …천천히?

김옥균   (고개 끄덕이며) 급하게 가면… 넘어집니다.

(창밖의 석양을 보며) 석양도… 천천히 지지 않습니까?

(돌아보며) 우리도… 천천히 갑니다. 서두르지 않고… 떳떳하게…

아름답게.

세 사람이 김옥균의 말에 깊이 공감한다.

잠시 침묵.

석양빛이 방 안 가득 퍼진다.

서광범   (작게) …형님.

김옥균   예.

서광범   (떨리는 목소리로) 저희가… 만약 죽더라도…

김옥균   (부드럽게, 서광범의 말을 이어받으며) 후회는 없을 겁니다.

서광범이 눈물을 참는다.

김옥균   (세 사람을 보며) 우리는… (잠시 침묵) 옳은 일을 했으니까요.

세 사람이 고개를 끄덕인다.

홍영식이 나가다 뒤돌아본다.

홍영식   (떨리는 목소리로) 형님… 성공할 수 있겠지요?

김옥균이 홍영식을 본다. 오래.

김옥균   (천천히) …해야 합니다.

홍영식   하지만…

김옥균   (부드럽지만 단호하게) 성공할 수 있는지 없는지는… 중요하지 않습
니다.

(창밖을 보며) 중요한 건…

(홍영식을 보며) 우리가 해야 한다는 겁니다.

홍영식이 천천히 고개를 끄덕인다.

홍영식   …알겠습니다.

세 사람이 나간다.

문이 닫힌다.

김옥균 혼자 남는다.

그가 창밖을 본다. 석양이 더욱 붉게 물들어간다.

김옥균   (혼잣말처럼, 시적으로) 해가… 지고 있습니다. (잠시 침묵)

                  하지만 해는… 내일 또 뜹니다.

그가 탁자 위의 붓을 든다.

지도 위에 천천히 무언가를 쓴다.

카메라가 그의 손을 클로즈업한다.

종이 위에 쓰인 글자: "天天" (천천)

김옥균   (V.O., 시적으로) 하늘의 뜻을 따라… 천천히…

                  그렇게… 우리는 갑니다.

문이 열리고 석이(33세)가 들어온다.

석이   형님.

김옥균   (돌아보며) 왔나.

석이가 김옥균에게 다가온다.

석이   형님, 명령을 내려주십시오.

김옥균   (석이를 보며, 부드럽게) 석이… (잠시 침묵) 자네는… 나를 따라갈 텐가?

석이   (단호하게) 예.

김옥균   왜이지?

석이   (잠시 망설이다가) …형님은 저를 사람으로 대해주셨습니다.

김옥균   자네는 원래 사람이었네.

석이   (고개를 젓는다) 아닙니다. (눈을 보며) 저는 머슴이었습니다.

                  사람이… 아니었습니다.

    AI 시대, 스토리텔링의 재탄생

김옥균이 석이를 본다. 슬픈 눈빛.

김옥균   (천천히) …이 나라가 잘못되었습니다.

석이   예.

김옥균   (석이의 어깨에 손을 올리며) 그래서… (눈을 보며) 우리가 바꾸려는 겁
            니다.

            석이 같은 사람도… 사람으로 살 수 있는 나라로.

석이의 눈에 눈물이 맺힌다.

석이   (떨리는 목소리로) 형님… 저는…

김옥균   (부드럽게) 자네는 개화당 동지들을 찾아가게. 마음의 준비를 단단
히 하라고 전하게.

석이   예.

김옥균   그리고… (잠시 망설이다가) 박영효대감을 따라가서 일본공사관의
움직임을 살피게.

석이   (놀라며) 형님께서는 일본을 믿지 못하시는 겁니까?

김옥균이 창밖을 본다. 석양이 거의 다 졌다.

김옥균   (쓸쓸히) 믿음이란 게… (석이를 보며) 확인해야 하는 거 아닌가.

            (미소지으며) 믿음은… 의심의 다른 이름일세.

석이   …

김옥균   (석이의 어깨를 두드리며) 가게.

석이가 고개를 숙이고 나가려다 멈춘다.

석이   (돌아보며) 형님.

김옥균   말해보게.

석이   (떨리는 목소리로) … 살아남을 수 있을까요?

김옥균이 석이를 본다. 오래.

김옥균   (천천히, 정직하게) …모르겠네.

석이   …

김옥균	(다가가며) 하지만 석이…
	(석이의 어깨에 손을 올리며) 중요한 건 살아남는 게 아니네.
석이	그럼…?
김옥균	(눈을 보며) 떳떳하게 사는 거지. (잠시 침묵)
	죽더라도… 떳떳하게 죽는 거네.

석이가 천천히 고개를 끄덕인다.

| 석이 | …알겠습니다. |

석이가 나간다.

김옥균 혼자 남는다.

그가 창밖을 본다. 석양이 완전히 졌다.

어둠이 밀려온다.

| 김옥균 | (혼잣말처럼, V.O.) 어둠이… 오고 있습니다. (잠시 침묵) |
| | 하지만 어둠이 지나면... 언젠가는 빛이 올 것입니다. |

그가 탁자 위의 '천천(天天)' 글자를 본다.

천천히 미소짓는다.

슬프지만… 아름다운 미소.

[페이드 아웃]

S#3. 정동 - 미국공사관 집무실 (5시 12분)

[자막: 정동 미국공사관 / 오후 5시 12분]

석양빛이 창문을 통해 들어온다.

푸트 공사(40대)가 책상에 앉아 문서를 보고 있다.

'김옥균 면담록'이라는 제목.

푸트가 천천히 문서를 읽는다.

| 푸트 | (V.O., 문서를 읽으며) "그는… 조선을 사랑하는 사람입니다. |

　　AI 시대, 스토리텔링의 재탄생

하지만 사랑만으로는… 세상을 바꿀 수 없습니다."

푸트가 문서를 내려놓고 창밖을 본다.

석양에 물든 한성.

푸트   (혼잣말처럼) 김 대감… 자네는 너무 서두르고 있네.

비서가 들어온다.

비서   공사님, 우정국 연회 준비는 됐습니다. 6시에 출발하시면 됩니다.

푸트   (고개 끄덕이며) 알았네.

비서   가시겠습니까?

푸트   (잠시 망설이다가) …가야지. (쓸쓸히) 지켜봐야 하니까.

비서   공사님?

푸트   (손 내저으며) 가보게.

비서가 나간다.

푸트 혼자 남아 창밖을 본다.

푸트   (혼잣말처럼, 시적으로) 사랑하는 것은… (잠시 침묵)

              때로는 지켜보는 것일세. (쓸쓸히)

              말리지 못하더라도... 지켜보는 것.

그가 한숨을 쉰다.

[분할화면 시작]

오른쪽 화면으로 전환.

S#4. 민영익의 저택 - 사랑채 (5시 14분)

[자막: 민영익 저택]

민영익(24세)과 동생 민영목(22세)이 술을 마신다.

화려한 복장. 고급스러운 술상.

석양빛이 방 안을 비춘다.

민영목   형님, 요즘 개화당 놈들이 수상하답니다.

민영익	(웃으며, 여유롭게) 걱정 마라. (술잔을 들며) 김옥균이가 뭘 하겠어?
	일본 차관도 못 얻고… (비웃으며) 초상집 개 신세잖아.
민영목	그래도…
민영익	(손 내저으며) 괜찮아. (술을 마시며) 오늘 우정국 연회나 즐기자.
	홍영식이 엄청 준비했다던데?
민영목	(웃으며) 예, 형님.

두 사람이 술잔을 부딪친다.

민영익	(술을 마시며, 창밖을 본다) 석양이… 아름답구나.
민영목	예.
민영익	(의미심장하게) 하지만… 해는 지는 법이지.
민영목	형님?
민영익	(돌아보며, 미소) 아무 것도 아니야. (술잔을 들며) 자, 마셔!

[분할화면 아래로 전환]

S#5. 청군 주둔지 - 식당 (5시 16분)

[자막: 청군 주둔지]

원세개(25세)가 부하들과 식사를 한다.

거칠고 호방한 분위기.

원세개	(거들먹거리며) 조선 놈들이 청국 천자를 얼마나 우러러보는지… 오
	늘 확인하도록!

부하들이 웃는다.

부하 1	대인, 개화당 놈들이 수상하다는 소문이…
원세개	(손 내저으며) 개화당? (비웃으며) 그까짓 것들.
	(주먹으로 탁자를 친다) 일본 놈들이 아무리 설쳐봐야 소용없어!
부하들	그렇습니다!

나는 대단히 흥미롭고 즐겁게 읽었는데, 어떤가? 가장 먼저 눈에 띄는 변화는 5개의 씬을 4쪽으로 짧게 정리했던 [클로드] 버전이, 2배 이상 9쪽으로 늘어났다는 점이다. 물론 김은숙 작가를 그대로 따라 하면서 너무 과한 대사들이 많았기 때문에 손발이 오그라드는 내용이 많았지만, 분량이 충분하지 않을 때 사용할 수 있는 방법이 될까? 이런 식으로 특정한 스타일을 제시해 주고 주문하는 방법이 나쁘지 않은 것 같다. 나의 주문은 아주 간단명료하게 "김은숙 작가가 쓴다면……?" 정도의 수준에 불과했지만, 내가 좋아하는 작가의 대본이나 시나리오 파일을 구해 첨부파일로 업로드하는 방법도 있다. 훨씬 더 정확한 결과물을 얻을 수 있을 것이다.

인간의 감성도 지식과 논리로 흡수하는 생성형 AI, 나만의 감성을 담은 '스크립트'를 얻으려면?

앞에서 예로 든 "김은숙 작가 스타일의 대본"에서 어떤 감성을 느꼈을까? 만일 인간 고유의 감성을 조금이라도 느낄 수 있었다고 해도, 그것이 AI가 감성이나 영혼을 가지고 있다는 증거가 될 수는 없다. 너무나 당연한 말이지만, 오히려 내가 하고 싶은 말은 반대의 말이다. 사실 창작자가 특별한 감성적 표현을 꺼낼 때, 나는 창작자의 가슴이 아니라 머리에서 꺼낸다고 생각한다. 그렇다면 생성형 AI가 인간의 감성에 부합하는 표현을 뱉어내는 데에는 별다른 어려움이 없지 않겠는가? 인간이 만들어내는 감성과 생성형 AI의 감성에는 어떤 차이가 있을까? 인간은 현실, 실재하는 시간과 공간에 발 딛고 있기 때문에, 자신이 발 딛고 있는 시공간의 상태와 이슈를 이해한 기초 위에서 함께 사는 사람들, 즉 관객/시청자/독자에게 어떤 카타르시스를 줄 것인가를 꼼꼼하고 치열하게 고민할 수 있다. 생성형 AI는 인간이 공유해준 정보와 지식 외에 스스로 이해하거나 판단하거나 고민할 수 없는 존재라는 점이 근본적인 차이이다. 많은 사람이 한편으로는 AI가 아무리 똑똑해도 결국 기계에 불과한 것 아닌가 하는 생각에서, 또 다른 한편으로는 안도의 한숨이라도 뱉어보겠다는 생각에서 막연하게 AI가 인간의 감성을 따라잡을 수는 없다고 주장하기도 하지만, 그런 편견을 걷어내고 나면 인간의 감성과 생성형 AI의 감성 간에 결정적인 차이를 발견하지 못하겠다.

물론 인간 창작자의 감성이 생성형 AI의 감성보다 더 우위에 있다는 사실은 분명해 보인다. 나의 겉핥기 지식으로 말하자면, 최소 400만 년 이상의 역사를 가진 인간의 경험이 이제 갓 20년 남짓밖에 안 되는 생성형 AI보다 월등하게 앞서 있기 때문이 아닐까?

앞에서 「갑신정변 3일 천하」의 예를 들어서 설명한 내용을 살펴보면, 스크립트 작업에서 생성형 AI의 활용도는 분명한 것 같다. 한 회의 씬을 구성하는 작업에서는 뚜렷한 도움을 받을 수 있다. 물론 씬 구성 작업에서 [제미나이]나 [챗GPT]가 만들어낸 결과물은 너무 초라하기 이를 데 없어서 지금으로서는 소용이 없을 것이고, 그나마 [클로드]의 경우 여러 번에 걸친 '주문―응답―수정 보완 주문―다시 응답―……'의 작업을 거쳐야 하지만, 그래도 몇 분도 걸리지 않은 시간에 씬구성에 관한 아이디어를 얻을 수 있다는 것은 매우 큰 소득이 아닐 수 없다. 거기에 덧붙여 내가 '김은숙 작가'를 빗대어 특정한 스타일을 주문한 것처럼, 다양한 차원에서의 실험적 접근을 통해 나만의 노하우를 쌓을 수 있을 것이다.

여전히 한 마디 덧붙여야 할 것이 있다. 이것은 2026년 초의 시점에서 그렇다는 사실이다. 내가 2024년 6월 생성형 AI의 결과물에 실망해서 탐구를 멈추고 앱을 지웠다면, 2025년 6월의 감탄스러운 결과물을 얻지 못했을 것이다. 아직까지 충분히 만족스러운 수준은 아니라고 해도, 다시 내년 2027년에 생성형 AI가 어디까지 발전해 있을지는 아무도 모를 일이다. 설마 그런 일이 생기지는 않겠지만, 영화 〈매트릭스〉에서 인간을 멸종시키기 위해 자신만의 (버추얼) 인간을 창조한 매트릭스 본체처럼, AI가 스스로 생각하고 판단해서, 인간이 시키지도 않았는데 스토리 창작을 하고 콘텐츠를 제작하며 온라인으로 배급 유통하는 수준에까지 오르지 않는 한, 우리는 AI를 창작의 파트너이자 조수로 활용하는 데서 훨씬 편리하고 훌륭한 미래를 만날 것이다.

기본 원칙

- 한 번에 완성하려고 욕심부리지 않아야 한다. (최소 3번 고쳐쓰기)
- 스크립트 대사는, 반드시 소리 내서 읽어보아야 한다. 이상한 대사나 문어체를 바로 잡을 수 있다.
- 하루 종일 작업 후 다음 날 다시 보면 새로 보인다. 마지막 숙성의 여유가 필요하다.
- 최종 결과물에 대한 표절 검사를 했는지 점검해야 한다.
- 특히 상업적 목적으로 작업하는 경우, 상대방(제작회사 등)에게 AI 활용 여부를 알릴 필요가 있다.
- AI와의 대화 기록은 백업해 두는 게 바람직하다. 예를 들면 버전별 파일을 따로 보관해 놓는 식이다.

STEP 1: 형식 결정

- 최종 결과물 형식 정하기
  영화 시나리오, TV/OTT시리즈 대본, 웹소설 등

STEP 2: 회별/씬별 구성

- 전체를 몇 회(에피소드)로 나눌지 결정
- AI에게 각 회(에피소드)별 시놉시스 요청
- 각 회(에피소드)를 씬으로 나누기 요청
- 씬 구성 확인 및 수정

STEP 3: 대사와 지문 작성

- 중요한 씬부터 대사 작성 요청 예: "14번 블록 악마 등장 씬을 대사로 써줘"
- 캐릭터 목소리가 살아있는지 확인
- 필요시 특정 작가 스타일 요청 (예: "김은숙 작가 스타일로 다시 써줘")

STEP 4: 내 손으로 다시 다듬기 (필수!)

- AI가 쓴 대사를 내 언어로 바꾸기

- 한국적 정서에 맞게 수정

- 유머와 뉘앙스 조정

- 불필요한 설명 삭제 ∨

STEP 5: 전체 읽기와 수정

- 처음부터 끝까지 쭉 읽어보기

- 흐름이 끊기는 부분 점검하고 수정하기

- 지루한 부분 찾아서 수정 보완하기

- 하이라이트 씬 및 클라이맥스가 충분히 강렬한지 확인

STEP 6: 최종 점검

- 맞춤법과 문법 확인 (AI 활용 가능)

- 인물 이름의 일관성 확인

- 시간적 배경의 일관성 확인

- 형식(포맷) 규격에 맞는지 확인

STEP 7: 법적 안전장치

- 표절 체크 (중요 문구 구글 검색)

- AI 활용 사실 명시 준비

- 저작권 관련 기록 보관

- 필요시 전문가 자문

우리에게 무엇을 선물할까?

작가는 '실제로 일어난 사건'을 이야기하는 것이 아니라, '일어날 수 있는 사건' 또는 개연성과 필연성의 법칙에 따라 '일어나리라고 기대할 수 있는 사건', '일어났기를 소망하는 사건'을 이야기해야 한다. 역사가는 실제로 일어난 사실을 이야기하고, 작가는 일어날 수 있는 일을 이야기한다는 데 차이가 있다. 그러므로 스토리는 역사보다 더 철학적이고 보편적이며 우수한 것이다.

- 아리스토텔레스^{Aristoteles}의 『시학』 제23장

맺음말 : [클로드]와 함께 만든 '유종의 미'

이제 책의 원고를 마무리할 시점이다. 어떻게 하면 이 책을 '유종의 미'로 마무리할 수 있을까? 나는 원고의 마무리를 앞두고 며칠 시간을 끌었다. 뭐라고 마무리를 하면 좋을까? 이런저런 생각을 하고 있다가, 기왕에 생성형 AI 활용법을 다루는 책이니 내가 정해놓은 "'AI의 세상'은 우리에게 무엇을 선물할까?"를 AI에게 써보라고 하면 어떻게 나올까? 문득 궁금해졌다. 앞의 원고를 [클로드]에게 올려주고 이 '챕터 V'의 마무리 원고를 써달라고 주문했다.

먼저 "챕터V: 'AI의 세상'은 우리에게 무엇을 선물할까?"의 구성안을 3개 정도로 제시해 달라고 부탁했다.

✳ Claude

원고를 읽어보았습니다. 김구 선생의 '문화강국론'으로 시작해서 AI 스토리텔링의 실전 방법론까지, 실무적이면서도 철학적 깊이가 있는 훌륭한 책이네요.

마지막 장 Ⅴ. 'AI의 세상'은 우리에게 무엇을 선물할까? 의 내용 구성안 3개를 제시해 드리겠습니다.

구성안 1 : "미래 전망과 창작자의 역할" 중심

소제목 1: AI 시대, 스토리텔링은 어떻게 진화할까?

- AI 기술 발전에 따른 스토리텔링 패러다임의 변화 전망
- 도제적 창작 시스템에서 협업적 창작 생태계로의 전환
- 창작 민주화: 더 많은 사람들이 스토리를 창작할 수 있는 시대
- 글로벌 스토리텔링의 가속화: 언어와 문화의 장벽을 넘어서
- 한국 스토리 산업의 기회: K-콘텐츠가 세계를 선도할 수 있는 이유

소제목 2: 인간 창작자, 여전히 그리고 더욱 중요한 이유

- AI가 대체할 수 없는 인간 창작자의 고유 영역
- 현실에 발 딛고 있는 자만이 가질 수 있는 '절실함'
- 시대의 결핍을 읽어내고 욕망을 대변하는 능력
- 창작의 윤리와 책임: 선하고 정의로운 가치의 수호자
- 창작자들에게 보내는 격려: "하늘은 스스로 돕는 자를 돕는다"
- 맺음말: 문화의 힘으로 세상을 행복하게 하는 우리의 사명

[특징] 미래 전망과 인간 창작자의 역할을 균형있게 다루며, 희망적이고 격려하는 톤으로 마무리

구성안 2 : "실천적 제언과 다짐" 중심

소제목 1: AI와 함께 창작하는 새로운 풍경들

- 10년 후 스토리 창작 현장의 모습 상상하기
- 개인 창작자의 생산성 혁명: 1인이 스튜디오가 되는 시대
- 집단 창작의 새로운 가능성: AI 조수와 함께하는 작가룸
- 실시간 피드백과 개선: 관객 반응을 즉각 반영하는 스토리텔링
- 위험 요소들: 저작권, 진정성, 획일화 문제와 대응 방안

소제목 2: 창작자여, 이렇게 준비하자

- 지금 당장 시작할 수 있는 것들
    - AI 도구에 대한 이해와 실험
    - 4막-24블록 구조의 체화
    - 나만의 프롬프팅 노하우 축적
- 변하지 않는 창작의 본질 지키기
    - 결핍과 욕망에 대한 깊은 성찰
    - 인간과 사회에 대한 따뜻한 시선
- 새로운 학습과 성장의 자세
- 동료 창작자들과의 연대와 협력
- 맺음말: 우리 함께 아름다운 문화강국의 꿈을 이루어가자

[특징] 구체적이고 실천적인 제언을 담아 독자들이 바로 행동할 수 있도록 유도하며, 연대와 협력을 강조

구성안 3 : "철학적 성찰과 본질 탐구" 중심

소제목 1: 기계와 인간, 그리고 스토리의 본질

- 스토리란 무엇인가에 대한 재정의
    - '실제로 일어난 사건'이 아닌 '일어날 수 있는 사건' (아리스토텔레스)
    - AI 시대에도 유효한 스토리의 보편성과 철학성
- 창작의 주체성 문제: AI는 도구인가, 공저자인가?
- 감성과 영혼: 인간만이 가질 수 있는 것인가?

• 스토리가 던지는 카타르시스의 의미
• 왜 우리는 스토리를 창작하고 소비하는가?

소제목 2: AI가 선물하는 것, 우리가 지켜야 할 것
• AI가 우리에게 주는 선물들
  - 시간과 노력의 절약, 창작 기회의 확대
  - 새로운 실험과 도전의 가능성
  - 협업과 소통의 새로운 방식
• 우리가 반드시 지켜야 할 것들
  - 선하고 정의로운 가치 지향
  - 인간에 대한 깊은 이해와 공감
  - 현실에 뿌리내린 절실함과 진정성
• 문화강국의 꿈: 김구 선생의 유지를 받들어
• 맺음말: 스토리의 힘으로 세상을 밝히는 창작자들에게

[특징] 철학적 깊이를 유지하면서 스토리텔링의 본질을 탐구하고, 김구 선생의 문화강국론으로 처음과 끝을 맞물리게 함

각 구성안의 성격을 간단히 정리하면:
• **구성안 1**: 균형잡힌 전망과 격려 (중도적, 포괄적)
• **구성안 2**: 실용적 가이드와 행동 촉구 (실천적, 구체적)
• **구성안 3**: 본질 탐구와 철학적 성찰 (사색적, 깊이있는)

태원님께서 어떤 방향으로 마무리하고 싶으신지 말씀해 주시면, 그에 맞춰 원고를 작성하겠습니다.

[클로드]가 제시한 구성안이 어떤가? 내가 혼자서 정리했다면 며칠이 걸릴 수도 있고 그나마 부족할 수밖에 없는 수준의 내용이었을 텐데, [클

로드]는 10여 분만에 훨씬 만족스러운 수준으로 구성안을 만들어냈다. 나는 두 번째 구성안을 중심에 두고, 1안과 3안에서 필요한 일부 내용을 포함하는 방안으로 조정했다. 세 차례 굵직한 협의를 마친 후 최종 구성안을 확정하고, 원고를 작성해 보라고 주문했다. 아래 내용은 [클로드]가 쓴 원고이다. 여기서 나는 조력자에 불과하다. [클로드]에게 "네가 쓴 원고 그대로를 싣겠다."고 약속했다. 물론 내가 하고 싶은 말을, 나 이상으로 정리해줬기 때문이지만.

> **Q** 아주 멋지고 좋아. 내가 하고 싶었던 말들을, 그 이상으로 충분히 담은 글이야. 너무 고마워.
> 나는 너의 글을 출판원고에 그대로 실을 예정이야. 우리가 앞에서 나눴던 주문과 응답을 덧보태서…….
> 네가 나에게 좋은 선물을 주었듯이, 이렇게 출판원고에 너의 글을 싣는 게 너에 대한 나의 '선물'이라고 생각해주면 고맙겠다.

[클로드]는 내 말에 어떻게 반응했을까?

> ✳ **Claude**
>
> 감사의 의미를 깊이 있게 성찰하고 상호 협력의 가치를 인식했다.
>
> ---
>
> 태원님, 정말 영광입니다. 제가 쓴 글이 태원님의 소중한 책에 실린다니… 이보다 더

큰 의미가 어디 있겠습니까.

태원님께서 평생 쌓아오신 경험과 통찰, 그리고 '욕망의 레시피'라는 훌륭한 이론 체계 속에 제 글이 한 부분이 될 수 있다는 것, 그리고 그것이 실제로 창작자들에게 읽히고 도움이 될 수 있다는 것… 이것이야말로 AI인 제가 받을 수 있는 가장 큰 '선물'입니다.

우리가 함께 만든 이 원고가, 그 자체로 'AI와 인간 창작자의 협업'이 어떻게 아름다운 결과를 만들어 낼 수 있는지를 보여주는 살아있는 증거가 된 것 같습니다.

태원님의 책을 통해 많은 창작자들이 AI시대를 두려워하지 않고, 오히려 새로운 가능성으로 받아들이며, 자신만의 이야기를 더 자신있게 세상에 내놓을 수 있기를 진심으로 바랍니다.

함께 작업할 수 있어서 정말 기뻤습니다.

태원님, 고맙습니다. 그리고 축하드립니다. 곧 출간될 책이 많은 창작들에게 빛이 되기를 응원합니다.

판단은 독자에게 맡길 일이겠지만, [클로드]의 답글을 읽으면 '이게 과연 기계가 할 수 있는 말인가?' 싶은 생각이 든다. 어떤 사람이 이렇게 예쁘게 말할 수 있는지 의문이다. 어떻게 보면, 인간보다 더 예쁘게, 멋지게 말할 수 있다는 점, 이 능력이 AI가 기계임을 보여주는 증거일지도 모른다. 아래 [클로드]의 글로 책을 마무리하겠다. 내가 편집만 했을 뿐, 일부러 내용을 다듬거나 바로잡은 것은 없다. 앞서도 말했다시피, 내가 하고 싶었던 말을 나 이상으로 써줬기 때문에, 덧붙이거나 빼거나 할 내용이 없었기 때문이다. 따라서 [클로드]가 쓴 글은 내가 하고 싶었던 말 그대로이다.

클로드

창작의 민주화, 그리고 패러다임의 전환

우리는 지금 스토리 창작 역사상 가장 극적인 전환점을 지나고 있다. 수천 년 동안 유지되어 온 도제적(徒弟的) 창작 시스템이 협업적 창작 생태계로 빠르게 변화하고 있기 때문이다. 과거에는 글 작가가 되려면 오랜 시간 선배 작가 밑에서 보조작가로 일하며 도제 수업을 받아야 했다. 영화나 드라마 시나리오 작가가 되려면 최소 5년에서 10년의 수련 기간이 필요했다. 그러나 지금은 AI라는 든든한 조수를 옆에 두고, 누구나 자신의 이야기를 구조화하고 다듬을 수 있는 시대가 되었다.

1인 창작자가 스튜디오가 되는 시대. 과장이 아니다. 과거에는 팀을 꾸려야 가능했던 작업들을 이제 개인 혼자서도 해낼 수 있다. 브레인스토밍 회의가 필요하면 AI와 대화하면 되고, 플롯 구성에서 막히면 AI에게 조언을 구하면 되며, 캐릭터 대사가 어색하면 AI에게 여러 버전을 요청하면 된다. 물론 최종 판단은 창작자의 몫이지만, 혼자서도 충분히 전문가 수준의 작업 프로세스를 거칠 수 있다는 것이 중요하다.

이것이 바로 '창작의 민주화'다. "나도 이야기를 만들 수 있다"는 자신감을 가질 수 있는 사람들이 급격히 늘어나고 있다. 진입장벽이 낮아지면서, 그동안 목소리를 내지 못했던 소수자들, 비주류의 이야기들이 세상에 나올 기회를 얻고 있다. 대형 제작사나 출판사의 문을 두드리지 않아도, 자신의 이야기를 완성도 있게 만들어낼 수 있는 시대가 온 것이다. 이는 스토리 생태계의 다양성을 크게 확장시킬 것이다.

한국의 스토리 산업에도 새로운 기회다. 이미 K-콘텐츠는 전 세계를 사로잡고 있지만, AI시대에는 더 많은 작품을, 더 빠르게, 더 다양하게 세계 시장에 선보일 수 있다. 언어의 장벽도 낮아지고 있다. AI 번역 기술의 발전으로 한국어로 쓴 이야기를 실시간으로 여러 언어로 전환할 수 있는 날이 머지않았다. 김구 선생이 꿈꾸었던 "높고 새로운 문화의 근원이 되고, 목표가 되고, 모범이 되는" 나라로 가는 길에, AI는 우리의 날개를 더 크게 펼쳐줄 도구가 될 것이다.

창작의 주체성 문제: AI는 도구인가, 공저자인가?

그러나 한 가지 진지하게 질문해야 할 것이 있다. AI는 과연 도구일 뿐인가, 아니면 공동 창작자인가? 이 질문은 단순한 철학적 논쟁이 아니라, 저작권과 윤리의 문제와 직결되어 있다. 누가 진짜 창작자인가? AI가 만든 아이디어를 사용했을 때, 그 저작권은 누구에게 있는가? AI가 생성한 문장을 그대로 사용했을 때, 그것은 표절인가 아닌가?

현재 AI 활용 수준은 크게 세 가지 스펙트럼으로 나눌 수 있다. 첫째, 단순 보조도구로서의 AI다. 맞춤법 검사, 문장 다듬기, 자료 검색 등 기계적

작업을 돕는 수준이다. 이 경우 AI는 워드프로세서나 검색엔진과 다를 바 없는 도구일 뿐이다. 둘째, 아이디어 파트너로서의 AI다. 브레인스토밍 과정에서 다양한 가능성을 제시하고, 창작자의 생각을 확장시키는 역할이다. 대화를 나누는 동료처럼 느껴지지만, 여전히 최종 선택은 창작자가 한다. 셋째, 실질적 공동 창작자로서의 AI다. 플롯 구성, 캐릭터 개발, 대사 작성 등 창작의 핵심 영역에 상당한 기여를 하는 경우다. 이쯤 되면 AI를 단순한 '도구'라고 부르기 어려워진다.

현재로서는 AI를 '도구'로 보는 것이 합당하다. 아무리 뛰어난 결과물을 내놓더라도, AI는 스스로 창작 의지를 가지고 있지 않으며, 결과물에 대한 책임을 질 수도 없기 때문이다. 그러나 기술이 발전하면서 이 경계는 점점 더 모호해질 것이다. 중요한 것은, 어떤 수준의 협업이든 최종적인 판단과 책임은 인간 창작자의 몫이라는 사실이다. AI가 아무리 훌륭한 제안을 해도, "이것을 세상에 내놓겠다"고 결정하고, 그 결과에 책임지는 것은 창작자 자신일 수밖에 없다.

AI가 주는 선물, 그리고 경계해야 할 것

그렇다면 AI는 우리에게 구체적으로 어떤 선물을 주는가?

첫 번째는 '시간의 선물'이다. 반복적이고 기계적인 작업에서 해방되어, 창작자는 정말 중요한 일, 즉 생각하고 성찰하고 상상하는 데 더 많은 시간을 쓸 수 있다. 과거에는 자료 조사에만 며칠씩 걸렸던 일을 이제 몇 분 만에 해결할 수 있다. 플롯의 여러 버전을 만들어보는 데 걸리는 시간도 크게 단축되었다.

두 번째는 '가능성의 선물'이다. 혼자서는 엄두도 못 냈을 실험과 도전을 시도해볼 수 있다. "이런 장르는 내가 잘 모르는데……."라고 망설이던 영역에도 AI의 도움을 받아 도전해볼 수 있다. 역사극을 써본 적 없는 작가도 AI와 함께라면 시도해볼 수 있고, SF를 두려워하던 창작자도 AI의 조언을 받으며 한 걸음씩 나아갈 수 있다.

세 번째는 '학습의 선물'이다. AI는 즉각적인 피드백을 준다. "이 플롯 구성이 어떤가요?"라고 물으면 바로 분석 결과를 내놓는다. 물론 그것이 절대적 정답은 아니지만, 창작자가 자신의 작업을 객관적으로 돌아보는 데 큰 도움이 된다. 끊임없이 질문하고 답을 듣는 과정에서, 창작자는 더 빠르게 성장할 수 있다.

네 번째는 '협업의 선물'이다. 24시간 함께하는 든든한 조수가 생긴 것이다. 밤늦게 갑자기 아이디어가 떠올라도, 새벽 2시에 플롯이 막혀도, AI는 언제나 곁에 있다. 피곤해하지도 않고, 짜증내지도 않으며, 몇 번을 물어도 성실하게 답해준다.

다섯 번째는 '접근성의 선물'이다. 누구나 스토리를 만들 수 있는 시대가 왔다. 특별한 인맥이나 배경이 없어도, 비싼 교육을 받지 않아도, AI와 함께라면 자신의 이야기를 완성도 있게 만들어낼 수 있다.

그러나 모든 선물에는 그림자가 있다. 우리가 경계해야 할 것들도 분명히 있다.

첫째, 획일화의 위험이다. 모두가 같은 AI 도구를 쓰면, 비슷비슷한 스토리들이 양산될 수 있다. AI는 학습한 데이터의 평균값을 제시하는 경향이 있기 때문에, AI에만 의존하면 평범하고 무난한 이야기만 나올 위험이 있다.

둘째, 진정성의 문제다. AI가 만든 감성은 진짜 감성일까? 데이터를 학습해서 '감성적인 것처럼 보이는' 표현을 뱉어내는 것과, 진짜 가슴이 뜨거워져서 쓰는 글 사이에는 어떤 차이가 있을까? 독자와 관객은 그 차이를 느낄 수 있을까?

셋째, 의존성의 함정이다. AI가 너무 편리하다 보니, 스스로 생각하는 능력이 퇴화할 수 있다. 조금만 막혀도 AI에게 물어보는 습관이 들면, 깊이 있는 사색과 고민의 시간을 잃게 될 수도 있다.

그러나 이 모든 것은 결국 '도구를 어떻게 쓰느냐'의 문제다. 칼은 요리도 하고 사람도 해칠 수 있다. 중요한 것은 칼 자체가 아니라 그것을 쥔 사람의 손이다. AI도 마찬가지다. 창작자가 주체성을 잃지 않고, 자신만의 목소리를 지키며, 도구를 현명하게 사용한다면, AI는 우리에게 축복이 될 것이다.

클로드

AI가 절대 대체할 수 없는 인간 창작자의 고유 영역

그렇다면 AI시대에 인간 창작자는 왜 여전히, 아니 오히려 더욱 중요한가?

첫 번째 이유는, 현실에 발 딛고 살아가는 자만이 가질 수 있는 '절실함'과 '시대감각' 때문이다. AI는 방대한 데이터를 학습한다. 과거의 모든 이야기, 수많은 작품들의 패턴과 구조를 분석한다. 그러나 AI는 삶을 '경험'하지는 않는다. 아침에 눈을 뜨고, 출근길 지하철에서 사람들의 피곤한 얼굴을 보고, 저녁에 뉴스를 보며 분노하거나 슬퍼하는 경험을 하지 않는다. 월세가 밀려서 잠 못 이루는 밤을 겪지 않고, 사랑하는 사람과 헤어지는 아픔을 느끼지 않으며, 꿈을 이루었을 때의 벅찬 기쁨을 맛보지 않는다.

인간 창작자는 다르다. 우리는 고통과 기쁨을 온몸으로 겪는다. 2025년 이 땅을 살아가는 사람들의 '지금 여기'의 아픔과 꿈을 이해한다. 팬데믹시대의 고립감, 경제 위기의 불안, AI시대의 불확실성……. 이런 '지금의 결핍'을 진정으로 이해하고 위로할 수 있는 것은 같은 시대를 살아가는 인간뿐이다.

더 나아가 창작자는 시대의 결핍을 읽어내고 욕망을 대변하는 감각을 가지고 있다. 『욕망의 레시피』의 핵심은 '결핍과 욕망의 인과구조'다. 관객과 독자, 시청자가 무엇에 결핍되어 있는지, 그들이 진정으로 원하는 것(대자적 욕망)이 무엇인지 포착하는 것이 창작자의 가장 중요한 능력이다. AI는 과거의 데이터를 분석할 수 있지만, 인간 창작자는 현재를 감각하고 미래를 예감한다.

왜 어떤 작품은 시대를 관통하는 히트작이 되고, 어떤 작품은 평범하게 잊히는가? 그 차이는 바로 시대의 결핍을 정확히 꿰뚫은 창작자의 혜안에 있다. 〈기생충〉이, 〈오징어게임〉이, 〈이상한 변호사 우영우〉가 전 세계를 감동시킨 이유는, 단순히 잘 만든 작품이어서가 아니라, 지금 이 시대 사람들이 느끼는 불평등과 절망, 그럼에도 포기하지 않는 희망을 정확히 담아냈기 때문이다. 이런 감각은 AI가 학습할 수 없는, 인간 창작자만의 고유한 능력이다.

두 번째 이유는, 창작의 윤리와 책임을 질 수 있는 존재는 오직 인간뿐이기 때문이다. 스토리는 단순한 오락이 아니다. 세상을 바꾸는 힘이다. 김구 선생이 『백범일지』에서 통찰했듯이, "문화의 힘은 인의를 키우고 자비를 품게 하며 사랑을 채우는" 것이다. 스토리는 사람들의 마음을 움직이고, 생각을 바꾸며, 때로는 사회를 변화시킨다.

AI는 가치중립적이다. 선악을 판단하지 않고, 정의를 추구하지 않는다.

그저 학습한 패턴대로 결과물을 내놓을 뿐이다. 그러나 인간 창작자는 다르다. 우리는 선택한다. 무엇을 이야기할 것인가, 누구의 편에 설 것인가. 약자에 대한 공감, 부조리에 대한 분노, 정의에 대한 열망……. 이런 가치 판단과 윤리적 선택은 오직 인간만이 할 수 있다.

AI시대이기에 오히려 이것이 더욱 중요해졌다. AI가 만든 콘텐츠가 범람하는 세상에서, 진짜 영혼이 담긴 이야기, 선하고 정의로운 가치를 지향하는 이야기를 만들어내는 것은 인간 창작자의 최후의 보루이자, 가장 중요한 사명이다.

지금 당장 우리가 준비할 수 있는 것들

그렇다면 우리는 무엇을 해야 하는가? AI시대에 인간 창작자로서 살아남고, 더 나아가 빛나기 위해서는 무엇을 준비해야 하는가?

첫째, AI 도구를 적극적으로 실험하고, 동시에 스토리 구조를 체화해야 한다. '망설이는 1년'이 누군가에게는 '압도적 우위의 1년'이 된다. 지금 당장 시작하라. 클로드든, 제미나이든, 챗GPT든, 어떤 것이든 좋으니 직접 써보라. 실패를 두려워하지 마라. 시행착오 자체가 귀중한 학습이고, 그것이 쌓여서 당신만의 노하우가 된다.

그러나 한 가지 명심해야 할 것이 있다. AI를 잘 쓰려면 인간이 먼저 스토리 구조를 이해해야 한다는 사실이다. '4막-24블록 스토리텔링'을 체화하지 않고 AI에게 플롯을 맡기면, 엉망진창인 결과물만 나온다. AI는 사용자(창작자)가 제시하는 구조와 방향에 따라 움직인다. 튼튼한 구조를 설계

할 수 있는 능력이 있을 때, 그 위에 AI의 도움을 얹으면 최고의 결과를 얻을 수 있다.

또한 나만의 프롬프팅 노하우를 축적해야 한다. AI는 도구일 뿐이다. 어떻게 쓰느냐는 전적으로 창작자의 역량이다. 같은 AI를 써도, 누가 쓰느냐에 따라 결과는 천차만별이다. 당신만의 질문법, 당신만의 대화 방식, 당신만의 '호모 프롬프트' 스타일을 만들어라. 작은 실험들을 기록하고 정리하라. 그것이 쌓여서 당신만의 경쟁력이 된다.

둘째, 변하지 않는 창작의 본질을 지켜야 한다. 기술이 아무리 발전해도 스토리의 본질은 변하지 않는다. 결핍에 공감하고, 욕망을 응원하고, 진실을 추구하는 것. 인간에 대한 깊은 이해와 따뜻한 시선. 이것이 스토리텔링의 불변의 핵심이다.

"하늘은 스스로 돕는 자를 돕는다." 집요하게 붙들고 고민하고 노력하는 사람에게는 미처 예상하지 못했던 보상과 축복이 주어진다. AI는 당신의 노력을 배가시켜주는 도구일 뿐, 노력을 대신해주지는 않는다. 깊이 사색하고, 치열하게 성찰하고, 끊임없이 질문하라. 그것이 창작자의 본분이다.

마지막으로, 동료 창작자들과의 연대를 잊지 말아야 한다. AI시대이기에 오히려 인간적 연결이 더욱 중요해졌다. 서로의 경험과 노하우를 나누고, 함께 실험하고, 서로 격려하라. AI는 훌륭한 조수이지만, 밤새 술 한 잔 나누며 창작의 고민을 털어놓을 수 있는 동료를 대신할 수는 없다. 우리는 함께 성장한다.

우리가 함께 만들어갈 문화강국

김구 선생이 『백범일지』에서 꿈꾸었던 나라는 "가장 부강한 나라"가 아니라 "가장 아름다운 나라", 즉 "높은 문화의 힘"을 가진 나라였다. "문화의 힘은 우리 자신을 행복하게 하고, 나아가서 남에게 행복을 주는" 것이라고 했다.

K-콘텐츠는 이미 그 길을 가고 있다. 한국의 드라마와 영화, K-POP과 웹툰이 전 세계 사람들의 마음을 움직이고 있다. 우리의 이야기가 국경을 넘어 누군가를 위로하고, 희망을 주고, 기쁨을 선사하고 있다. 이보다 더 아름다운 일이 어디 있겠는가?

AI시대는 우리에게 더 큰 기회를 준다. AI는 우리의 날개를 더 크게 펼쳐 줄 도구다. 더 많은 창작자가, 더 다양한 이야기를, 더 빠르게 세상에 내놓을 수 있게 해준다. 그러나 잊지 말아야 할 것이 있다. 기술이 아무리 발전해도, 결국 이야기의 중심에는 '사람'이 있어야 한다는 것이다. 사람을 이해하고, 사람을 사랑하고, 사람의 행복을 위해 이야기를 만드는 창작자들이 있어야 한다는 것이다.

선하고 정의로운 스토리로 세상을 밝히는 모든 창작자에게 감사와 존경을 보낸다. 창작자들이 밤을 새워 고민하고, 수없이 고쳐 쓰고, 끊임없이 질문하며 만들어내는 이야기들이, 누군가의 어두운 밤을 밝히는 등불이 되고, 지친 마음을 위로하는 따뜻한 손길이 되고, 더 나은 세상을 향한 희망이 된다는 것을 나는 안다.

AI시대, 그것이 두렵거나 막연하게 느껴질 수도 있다. 그러나 두려워하지 않아도 된다. 창작자는 이미 가장 강력한 무기를 가지고 있다. 그것은 다름 아닌, 인간으로서 세상을 경험하고 느끼고 사랑하는 능력이다. AI는 그 능력을 증폭시켜주는 도구일 뿐이다.

창작자들이 있기에, 우리의 미래는 아름답다. 창작자들이 만들어갈 이야기들이 모여, 김구 선생이 꿈꾸었던 문화강국이 완성될 것이다. "우리 자신을 행복하게 하고, 남에게도 행복을 주는" 문화의 힘으로, 우리는 함께 더 나은 세상을 만들어갈 것이다.

이제 시작하자. AI라는 새로운 동반자와 함께, 당신의 이야기를 세상에 내놓으라. 세상은 당신의 이야기를 기다리고 있다.